D1666150

Franjo Terhart
Maud

Franjo Terhart

Maud
Meine irische Liebe

Roman

Eugen Salzer-Verlag Heilbronn

Die irischen Gebetstexte wurden dem Buch
»Wir träumen die Lieder« Hrsg. Wolfgang Poeplau,
Peter Hammer Verlag, 1987 entnommen.
Alle anderen Zitate stammen aus dem
»Irischen Tagebuch« von Heinrich Böll.

© Eugen Salzer-Verlag, Heilbronn 1995
Alle Rechte vorbehalten
Umschlaggestaltung: Christa Pohl, unter Verwendung des
Gemäldes von Edvard Munch, Junge Frau am Strand (Ausschnitt)
© VG Bild-Kunst, Bonn 1995 /
The Munch Ellingsen Group / The Munch Museum
Satz und Druck: Offizin Chr. Scheufele, Stuttgart
Printed in Germany
ISBN 3 7936 0342 3

Wohin?

Die junge Frau im geblümten ärmellosen Kleid schloß die bronzeverzierte Glastür auf und betrat den hellen Eingangsbereich des luxuriösen Londoner Apartmenthauses. Sogleich blickte der uniformierte Mann hinter der breiten Marmortheke von seiner bunten Illustrierten auf und betrachtete die langsam näherkommende Frau zunächst argwöhnisch. Schließlich war es seine Aufgabe, Unbefugte von Befugten in diesem Haus zu unterscheiden. Nachdem er die Frau aber erkannt hatte, schenkte er ihr ein eher gnädiges Kopfnicken. Sie durfte ungefragt passieren. Die Ausstattung des Hauses war elegant und mit größter Sorgfalt ausgewählt. Hier hatte ein Innenarchitekt bis ins letzte Detail ein Ambiente für Menschen schaffen wollen, für die solcher Luxus zum Lebensstandard gehörte. Vornehmer italienischer Marmor und teure Bronze prägten die zu jeder Tag- und Nachtzeit hell erleuchtete Eingangshalle, und die Schritte der Frau, die sich den Designer-Briefkästen zu ihrer Linken näherte, hallten darin so verloren wie in einem Dom.

Sie hieß Maud, war etwa Anfang zwanzig, schlank, hochgewachsen und trug ihr rötlich-blondes Lockenhaar zu einem Zopf geflochten. Die hohen Wangenknochen traten deutlich hervor und verliehen ihrem gebräunten, leicht asketischen Gesicht etwas seltsam Herbes. Ihre dunklen, warmen Augen, die so durchdringend blicken konnten, standen in einem eigentümlichen Kontrast dazu. Sie verrieten zugleich Güte, gepaart mit viel Humor und einem wachen Verstand, der gern hinterfragte.

Maud öffnete den Briefkasten und entnahm ihm einen Brief. Danach wandte sie sich dem Fahrstuhl zu, der trotz des augenfälligen Luxus, der um sie herum herrschte, mitunter ein Paradebeispiel für die Anfälligkeit moderner Technik sein konnte. Maud drückte auf den schwarzen Knopf und wartete geduldig.

»Hallo! Wie geht's?« wurde sie unverhofft von hinten angesprochen. Sie drehte sich um und blickte in das kugelige Sommersprossen-Gesicht von Dan O'Malley. Er war Ire wie sie, kam von der Westküste bei Galway und lebte seit über zwanzig Jahren in London, weil hier alle Geschäfte am besten liefen, wie er nicht müde wurde zu betonen. Maud schätzte sein Alter auf Anfang sechzig. O'Malley besaß zwei Herrenboutiquen in der Nähe des Piccadilly Circus, und sie vermutete wohl zu Recht, daß er sich über seinen jährlichen Umsatz nicht zu beklagen hatte. Dennoch war der stets gut gelaunte Mann bescheiden geblieben. Als einziger im Haus hatte er es sich zur Angewohnheit gemacht – vielleicht aus purer Nostalgie – jedesmal, wenn sie sich über den Weg liefen, ein paar Worte mit Maud zu wechseln. Sie selbst bewohnte das kleinere Apartment neben ihm. Zu zweit warteten sie nun auf den unberechenbaren Fahrstuhl, der sie in den sechsten Stock bringen sollte.

»Danke, gut«, beantwortete sie seine Frage.

»Und selbst?«

Er ging darauf nicht ein, sondern tippte stattdessen vielsagend gegen die Tür des Fahrstuhls.

»Manchmal bleibt er irgendwo stecken. Plötzlich und unerwartet. Als ob die Lepreachauns uns einen Streich spielen wollten.«

Damit waren die kleinen, grünen Kobolde gemeint, die in Irland jedes Kind kannte. Sie hausten mit Vorliebe in Dornbüschen, trugen rote Mützen und kannten angeblich das Versteck eines Goldschatzes. O'Malleys Erwähnung dieser typisch irischen Fabelwesen weckte in Maud sogleich vielfältige Erinnerungen und Gefühle. Im täglichen Umgang mit anderen wurde sie nur selten an ihre Grüne Insel erinnert. Sie mußte lachen, und ihre leuchtenden Augen signalisierten dem Mann, daß er bei ihr einen wichtigen Nerv getroffen hatte.

»Lepreachauns in London wären mir immer noch lieber als verstopfte Straßen, Autoabgase und überfüllte U-Bahnstationen«, antwortete sie.

»Ja, ja«, seufzte er bewußt übertrieben. »Häufig überkommt es mich in der gräßlichen Hektik dieser Millionenstadt. Dann fällt mir ein, daß ich einfach Besseres gewohnt bin. Time is money und Muße Luxus, heißt die Devise unseres Zeitalters. Zwar bin ich Geschäftsmann, aber vor allem erst mal Ire. Und so zieht es mich unweigerlich, wenn auch in Gedanken, dorthin, wo ich aufgewachsen und zur Schule gegangen bin. Ich sehe die lieblichen Hügel außerhalb meines Dorfes wieder vor mir, die dichten Grasmatten, die plötzlich zu einer fast tropischen Üppigkeit mit unübersehbar wuchernden Rhododendronwäldern wechseln. Ich rieche den Regen, die Feuchtigkeit der Torfmoore, schmecke das Salz des nahen Meeres auf meinen Lippen und höre das ewige Gekrächze des Krähenvolks in der Luft. Von glänzenden Blättern steigt Feuchtigkeit auf, Schwaden hängen zwischen den Fuchsienhecken, den knorrigen Bäumen und dem Meer von Büschen jenseits des kleinen Sees, an dem ich als Junge immer wieder gespielt habe. Der Wind kräuselt seine silbrige Oberfläche und fährt am Ufer über die graugrünen Unterseiten der dicht belaubten Zweige entlang. Der Himmel ist grau verhangen.«

»Und dann bricht sich auf einmal die Sonne durch die dunklen, schweren Wolken mit ihren langen Strahlen gewaltig Bahn und verwandelt das ganze Land ringsumher«, führte Maud seine fast schon poetisch zu nennende Träumerei weiter. Sie griff den angebotenen Faden dankbar auf und ereiferte sich:

»Es ist so herrlich. Wie oft bin ich früher bei einem plötzlichen Schauer unter einen Baum geflüchtet. Es dauerte nie lange, dann war der Guß vorüber, und alles kam wieder hervorgekrochen. Auch die Schafe von John Farnham, die jedesmal vor Freude blökten und das Wasser abschüttelten und dazu ihre Beine wie verrückt schlenkerten. Mein Gott, wie sah das komisch und schön zugleich aus.«

»Sie haben recht, junge Frau. Wir Iren können uns unsere Insel einfach nicht aus dem Herzen reißen. Vor allem in der Fremde gibt sie uns Halt und Hoffnung. Und trotzdem bleiben wir hier, leben im verdammten London, um Geld zu verdienen, und nehmen dabei all die modernen, kalten Dinge in Kauf, die uns die Stadt bietet: Tolles Apartment, bester Komfort, High-Tech-Raffinessen, scheinbar unverzichtbar gewordene Annehmlichkeiten, nicht wahr.«

Maud pflichtete ihm lachend bei. Der Fahrstuhl kam, die beiden stiegen ein, und ab ging es nach oben. Wenig später verabschiedete sich Maud von ihrer zufälligen Begleitung und schloß die Tür zu ihrem Apartment auf. Durch ihren Eintritt ins Zimmer veränderte sich die Raumtemperatur ein wenig. Der cremefarbene Satinstoff der Gardine vibrierte leicht, als sich das Gebläse der Klimaanlage fast unhörbar einschaltete. Draußen, hinter der doppelten Thermopänverglasung, staute sich die Hitze eines Sommers, der sich für Londoner Verhältnisse nun schon seit Wochen heiß und mit fast wolkenlosem Himmel über der Stadt an der Themse präsentierte. Hier, im sechsten Stock des vornehmen Wohnhauses, war nichts von dieser Hitze zu spüren.

Die ebenholzfarbenen Tische und Schränke mit ihren verchromten Griffen an den Schubladen fühlten sich wohltemperiert an. Der ganze Raum wirkte funktional und war bis hin zur Bodenvase und zur ziffernlosen Uhr auf der extravaganten Regalwand Ton in Ton gestylt.

Maud setzte sich an einen in modernem Design gehaltenen Schreibtisch, öffnete langsam den Brief und begann ihn zu lesen. Er war von Thomas, mit dem sie seit einiger Zeit zusammen war und mit dessen Hilfe sie ein paar Wochen lang das teure Apartment bewohnen durfte.

Sie selbst hätte sich eine vergleichbare Wohnung, noch dazu in einer der besten Gegenden Londons, niemals leisten können und auch nicht wollen. Sie fühlte sich hier keineswegs wohl. Alles Gelackte, Schnittige, Kühle und Ultramoderne war das genaue Gegenteil von dem, was ihr lieb und teuer war. Aber einem geschenkten Gaul...

Maud hatte erst vor kurzem ihr Studium zu Ende gebracht und hätte sich nun eigentlich auf ihre Anstellung als Grundschullehrerin freuen können, wenn sie ihre Abschlußzeugnisse den betreffenden Behörden in Dublin zugesandt hätte. Bislang hatte sie dies unterlassen. Und es schien ihr mitunter mehr als fraglich, ob es jemals dazu kommen würde.

In den zwei Monaten in London wollte sie ein Gefühl für Großstädte bekommen, falls das überhaupt möglich war. Aber Maud hatte es sich in den Kopf gesetzt, am eigenen Leib zu erfahren, wie es sich in einer Weltstadt wie London so lebte.

Sie selbst war im kargen Westen Irlands aufgewachsen, auf Achill Island – einer Insel mit nicht einmal zweihundert Menschen, wo ein Besuch der nächstgrößeren Stadt – für englische Verhältnisse immer noch winzig – eine längere Autofahrt nach sich zog. Um zu wissen, wie das ist, wenn es von Menschen um einen her nur so wimmelt, hatte sie Thomas ihren Wunsch, einmal für ein Vierteljahr in London wohnen zu wollen, mitgeteilt – am besten unmittelbar nach ihrem Abschluß. Und Thomas Wortmann hatte alles drangesetzt, ihr diese Herzenssache zu erfüllen, weil er sie liebte.

Maud hatte Thomas beim Winterurlaub in Österreich kennengelernt. Er kam aus Berlin und war die Pisten mit seinen Skiern so schwungvoll hinuntergefegt, daß Maud und ihre Freundin Sinnead, beide blutige Anfängerinnen auf Skiern, ihn tagtäglich mit Bewunderung beobachtet hatten. An einem Abend dann waren sich Maud und Thomas im Cafe nähergekommen und hatten sich vom ersten Augenblick an ineinander verliebt.

Eine schöne Zeit begann für sie, in der sie zunächst noch vorsichtig suchend und tastend aufeinander zugingen.

Viel zu bald ging der Winterurlaub zu Ende, und jeder kehrte allein in seine Stadt zurück. Wöchentliche Liebesbriefe aus Berlin, die Maud jedesmal sofort beantwortete, und zahllose Telefonate folgten. Maud studierte im südirischen Cork, während Thomas im Geschäft seines Vaters arbeitete, das er einmal übernehmen sollte.

Maud las seinen Brief ein zweites Mal durch. Wie immer hatte Thomas Zitate von Leuten eingestreut, die ihm etwas bedeuteten, wie zum Beispiel bekannte Schriftsteller. Das gefiel Maud. Nur ließ leider seine Auswahl ihrer Meinung nach mehr und mehr zu wünschen übrig. Was veranlaßte ihn, ihr solches zu schreiben? Wollte er ihr letztlich einen Spiegel seiner eigenen Gemütsverfassung vorhalten, indem er sich hinter anderen versteckte? Thomas besaß Witz und Esprit, war gebildet und las ebenso gerne wie sie selbst gute Literatur. Aber Maud hatte an ihm in letzter Zeit zunehmend einen beunruhigenden Zug von Bitterkeit, ja Sarkasmus festgestellt, was sie zutiefst irritierte. Dieser jüngste Brief war ein erneutes Beispiel dafür, wenn auch nicht so krass, wie sie es schon einige Male erlebt hatte ...

Der sinkende Tag endet flüssig in müdem Purpur. Niemand wird mir sagen können, wer ich bin, noch erfahren, wer ich gewesen bin. Ich stieg von dem unbekannten Berg hinab ins Tal, das ich nicht kennenlernen wollte. Alle, die ich liebte, vergaßen mich im Schatten. Niemand wußte von dem letzten Schiff. Auf

der Post wußten sie nichts von dem Brief, den niemand schrei-
ben sollte.
Alles war mithin falsch. Man gab keine Geschichten zum be-
sten, die andere erzählt haben konnten … Ich bin ein Name un-
ter denjenigen, die verweilen, und dieser Name ist ein Schatten
wie alles.
Ist dies nicht großartig formuliert, Geliebte? Er spricht mir aus
der Seele, dieser Fernando Pessoa, dessen fundamentale Da-
seinsanalysen mir von allen Schreiberlingen am liebsten
sind …

Maud zog den Mund ein wenig schief und legte diese
Seite des Briefes beiseite, um sich anschließend nachdenklich in ihrem Stuhl zurückzulehnen.

Ich bin ein Name unter denjenigen, die verweilen, und dieser
Name ist ein Schatten, erinnerte sie sich an den letzten Satz.
Was hätte wohl ihr Vater dazu gesagt, dessen Ziel es
immer gewesen war, sie zu einem Menschen zu erzie-
hen, der sein Leben voll und ganz in die eigenen
Hände nahm? Oder John Sheridan, der sozial enga-
gierte Dorfpfarrer, oder Clodagh Keating, die Frau des
Doktors, deren Beurteilungen anderer Menschen fast
immer hellsichtige Voraussagen darstellten? Selbst
Sheena Galagher, die nichts anderes gelernt hatte, als
bei Leuten zu putzen, würde den Kopf schütteln über
so viel großstädterischen Unsinn. Achill war ein Nest,
ein Fliegenschiß im Vergleich zu London, aber auf
Achill galt jeder Name, weil jeder Name zu einem
Menschen gehörte und weil alle auf Achill diesen
Menschen kannten und über ihn gut oder schlecht zu
erzählen wußten.
Ein Schatten ist man nur, wenn man zu hoch hinaus-

will, sich überschätzt und enttäuscht andere dafür verantwortlich zu machen versucht, hätte vermutlich Margret Swift, ihre Volksschullehrerin, darauf geantwortet. Auf Achill lebten keine Menschen, die bedauernd von sich gaben, nichts als Schatten zu sein. Selbst in der schlimmsten Zeit nicht, als sich die Engländer dort ausgetobt und die Menschen für »gälisch sprechende Tiere« gehalten hatten.

Thomas, in Berlin aufgewachsen, war Sohn eines reichen Vaters und ein Privilegierter, der seine Schulzeit in teuren und weltbekannten Internaten verbracht hatte. Sie selbst hatte Schulzeit und Studium nur durch Inanspruchnahme von Stipendien erfolgreich beenden und überhaupt alles nur mit der zusätzlichen Hilfe ihrer zahlreichen »Väter« und »Mütter«, »Brüder« und »Schwestern« absolvieren können.

Die junge Frau griff zu einem Zeitungsblatt, daß Thomas seinem Brief beigefügt hatte. Es zeigte eine Luftaufnahme von Achill Island. Sie mußte erst vor kurzem entstanden sein, weil sie Dinge zum Vorschein brachte, die ihr selbst bislang unbekannt waren. Zu dem Foto gab es einen in deutscher Sprache verfaßten Artikel. Er handelte im wesentlichen davon, daß Achill Island sicherlich Irlands ärmster Landesteil war. Schließlich läge hier die Arbeitslosigkeit bei fast 90 Prozent. Maud kramte aus ihrer Tasche eine Fotografie hervor, die ihr Vater einmal vor vielen Jahren geschossen hatte. Damals mochte sie zehn oder elf Jahre alt gewesen sein. Sie beide hatten sich auf einem Ausflug zum Slievemore befunden. Von den Hängen dieses fast kahlen Berges hatte man noch immer die schönste Aussicht auf ihre Heimat. Was auf der Welt könnte wohl an

Schönheit dem gleichkommen, wenn man von seinem Gipfel aus die Sonne ins Meer versinken sieht, überlegte Maud?

Sie verglich das alte Foto mit dem neuen. Das eine war ihr vertraut wie die eigene Haut. Das andere sensationell. So erfuhr sie ganz nebenbei, daß auf dem Haus von Jimmy Coogan, Michael O'Rourke und sogar bei Clodagh Keating Satellitenschüsseln installiert worden waren, sozusagen kurz vor Toresschluß, bevor die Menschen von Achill endgültig den Anschluß an die große, bunte Fernseh-Welt verpaßt hätten. Ob das auch John Sheridan gefiel, wenn seine Kids durch TV-Filme noch mehr als bisher mit der unchristlichen Wirklichkeit außerhalb Achills konfrontiert wurden?

Die Straße zum Haus von Heinrich Böll schien geteert zu sein. Und was war das? Am Ortseingang von Dugart wurde ein neues Haus gebaut? Wer um alles in der Welt besaß auf Achill das Geld dazu? Daß ein Fremder nach Achill zog, war seit den Tagen ihres Vaters, der sich selbst auf der kargen Insel niedergelassen hatte, nicht mehr vorgekommen. Aber ganz sicher würde sie darauf eine Antwort erhalten, wenn sie das nächste Mal wieder im Dorf war. Nur wann würde das sein?

Sie schüttelte sich, als könnte sie dadurch einer Antwort aus dem Wege gehen. Dann fuhr ihr rechter Zeigefinger die Dorfstraße von Dugart entlang, bog bei der Kirche rechter Hand ab und den ungepflasterten Weg hinauf zu einem bestimmten Punkt. Dort lag das Haus ihres Vaters. Hier war sie aufgewachsen, und sie konnte sogar die verrückte schöne Terrasse ausmachen, nach wie vor wohl die einzige ihrer Art in ganz Irland, die von ihrer ganzen Aufmachung her spanisch wirkte.

»Hazienda« hatten die Leute von Achill deswegen das Haus ihres Vaters liebevoll getauft.

Es war immer noch versiegelt. Seine Fenster mit Brettern vernagelt, die Eingangstür mehrfach gesichert, die Terrasse zugesperrt. Im Innern befanden sich das ganze Mobiliar, fast alle Bücher, die ihr Vater im Laufe seines Lebens gesammelt hatte, sowie seine persönlichen Gegenstände. Das Haus gehörte ihr, und es würde sich für sie auch wieder öffnen, sobald sie dies wünschte, aber nach seinem Tod hatte sie woanders gelebt, weil sie noch blutjung gewesen war. Damals waren von einem Tag zum anderen alle Menschen von Achill ihre Väter und Mütter, ihre Brüder und Schwestern geworden.

Sie las noch einmal die wichtigste Passage des Briefes, in der Thomas sie bat, ihn zu heiraten. Dieser Mann erwartete, daß sie beide in Berlin lebten, dort, *wo sich nun mal das Leben abspielt. Du wirst in einer Welt zuhause sein, wie Du sie Dir nicht einmal in Deinen kühnsten Träumen ausmalen kannst. Wir werden paradiesische Zustände haben, weil es uns an nichts mangeln wird.*

Paradiesische Zustände? Thomas kannte zwar ihre Herkunft, aber nicht ihr Zuhause. Und was man als Mangel empfand, war doch höchst subjektiv, oder nicht? Er selbst schien seinen persönlichen Ehrgeiz einzusetzen, Maud nach ihrer Heirat mit einem Luxus zu verwöhnen, der sie, wie er glaubte, die Wunden einer ärmlichen Kindheit und Jugend vergessen lassen würde. So war er nun einmal, Thomas, den sie im Verdacht hatte, daß er selbst allem Glück im Grunde mißtraute aus Angst, sich zu verlieren, und Maud nun vor die bislang wichtigste Entscheidung ihres Lebens gestellt hatte, die ihr alles andere als leichtfiel. Wozu sollte sie bloß ja sagen? Sie liebte Thomas, aber sie liebte auch Achill, weil ihr dieses ärmliche Land, wie es die Zeitung betitelte, alles mitgegeben hatte, was sie selbst war. Konnte es irgendwo sonst für sie noch Geborgenheit geben? Und konnte ein Leben zu zweit – abgeschirmt in der Sicherheit des eigenen Reichtums – wirklich so erstrebenswert sein? Für sie, Maud von Achill Island, dem berüchtigten Regenloch Irlands? Thomas kannte nur ein Leben im Glanz materieller Sicherheit und hätte sich auf jedes, das weniger als sein bisheriges war, nicht einlassen wollen.

Immerhin war Berlin ja auch ihre Geburtsstadt. Und Achill ihr Zuhause. Mauds Gedanken gingen weit zurück und verweilten bei ihrer ersten Erinnerung an diese kleine Insel ganz im Westen Europas. Damals war sie von heute auf morgen in das Haus ihres Vaters – eines Fremden – gestellt worden…

Sie wußte noch längst nicht alles über ihr Leben, hütete sich auch davor, an bestimmte Dinge zu rühren, vermutete zu Recht, daß vieles mit dem Tod ihres Vaters für immer ungeklärt bleiben würde.

Und so will ich hier Mauds Geschichte erzählen – als die Geschichte einer Frau, die in den Schoß einer ganzen Insel fiel…

Bölls Cottage

Das trostlose Land, dessen gälischer Name nur ungewollt an einen griechischen Helden erinnert, ist größ-
tenteils so unfruchtbar karg, daß jede Besiedlung einer
Strafe gleichkommen muß. Trotzdem hatten sich seit
Urzeiten immer wieder Menschen an den baum- und
strauchlosen Hängen der Bergkuppen, in den schmalen Tälern zwischen den schroffen Felsklippen und an
den Rändern der sumpfigen Niederungen niedergelassen – vielleicht, weil sie das Wagnis und die Heraus-
forderung schätzten, oder auch, weil sie auf der Flucht
waren und für sie andernorts kein Platz mehr gewesen
war.

Auch Heinrich Böll hatte sich schon vor Jahren gerade
dieses öde Fleckchen Erde im westlichen Zipfel Irlands
ausgesucht, um sich hier ein Feriendomizil einzurichten.
»Warum gerade Achill?« fragten ihn die Einheimischen
verwundert.
»Weil ich eurer wildes unberührtes Land mag«, war
seine Antwort. Und sie hatten ihn schmunzelnd will-
kommen geheißen. Er hatte gut reden bei seinen sechs
oder höchstens neun Wochen, die er im Jahr auf Achill
verbrachte. Leben, so richtig leben, mußte er hier ja

nicht, im Regenloch und Armenhaus Irlands, dort, wo die atlantischen Winde seit Jahrtausenden unverändert frische Sommer und harte Winter bescherten und die Kartoffeln in der Erde faulen ließen.

Der Dichter aus Deutschland war im Begriff, seinen täglichen Spaziergang zu Ende zu bringen. Nun stand er, auf seinen Stock gestützt wie ein einheimischer Torfstecher auf seinen Spaten, mitten auf einem, mit spitzen Steinen übersäten Weg und betrachtete nachdenklich die tintige Regenwolkenlandschaft über sich. Nicht mehr lange und die blauschwarzen Himmelsberge würden zerplatzen. Aber das war ja nichts Ungewöhnliches auf Achill, dem Regenland. Es verdiente diesen Namen zu Recht, doch obwohl es jeden zweiten Morgen, wenn Böll aus dem Fenster schaute, so aussah, als würde das Land wieder einmal in Niederschlägen ertrinken, hatte er sich niemals von seinen ausgedehnten Spaziergängen abbringen lassen.

Fast immer ging er zunächst hinunter zu den Dünen, wo, zwischen Steinblöcken aufgebockt, die schmalen Fischerboote – die Curraghs – gestrandeten blauschwarzen Waljungen gleich nebeneinander lagen. Vorbei am verlassenen Dorf, das auf halber Berghöhe lag und von wo aus der Wanderer jedesmal einen herrlichen Blick über die von zahllosen Inselchen und Felsriffen zerrissene Bucht von Achill hatte, führte ihn sein Weg hinunter nach Keel zu den noch Lebenden. Danach am Strand auf der anderen Inselseite entlang und wieder zurück auf dem langsam ansteigenden, fußbrecherischen Weg bis zu seinem Cottage auf der Kuppe. Böll setzte seinen Spaziergang fort. Das letzte Haus des kleinen Dorfes lag schon weit hinter ihm. Der Wind

18

drückte den hellen Rauch der Torffeuer aus den Schornsteinen nach Osten. Irgendwo in der Ferne bellte ein Hund. Ein Schwarm Krähen flog auf und überquerte die kleinen Steinmauern, die wie ein Netz blutleerer Adern das unfruchtbare Land durchzogen. Nach Norden hin, dort wo die Klippen so hoch wie Fernsehmasten waren, verlor sich die Insel im Nebelschleier. Es war erst Ende September, aber das unstete Wetter gebärdete sich von Tag zu Tag schlimmer.

Je länger der Mann seine Füße über den steinigen Weg lenkte, desto mehr schmerzten ihn seine Glieder. Ich bin alt geworden, dachte er. Als er vor zwanzig Jahren wie durch Zufall hierherfand und sich ein Cottage kaufte, hatte ihm das wenig freundliche Wetter noch kaum zu schaffen gemacht. Aber je älter er wurde, desto mehr sehnte er sich nach südlicheren Gefilden. »Ich hätte mich in der Toskana niederlassen sollen«, brummte er, aber das war nicht ernstgemeint. Nur fühlte er, daß ihm das rauhe Klima von Jahr zu Jahr weniger gut bekam. Deshalb werde ich, so dachte er, inzwischen im Cottage angekommen, wahrscheinlich nächsten Sommer zum erstenmal nicht mehr hierher kommen. In früheren Jahren war er immer ein, zwei Monate geblieben. Er faßte diesen Entschluß, weil er wußte, daß die ständige Feuchtigkeit nicht nur seine Knochen, sondern auch die Gemäuer kaputt machte. Auf Achill war fast jedes Haus so gut wie ruiniert, wenn es länger als neun Monate unbeheizt blieb. Sein Cottage besaß wie die meisten Häuser hier kein Stockwerk. Alle Zimmer lagen wie Schachteln hintereinander, jedes von ihnen mit einem offenen Kamin versehen. Ein Jahr nach dem Kauf hatte er sein Cottage vergrößern lassen, indem er einen Trakt an den parallel verlaufenden ehemaligen Stall anbauen ließ. Ein solches Hufeisen-Cottage, meinten die Menschen von Achill augenzwinkernd, müßte seinem Besitzer nur Glück bringen, doch sie wußten es besser, daß sich das Glück durch keine Form erzwingen ließ.

Liebevoll eingerichtet hatte das Cottage seine Frau Annemarie. Sie war es auch gewesen, die in sein Arbeitszimmer mit Blick auf die Clew Bay den handgeknüpften Donegalteppich gelegt hatte. Gemälde von irischen Künstlern, von Freunden aus Dublin, schmückten die weißgetünchten Wände fast aller Räume. Im Wohnzimmer befand sich neben anderen Antiquitäten auch der Teil eines Pfluges, den Böll einst einem Bauern von Achill abgekauft hatte. Anfangs hatte sich dieser energisch dagegen gewehrt, überhaupt Geld anzunehmen.

»Was willst du mit dem verrosteten alten Ding anfangen?« fragte Sean, der nicht begreifen konnte, was den Deutschen daran reizte.

»Ich hänge es in mein Wohnzimmer.«

»Bist du verrückt? Sowas gehört in den Schuppen oder auf den Müll.« Sean schüttelte verständnislos den Kopf. Hatte sein Gegenüber etwa zu tief ins Whiskey-Glas geschaut?

»Aber wenn ich deinen Pflug doch unbedingt haben will! Jahrelang hast du damit dein Feld bestellt. Nun ehre ich deine Arbeit dadurch, indem ich mir das alte rostige Ding in mein Wohnzimmer hänge, wo ich es immer sehen kann! Nimmst du nun mein Geld dafür oder nicht?«

Sean nickte stumm.

»Allright! Ich nehme es. Aber für einen Teil davon werde ich mir ein Buch von dir kaufen.«

Der Deutsche sah ihn erstaunt an.

»Wozu? Du kannst es nicht einmal lesen.«

»Richtig. Ich kann kein Buch in deutscher Sprache lesen. Und du kannst meinen alten Pflug nicht bedienen. Folglich werde ich dein Buch in mein Wohnzimmer stellen wie du meinen Pflug in deines.«

So war Sean gewesen. Letztes Jahr war er gestorben – beim Torfstechen. Auf seinen Spaten gestützt, wie er es sechzig Jahre lang getan hatte. Ein friedlicher und plötzlicher Tod hatte ihn ereilt, vermutlich während er mal wieder die Schafe am Slievemore zählte.

Der Dichter aus Deutschland erhob sich von seinem Platz und schlurfte in die enge Küche, um sich ein Sandwich zu bereiten. Seit er nach Irland gekommen war, hatte er gelernt, daß Butterbrote in die Höhe wachsen können, wenn man sie nur ordentlich mit Gurken, Tomaten, Eiern und Speck belegt. Während auf dem Ofen das Teewasser allmählich kochte, fiel ihm ein, daß er an diesem Tag noch gar nicht nach der Post gesehen hatte. Es war nicht üblich, daß er auf Achill jeden Tag Briefe aus der Heimat erhielt – er wollte nur die wichtigsten nachgeschickt haben –, aber es kam doch vor, daß ihm Freunde schrieben. Hier freute er sich auf jeden Brief, weil er nur auf Achill die Muße besaß, sich intensiv mit allen auseinanderzusetzen. Hier las er jede Zeile drei-, viermal, und er kam schneller als zu Hause dazu, ihn zu beantworten.

Zwei Briefe lagen im Kasten draußen an der buckligen Hauswand. Neugierig studierte Böll die Absender. Einer war von seiner Frau, die ihn bat, so schnell wie möglich seinen Verleger anzurufen. Der andere kam von einem befreundeten Schriftstellerkollegen, der anfragte, ob er sich für einige Zeit in sein Cottage einquartieren könnte, um in der Ruhe, die Achill bot, an einem Buch zu arbeiten. Böll lächelte. Hin und wieder hatte er Freunden diese Möglichkeit bei sich eingeräumt. Er beschloß, am anderen Morgen nicht nur seine Frau, sondern auch ihn anzurufen.

Am nächsten Tag ging der Dichter früh den Weg hinunter zur Post. Michael O'Rourke und seine Frau Alice begrüßten ihn herzlich, und Böll gab der Frau hinter der Theke eine Telefonnummer. Alice betrachtete sorgfältig die aneinandergereihten Zahlen.

»Diese Nummer hier wählst du aber nicht so häufig. Ich glaube vor zwei Jahren zum letzten Mal, wenn ich mich recht entsinne.«

»Mein Verleger!« Es klang fast entschuldigend.

»Aha! Na, dann wollen wir mal sehen, ob dein Arbeitgeber schon aufgestanden ist…«

»Ach, übrigens, Henrik«, sagte Michael, während seine Frau die Wählscheibe drehte, »in zwei Wochen treffen wir uns wieder bei John. Es geht einmal mehr um die staatlichen Subventionen für den Fischfang. Die in Dublin wollen uns ab nächstes Jahr glatt vierzig Prozent weniger geben. Glauben wohl, daß wir hier auf Achill ohnehin bald alle aussterben. Irgendwann werden sie uns auch noch die Grundschule streichen, meint John. Deshalb wollen wir uns eine Strategie für die feinen Bürokraten in Dublin überlegen. Sie sollen merken, wie lebendig wir hier noch alle sind. Kommst du auch?«

Böll zögerte keine Sekunde. »Ja!«

John Sheridan war der Pfarrer des Ortes, ein Bulle von einem Mann. Aus Cork stammend, hatte er sich immer mit ganzer Kraft und Zähigkeit für die Bewohner von Achill eingesetzt. John hätte das Zeug zum Oppositionsführer im Parlament gehabt. Der Dichter aus Deutschland freute sich über die Einladung – war sie doch ein Zeichen dafür, daß er mit dazugehörte.

Die Tür des kleinen Postamtes wurde aufgestoßen, und herein kam ein Nachbar des Dichters: Joey. Er war vor gut zehn Jahren aus Deutschland gekommen, wo er in der Automobilbranche gearbeitet hatte. Eines Tages hatte er diesen Job geschmissen und war nach Achill ausgewandert. Joey suchte hier vor allem Ruhe und Abgeschiedenheit. In Dugart hatte er begonnen Ziegen zu halten, deren Milch für Menschen äußerst gesund sein soll. Hin und wieder verkaufte er Milch und Ziegenkäse sowohl an Einheimische als auch an Touristen, lebte ansonsten von seinen Ersparnissen. Joey hieß natürlich anders, aber diesen Namen hatten ihm die Bewohner von Achill gegeben. Er grüßte kurz die Anwesenden und unterhielt sich dann mit Böll. Er war ein wenig aufgeregt, weil er am Vortag Post von seinem Bruder aus Berlin bekommen hatte. Nun wollte er diesen in Berlin anrufen.

»Eigentlich ist er mein Halbbruder. Er schreibt mir höchst selten. Deshalb war ich ja so erstaunt, als ich vier Blätter aus dem Umschlag zog, ziemlich ungewöhnlich für Georg, den Chef eines großen Sporthauses. Und sein Brief hat mich dann doch umgehauen…«

Böll antwortete nicht sofort. Er betrachtete den Mann vor sich. Joey war groß und hager und ähnelte vom Gesicht her ein wenig dem irischen Dichter Samuel Beckett. Alice rief ihm hinter der Theke stehend zu, sein Anruf nach Deutschland würde in wenigen Sekunden zustandekommen, so ging Böll zum Telefon, während Joey nervös auf und ab wanderte und, am Fenster angekommen, den Brief aus seiner Tasche holte. Es würde ein wenig dauern, bis er telefonieren konnte, also las er noch einmal, was Georg ihm geschrieben hatte.

Es scheint mir schon wieder unglaublich lange her zu sein, daß wir voneinander gehört haben. Von dir höre ich ab und zu in Form einer Karte, nur ich selbst bin ziemlich schreibfaul, verzeih mir. Im Fernsehen haben sie kürzlich einen bemerkenswerten Film über Achill gezeigt. Da ist mir wohl zum erstenmal aufgefallen, wie schön und wie zugleich rauh die Natur bei euch ist. Nun gut. Ich will nicht lang um den heißen Brei herumreden. Ich brauche jemanden, dem ich meinen Kummer von der Seele schreiben kann. Das bist du! Du weißt, daß ich mich nach Theresas Tod wie in eine Maulwurfhöhle eingegraben hatte. Es war alles andere als leicht, allein und mit einem Kleinkind fertig zu werden. Die Arbeit mußte doch auch getan werden – Thomas brauchte dringend eine Mutter – zeitweise konnte ich nicht mehr sagen, wie es hätte weitergehen können. Das waren wirklich böse Zeiten gewesen, aber du weißt ja, der Mensch rappelt sich wieder auf. Vor allem um des Kindes wegen habe ich mich auch immer wieder nach einem anderen Menschen umgesehen …
Nun habe ich vor knapp eineinhalb Jahren Ricarda kennengelernt. Sie ist schön, gebildet, humorvoll und anstrengend zugleich. Ricarda ist wie ein frei lebendes Wild. Sie haßt jede Form

24

von Zwang und läßt sich einfach nicht berechnen. Nach wie vor
weiß ich nicht, was sie wirklich von mir will. Aber ich liebe sie,
vielleicht sogar mehr als Theresa seinerzeit. Auch Thomas mag
sie. Jedenfalls glaube ich das. Nur möchte Ricarda niemals seine
Mutter werden, obwohl wir seit einem halben Jahr zusammen-
leben. Um deutlich zu machen, wie wenig ich Ricardas Hand-
lungsweisen einzuschätzen vermag: Würde sie mir morgen sa-
gen, daß sie Nonne werden will, oder teilte sie mir am Abend
mit, eine Bank ausgeraubt zu haben, ich würde ihr beides zu-
trauen. Sag nicht, daß ich dann die Finger von ihr lassen soll. Ich
vermag es nicht. Ich bin ihr verfallen, glaube ich. Ricarda ist so
lebendig, so erschreckend lebendig, meine ich. Sie gibt mir unsäg-
lich viel durch ihre Art – andererseits reißt sie mir fast das Herz
aus dem Leib. Ich bin hilflos ihr gegenüber. Dir kann ich es ja
sagen: Ricarda darf ich niemals verlieren! Sie bedeutet mir alles.
Das klingt wie in einem billigen Roman, ich weiß. Nun denn!
Ricarda ist im Moment sehr mies drauf. Keine Ahnung, was ihr
fehlt. Man kommt so schlecht an sie heran. Sie hat mir gesagt,
im Grunde sei es vorbei mit uns und sie wolle bei mir auszie-
hen. Ich verstehe das nicht, hat sie mir doch am Anfang unserer
Beziehung gesagt, ich sei für sie der Richtige. Verstehe einer die
Frauen! Aber ich kann nicht mehr …

Joey überflog den Rest und faltete den Brief langsam
zusammen. Als er aufblickte, stand Böll vor ihm.
»Was Ernstes?«
»Wie man's nimmt. Mein Bruder ist ein erfolgreicher
Geschäftsmann, hat alles im Griff. Was ihm weniger
gelingt, sind zwischenmenschliche Beziehungen. Er
hat zur Zeit große Probleme mit seiner neuen Freun-
din, die er wohl über alles liebt.«
Böll betrachtete den Mann mit dem zuckenden
Augenlid aufmerksam. Er schien sich ehrlich Sorgen

25

um seinen Bruder zu machen. Ihm kam eine Idee. Achill führt die Menschen auf das Wesentliche zurück. Vielleicht sollte Joey seinem Bruder vorschlagen, zusammen mit seiner Freundin für ein paar Tage oder Wochen zu ihm nach Irland zu kommen. Konnte doch sein, daß ihnen die »Luftveränderung« gut tat. Vieles erledigt sich auf der rauhen Insel einfach schon dadurch, daß alle enger zusammenrücken müssen, um nicht von den Naturgewalten fortgerissen zu werden.

»Lad sie doch zu dir ein. Achill ist sicherlich ein guter Platz für eine gemeinsame Aussprache und einen eventuellen Neuanfang.«

Joey blickte überrascht.

»Kein schlechter Gedanke. Ich will Georg ohnehin jetzt anrufen, habe aber nicht so recht gewußt, was ich ihm außer ein paar tröstlichen Worten sagen soll. Aber das ist ein guter Vorschlag«, nickte er begeistert.

Überraschend schnell stand die Verbindung nach Berlin. Joey erreichte Georg und schlug ihm eine »Luftveränderung« auf der Grünen Insel vor.

»Ja, warum nicht?« antwortete dieser überrascht. »So sehen wir uns wenigstens mal wieder. Aber ich muß erst mit Ricarda sprechen. Weißt du, sie steht mehr auf Orte mit mondänem Nachtleben und so. Aber vielleicht sagt sie ja auch zu. Wir werden sehen. Also, bis bald, und danke ... «

»Sie kommen bestimmt!« sagte Joey zu Böll und rieb sich die Hände. Dann schlug er sich an den Kopf.

»Ach herrje! Ich Esel! Wie soll ich die beiden bloß in Mulrany abholen? Ich besitze doch kein Auto.«

»Kein Problem«, sagte Böll. »Ich muß spätestens nächste Woche ohnehin in die Gegend dort fahren. Ich

bringe deine Gäste mit nach Dugart. Sag mir nur rechtzeitig, wann sie ankommen.«

Joey strahlte den Dichter an. Sein Nachbar war für
seine Hilfsbereitschaft bekannt, was sich jetzt wieder
einmal zeigte. Sie hatten beide den selben Rückweg,
und Joey erzählte Böll von Georg und dessen erster
Frau Theresa.

»Mein Bruder, Georg Wortmann, hat sich aus beschei-
denen Verhältnissen zum Besitzer eines gutgehenden
Sporthauses in Berlin hochgearbeitet. Seine erste Frau
Theresa, eine kleine, zähe Person mit viel Witz, ist leider vor einigen Jahren an einer rätselhaften Virusinfek-
tion gestorben, etwa ein halbes Jahr nach der Geburt ihres Sohnes Thomas. Nun sucht mein Bruder für sein
Kind eine neue Mutter. Ich wünsche ihm Glück dabei.«

Vor dem Cottage verabschiedeten sich die beiden Männer. Böll huschte ins Haus. Auf seinen Schreibtisch im
Arbeitszimmer gelehnt, schlürfte er heißen Tee. Draußen prasselte der Regen wie Trommelfeuer aufs Land.
Alles hatte sich innerhalb einer Stunde verändert, war
jetzt grau in grau, der Himmel ins Meer gestürzt und
beide im Begriff, Achill zu verschlucken.

An diesem Punkt der Küste, dessen Schönheit weh tut, weil
man an sonnigen Tagen dreißig, vierzig Kilometer weit blicken
kann, ohne eines Menschen Haus zu sehen, nur Bläue, Inseln,
die nicht wahr sind, und die See, hatte er vor einer Ewigkeit mal geschrieben. Sonnige Tage gab es auch, häufiger aber war der Regen, obwohl dies auch wiederum
nicht stimmte, dachte er. In der Toskana lacht die
Sonne den Regen aus, und hier fiel die Sonne in ein
Faß, wurde verschluckt, durchnäßt, untergetaucht,
niedergeschlagen, aber niemals vollkommen unterge-

kriegt. Sie zeigte sich zwar selten, aber sie wurde immer wieder lebendig, irgendwo dort draußen, jenseits der tintigen Wolken, die jedesmal wieder aufrissen, sobald sie sich von ihrer geballten Last in heftigen Schauern befreit hatten. Diese Erfahrung hatte er allen Touristen, die jeden Sommer nur für ein paar Tage rübergeflogen kamen, voraus. Während sie alle Menschen, die im Regenland lebten, zutiefst bedauerten, und sich glücklicher schätzten als diese, wußte der Dichter aus Deutschland ebenso wie die Einheimischen, daß kein Sturm, der sie von See her heimsuchte und kein noch so heftig andauerndes Regentief für immer war. Dies war zugleich eine Erfahrung fürs Leben. Bis in den späten Nachmittag hinein saß er vor seiner Schreibmaschine und arbeitete weiter an einem Band mit seinen wichtigsten Erzählungen. Am Abend kehrte er dann bei Michael Lavelle ein. Sein Pub abseits der Durchgangsstraße schien ihm immer noch der gemütlichste von allen, vor allem weil Michael Grafiken und Orginalzeichnungen von Dubliner Künstlern an den Wänden hängen hatte. Dort hockte er zwei Stunden lang am Tresen, trank bedächtig das pechscharze Bier mit der samtigen Schaumkrone und erfuhr ganz nebenbei von Michael Neuigkeiten aus dem Dorf.

Von seinem Platz aus hatte er einen vorzüglichen Ausblick auf das nahe Meer…

Und die junge Frau legt die Zeitung aus der Hand, steht auf, tritt ans Fenster und blickt in die Bucht hinaus: schwarz wie Tinte sind die Felsen … das kleine Licht unten im Hafen schwankt, die schwarzen Boote schaukeln, fiel ihm eine Passage aus seinem Irischen Tagebuch ein.

Armer, reicher Mann

Acht Tage später kam Georg Wortmann mit seiner Freundin nach Achill. Dort, wo seit etwas mehr als einhundert Jahren eine schmale Brücke die Insel mit dem Festland verbindet, nahm Böll sie in Empfang. Achill selbst schien sich für die Gäste aus Deutschland mächtig ins Zeug zu legen. Der Himmel brauchte sich sein blaues Reich bis auf ein paar weiße Wolkenfetzen nur mit dem gelben Sonnenball zu teilen, ein gutes Omen für den Aufenthalt von Georg und Ricarda, von dem sich Joey insgeheim versprach, daß sie beider Beziehung förderlich sein würde. Joeys Bruder erkannte er auf den ersten Blick, obwohl Joey ihm nur eine alte Fotografie von ihm gezeigt hatte. So wie jetzt hatte er schon vor fünfzehn Jahren ausgeschaut, dachte der Deutsche. Sie begrüßten sich, und Georg Wortmann bedankte sich bei Böll dafür, daß er sie abholte. Dann stellte er ihm Ricarda vor. Die Frau mit den schmalen Lippen war elfenhaft schlank, mit langem rostbraunem Haar, das durch ein geflochtenes Lederstirnband zusammengehalten wurde, was den Dichter auf den ersten Blick ein wenig an die Flower-Power-Zeit erinnerte.

Ein kräftiger Wind blies plötzlich von See her. Die Wärme der letzten Stunden war schlagartig abgeebbt,

29

von der Erde stiegen kühle, bittere Gerüche auf. Irgendwo in einem Stall muhte eine Kuh. Ein Motorrad knatterte an ihnen vorbei. Achill war offensichtlich dabei, es sich doch anders zu überlegen. Der Dichter schaute nachdenklich zum Himmel hoch, der zusehends im Begriff stand, sich mit einem feinen Zirrus-Wolkengespinst zu überziehen und sog die frische salzige Brise ein. Ricarda fröstelte.

»Daß Sie es hier aushalten! Wo das Wetter so unbeständig sein kann! Den ganzen Tag über sonnig und jetzt schlägt's ohne Vorwarnung um«, meinte Georg Wortmann.

Er sah den Dichter fast flehentlich an. Böll lächelte, sagte aber nichts.

»Obwohl es heute mal nicht sofort anfängt zu schütten, wie es für Irland typisch sein soll«, fügte der Berliner hinzu.

»Achill will Ihnen eben einen schönen Empfang bereiten.«

Georg Wortmann nickte und blickte während der Fahrt zum Cottage durch die staubigen Autoscheiben nach draußen. Die Landschaft wirkte trostlos. Kaum Bäume und Büsche, dafür sehr viele Moore und ein Gewirr gräulicher Steinmauern. Ab und zu ein einsam gelegenes Haus, zu dem ein Stolperweg führte, etwas abseits davon ein kleiner See.

»Das ist ja unglaublich deprimierend. Wie kann man hier nur leben?« meldete sich Ricarda, die es sich auf dem Rücksitz bequem gemacht hatte.

Dem Dichter aus Deutschland waren solche und ähnliche Fragen verhaßt. Wie oft waren sie ihm schon zu Ohren gekommen! Sie verrieten nichts als die Arroganz der Städter, die sich im Wunderland des Konsums ein trautes Heim geschaffen hatten und eine Welt ohne Ladenstraßen für unbewohnbar hielten. Müßig, solchen Menschen zu antworten, sie wollten von ihrer vorgefaßten Meinung ohnehin nicht abrücken.

»Ich denke, die Menschen, die hier leben, haben keine andere Wahl.«

Ricarda lachte überheblich auf.

»Das ist doch barer Unsinn. Entschuldigen Sie, aber jeder Mensch kann seine Wahl treffen. Und wenn er noch so arm ist.«

Georgs Freundin gab sich als Sozio-Fachfrau und Zivilisationsaufklärerin. Böll schwieg zunächst. Dann fuhr er fort:

»Die Menschen von Achill sind schon immer arg vom Leben gebeutelt worden.« Er hielt es für angebracht, Georg und Ricarda ein drastisches Beispiel zu geben. »Dort, wo Sie vorhin der Bus abgesetzt hat, ein wenig weiter die Straße hinunter, gibt es eine Stelle, die man Darby's Point nennt. Dort befand sich früher ein kleiner Hafen. Im Juni 1894 ereignete sich in eben diesem Hafen eine Katastrophe, bei der über dreißig Menschen ertrunken sind. Warum? Weil sie ein besseres Leben anstrebten. Weil sie glaubten, eine Wahl zu haben. Damals hörten die Menschen von Achill, daß es weit entfernt in einer großen Stadt namens Liverpool genug Arbeit und Brot für sie gäbe. Ein öffentlicher Anschlag hatte sie das wissen lassen. Das klang mehr als gut, und an einem schönen Morgen im Juni 1894 standen 400 Menschen am Hafen von Darby's Point und warteten auf die Schiffe, die sie ins verheißene Land jenseits von Irland bringen sollten. Sie warteten geduldig, doch als die

Schiffe endlich kamen, konnten sie wegen ihrer Größe nicht anlegen. Später werdet ihr auf Achill Curraghs sehen, Boote, mit denen sich die Fischer hier seit Urzeiten hinaus aufs Meer wagen. Es sind Nußschalen! Mit solchen Curraghs wollten die Menschen sich auf die wartenden Schiffe übersetzen lassen und zwängten sich in die kleinen schwarzen Ruderboote, die vollkommen überlastet vom Ufer ablegten. Leider hatten die Menschen von Achill niemals in ihrem elenden Leben die Wahl gehabt, schwimmen zu lernen. Die meisten Boote kenterten, und über dreißig Männer und Frauen ertranken – kaum zehn Meter vom Ufer entfernt. So kann es mitunter aussehen, wenn man hier seine Wahl trifft für ein besseres Leben.«

Georg Wortmann nickte ihm zu. Seine Freundin streckte sich demonstrativ auf dem Rücksitz aus, gähnte und schloß die Augen. Böll gewann jetzt schon, nach einer knappen halben Stunde, den Eindruck, daß diese Frau ziemlich anstrengend sein konnte. Aber er wollte niemanden vorverurteilen. Vielleicht war sie ja netter, als sie sich augenblicklich gab. Warum hatte sich Georg Wortmann gerade diese Frau ausgesucht? In seinen Büchern blieben Menschen meist deshalb zusammen, weil sie die gleichen Ansichten über das Leben teilten, ähnliche Erfahrungen gemacht hatten. Einigkeit gegenüber Dritten ließ sie zusammenkommen, sich ineinander verlieben oder über einen längeren Zeitraum zusammenbleiben. Der romantischen Liebe hatte er immer mißtraut.

Sie näherten sich dem am weitesten ins Meer ragenden Küstenstrich. Eine Windböe erfaßte das Auto und rüttelte es durch. Je näher sie dem Meer kamen, desto lauter wurde das Dröhnen und Brausen der stürmischen See, einzig unterbrochen von saugenden, klatschenden Lauten.

»Habt ihr immer noch Seehunde hier?« fragte Georg. Statt einer Antwort stoppte Böll den Wagen nahe an einem Grashang.

»Wenn Sie wollen? Dort drüben soll es immer noch einige von ihnen geben.«

»Wo?« hörten sie Ricardas Stimme vom Rücksitz.

»Sie müssen sich etwas links halten. Knapp zwanzig Meter von hier. Dort drüben, wo die kleine Mauer versucht, die Küste abzusichern. Beugen Sie sich ein wenig über die Brüstung. Ach was! Am besten, ich begleite Sie bis dorthin.«

Tief unten, am Fuß der kahlen, steil abfallenden Küste, die hell wie eine Narbe leuchtete, schimmerte das Wasser im Labyrinth der Felsen. Wellen leckten gierig am Sockel der Insel. Und irgendwo zwischen diesen Wellen, Kreisen und schaumigen Strudeln bewegte sich tatsächlich ein eleganter schwarzer Schatten. Ein Meisterschwimmer.

»Zumindest einer hält hier noch die Stellung«, meinte Georg. »Vor Jahren, so habe ich im Fernsehen gehört, soll man hier noch fünfzig von ihnen gezählt haben.«

»Auch die Fischer von Achill beklagen die zunehmende Verschmutzung ihrer Gewässer. Englische Schiffe lassen draußen vor der Küste ihr schmutziges Öl ab. Es ist zum Heulen!«

Der Dichter drehte sich um und schaute Ricarda direkt ins Gesicht. Sie nahm seine Worte zunächst schweigend auf, dann aber nickte sie bedächtig und sagte:

»Unser blauer Schmuddelplanet holt uns allmählich

überall ein. Sogar hier, wo sich die Torffüchse gute Nacht sagen. Wie lange sollen wir das eigentlich noch aushalten?«

»Wir müssen ja nicht. Jeder, der aufsteht und seine Stimme dagegen erhebt, stärkt die Chance, daß wir doch noch etwas ändern können.«

Er wich dem Blick der Frau bewußt nicht aus, wollte sie packen, aber auch sie hielt unverändert Stand.

»Na, dann laßt uns doch etwas dagegen tun. Stehen wir auf! Protestieren wir gegen die allgemeine Verschmutzung, gegen den Müll und Dreck. Klagen wir endlich lautstark an, daß es zuviel überflüssige Verpackung gibt. Wie wär's denn, Herr Sportartikelgroßhändler?« Sie stubste Georg Wortmann in die Seite.

»Ja, ja, das ist ein Problem, aber solange nicht alle mitziehen, nützen Alleingänge überhaupt nichts, darüber haben wir doch schon lang und breit diskutiert, Ricarda. Wir sollten...«

Böll fiel ihm ins Wort.

»Wir haben noch genug Zeit, zu diskutieren oder zu streiten. Was halten Sie von meinem Vorschlag, in mein Haus zu fahren und einen guten irischen Tee zu trinken. Hier wird es zusehends ungemütlicher.«

Er drehte sich um und schritt langsam den glitschigen Pfad zur Straße hinauf. Joeys Gäste aus Deutschland folgten ihm wortlos.

Die Menschen von Achill lebten fast ohne Uhr. Zeit, das waren die Tage, an denen man aus dem Haus trat, um zum Nachbarn, zum Bäcker oder zur Kirche zu gehen, und das waren zugleich die Abende, an denen man sich im Pub auf einen Schwatz traf, oder, wenn es das Wetter einmal ganz schlimm trieb, sich daheim vor den Fernseher hockte. Zeit, das war auch Arbeit, aber weniger, um Geld zu verdienen, denn solcherlei Arbeit gab es wenig auf Achill. Die meiste Arbeit, unbezahlt und trotzdem anstrengend, bestand darin, Torf zu hacken, um die Feuer in den häuslichen Kaminen nicht verlöschen zu lassen und die eigenen vier Wände in Ordnung zu halten, damit einem das Cottage nicht unter der Hand weg verrottete. Arbeit, das war vor allem ein seit Jahrhunderten währender Kampf gegen die Widrigkeiten der Insel-Natur. So richtig Geld verdienen konnten nicht viele hier, vielleicht die Fischer, der Bäcker, der Metzger. Geld verdienen mußten die Menschen von Achill seit jeher woanders: in Dublin, in Liverpool oder in London. Manche waren auch nach New York ausgewandert, junge Leute, die in der riesigen Stadt jenseits des Ozeans alle Berufe annahmen, die sie bekommen konnten. Und, wie es bei den Menschen der Insel seit Generationen üblich war, wurde ein Teil des in der Fremde verdienten Geldes Monat für Monat nach Hause geschickt, um die eigenen Familien zu unterstützen, manchmal sogar die alten Nachbarn, wenn diese kinderlos geblieben waren oder ihre Kinder, durch welche Umstände auch immer, verloren hatten. Die jungen Leute, die in England Arbeit gefunden hatten, kehrten meist am letzten Wochenende eines jeden Monats nach Hause zurück. Weil sie aufgrund der Fährzeiten über die irische See und aufgrund der langen Heimreise jedesmal erst in der Nacht nach Achill zurückkamen, schob sich gegen Mitternacht an jedem letzten Freitag im Monat ein kleiner Lichtwurm, bestehend aus den Autos und ihren

Scheinwerfern, über die einzige Durchgangsstraße der Insel.

Dann gab es noch etwas Geld vom Staat für jene, die alt und gebrechlich waren, verschwindend wenig zwar, aber niemand hätte jemals deswegen gemurrt. Man erhielt das bißchen Geld Monat für Monat durch den Postboten an der Haustür in die Hand gedrückt und schränkte sich ein. So war das Leben der Menschen auf Achill vorgezeichnet, und vermutlich würde sich dies auch zu keiner Zeit ändern. Eines allerdings war bemerkenswert: Es hatte keinen Insulaner gegeben, der seiner Heimat, dem Regenland, jemals für alle Zeiten und endgültig den Rücken gekehrt hätte. Achill war arm und eine Last für jeden, der hier lebte. Aber Achill war auch etwas, das keiner, den diese Erde hervorgebracht hatte, jemals in seinem Leben vergessen konnte oder wollte. Und deshalb waren seine Bewohner stolz auf ihre Insel, selbst wenn sie in späteren Jahren woanders den Reichtum kennenlernten. Achill-Leute hörten in Dublin die Menschen, wenn sie erzählten, woher sie kämen, ausrufen »Oh, dear! That's too hart for one man's life«. Und sie entgegneten diesen, daß nirgendwo anders als auf Achill der menschliche Widerstand in jener Form geboren worden war, wie er später sogar für alle westlichen Zivilisationen zum geflügelten Wort wurde.

Denn es waren die Menschen von Achill gewesen, die eines Tages vor zweihundert Jahren geschlossen, weil sie der Willkür eines englischen Landlords nicht länger ausgesetzt sein wollten, die Arbeit als Pachtbauern niederlegten. Sie verweigerten die Arbeit und erklärten George Boycott, er müsse sie eher alle erschlagen, als daß sie ihm noch länger zu Diensten sein würden. Zuletzt kapitulierte der Engländer Boycott vor dem Mut und der Entschlossenheit dieser Menschen. Und als diese Kunde sich im Land herumgesprochen hatte, war ein neues Substantiv geboren: der Boycott. Jemanden zu boycottieren, das wurde zuallererst auf Achill praktiziert. Die Menschen von Achill hatten also allen Grund, wo auch immer sie in der Welt um Arbeit nachfragten, nicht als Bittsteller vorzusprechen. Mit Recht konnten sie auf ihre Vorfahren stolz sein, denn es waren Menschen gewesen, die sich niemals aufgegeben hatten.

Besucher, die nach Achill kamen, mußten sich dem besonderen Zeitengang dieser Insel unterordnen. Eile gab es nirgendwo, Rastlosigkeit war unbekannt. Selbst Terminabsprachen bildeten eher die Ausnahme. Wenn jemand zu einem anderen sagte: »Höre mal, ich komme heute oder ich komme demnächst mal bei dir vorbei«, dann war dies Absprache genug. Georg und Ricarda hatten anfangs große Schwierigkeiten, damit umzugehen. Aus einer Gesellschaft kommend, die sich ausschließlich nach der Uhr richtet, mußten sie sich erst an das Vage gewöhnen. Ricarda fand sich ein wenig schneller damit ab. Nur für Georg blieb es unerträglich, und er nahm es als ein sicheres Zeichen dafür, daß auf Achill die Uhren stehengeblieben waren und es die Insel im Westen Europas niemals zu etwas bringen würde. Joey, der ihnen sein Schlafzimmer zur Verfügung gestellt hatte, während er selbst auf der Couch im Wohnzimmer schlief, entgegnete ihm nichts darauf. Er fühlte, daß seinen Halbbruder ohnehin nur die Sache mit Ricarda umtrieb, so daß er für andere Themen kaum empfänglich war.

Eines Nachmittags saß Joey an einem neuen Puzzle. Zeitlebens hatte er diese Art des Zeitvertreibs geliebt, und Georg hatte ihm ein besonders kniffliges aus Deutschland mitgebracht, an dem er jetzt »arbeitete«. Er war darin so vertieft, daß er seinen Halbbruder erst bemerkte, als dieser sich mehrmals räusperte.

»Ich will dich nicht stören, Joey, aber ich möchte dir nur sagen, daß mich dieser Jimmy Coogan im Auto mit nach Galway nimmt. Ich komme erst spät wieder zurück.«

Joey legte ein Puzzleteil, für das er gerade die passende Stelle suchte, zur Seite und drehte sich zu ihm um.

»Galway ist eine hübsche Stadt. Schau sie dir an. Und bitte Jimmy, nicht so schnell zu fahren. Kommt Ricarda nicht mit?«

Georg zuckte die Achseln. Es sah ein wenig trotzig aus. »Sie weiß nichts davon, hat mir aber heute morgen beim Aufstehen mitgeteilt, daß sie sich am Abend mit jemandem aus dem Ort treffen würde. Keine Ahnung, wer das ist. Vielleicht Clodagh Keating oder Margret Swift? Obwohl ich denke, daß ihr die Swift – eure Dorfschullehrerin – wie ein ältliches Fräulein vorkommt. Sie ist ihr sicherlich zu konservativ. Aber bei Ricarda weiß man ja nie. Da kann jeder plötzlich in ihrer Gunst stehen!«

Der andere betrachtete prüfend das Gesicht seines Halbbruders.

»Es geht mich ja nichts an, ob es euch zwei in eurer Beziehung nun besser geht oder schlechter als vorher …« begann er zögernd.

»Nein, nein! Frag ruhig! Genaues kann ich nur erahnen, aber ich bin überzeugt, daß die Luftveränderung uns beiden bis jetzt recht gut bekommen ist. Ricarda scheint weniger gereizt zu sein. Seit wir auf Achill sind, ist sie wie ausgewechselt, irgendwie gelöster. Ich habe beinahe den Eindruck, sie würde sich hier sogar noch länger aufhalten, wenn sie dürfte.«

»Bleibt, solange es euch gefällt!«

Georg kaute auf seiner Unterlippe, zog sie mit den Zähnen ein wenig in seinen Mund hinein, um sie wieder loszulassen.

»Das ist sehr freundlich von dir, Joey, aber ich kann das Geschäft nicht wochenlang allein lassen und auch wegen Thomas muß ich spätestens am Mittwoch zurück. Ich will den Jungen nicht über Gebühr bei Mutter lassen; sie fängt nämlich sonst irgendwann an zu glauben, er gehöre ihr. Mama ist, wie du weißt, sehr besitzergreifend.«

Joey nickte bedächtig, blickte den Mann vor sich mit einem Lächeln an, das Einverständnis signalisieren sollte und schnipste mit den Fingern eine trockene Brotkrume von seinem Tisch. Von Ferne drang Meeresrauschen durch das angelehnte Fenster, und die Beredsamkeit des Meeres ließ ihn plötzlich stumm werden. Als er wieder aufblickte, war Georg aus dem Zimmer gegangen.

»Also dann bis später«, hörte er ihn von der Küche aus rufen. »Danke für den Wagen.«

Und der Sturm steht schon vor der Tür; bald greift er von den Hügeln hinunter bis in unser geschütztes Herz, erinnerte sich

39

der Zurückgelassene murmelnd an die Verszeilen eines
irischen Lyrikers. Warum fielen sie ihm gerade jetzt
ein? Er hatte keine Ahnung. Kopfschüttelnd wandte er
sich wieder dem interessanten Puzzle vor sich auf der
Tischplatte zu.

Zwei Tage später quälte sich Joey mit zwei vollgepack-
ten Leinenbeuteln von P. J. Curleys Shop allein auf der
Straße den Berg hinauf zu seinem Cottage. P. J. Curleys
»Tante-Emma-Laden«, in dem sich zwei ausgewach-
sene irische Wolfshunde nur mühsam zugleich hätten
drehen und wenden können, lag einsam an einem
Schotterweg, auf dessen dem Meer zugewandter Seite
sich ein kilometerlanger Sandstrand erstreckte. Eine
hübsche Stelle für einen Laden – Städter fanden es geradezu romantisch –, aber leider war der Anstieg
zurück zum Cottage beschwerlicher als von jener Seite
aus, die hinunter ins Dorf führte. Warum allerdings
P. J. Curley sein kleines Lebensmittelgeschäft ausgerechnet außerhalb des Ortes führte, blieb eines der vielen ungelösten Rätsel auf Achill Island. Es hieß, P. J.
habe das kleine Haus vor Jahrzehnten einem Engländer beim Kartenspiel abgenommen. P. J. gab sich gerne
weltgewandt, als würde er Geschäfte mit dem Ausland
tätigen und Niederlassungen in England und den USA
unterhalten. Jedesmal, wenn Joey bei ihm einkaufte
und sich in P. J. Curleys Geschäft keine Kunden aufhielten, traf er den kleinen rothaarigen Mann mit einem Kartenspiel in der Hand an. Wie ein versierter
Kartenkünstler mischte, schob und fächerte er die roten und schwarzen Spielkarten auf, daß es eine Lust
war, ihm dabei zuzusehen.

»Du solltest zum Varieté gehen«, hatte der Deutsche ihm schon mal vorgeschlagen.

»Ja, das wäre nicht schlecht fürs Varieté, ich besitze so manch unentdecktes Talent, aber weißt du, das Geschäft hier und anderswo raubt mir einfach jede freie Minute, als daß ich für Shows noch zur Verfügung stehen könnte.«

Es war wohl mehr ein wunderbarer Müßiggang, der P. J. Curley voll und ganz ausfüllte, schätzte Joey.

An diesem Abend hatte er im Shop Milch, Brot, Obst, Gemüse, Eier, Kartoffeln, Zwiebeln und verschiedene Getränke eingekauft. Für sich allein wären seine Taschen niemals so voll geworden, aber er hatte ja die nächsten Tage noch Besuch im Haus. Es dunkelte schon, und, als er die Höhe des Berges erreicht hatte, setzte er beide Taschen für eine kurze Verschnaufpause ab. Dabei fiel ihm ein Paar auf, das auf der anderen Seite bergab mitten auf der Straße stand und sich leidenschaftlich umarmte und küßte. Es war keinesfalls seine Art, Liebespaaren, denen er unfreiwillig begegnete, mehr als einen Blick zu schenken, aber in diesem Fall schaute er etwas genauer hin, weil er meinte, Ricarda und Georg zu erkennen. Hatten sie sich also endlich wieder zusammengerauft? Ja, das rauhe Leben auf Achill klärte vieles, und seine Natur blies so manchen überflüssigen Beziehungsballast einfach in die nahe See. Vermutlich lag bei ihren Problemen viel durch Georg im argen, dem sein Geschäft wohl so manches Wochenende und so manchen Abend raubte. Ricarda war lebenshungrig, wollte ausgehen, sich amüsieren. Wer konnte ihr das verübeln? Georg würde sich künftig einfach mehr um sie kümmern müssen. Daran wird es

41

wohl vor allem gehapert haben. Denn auf Achill hatten sie Zeit füreinander gefunden, und wenn das wirklich den Ausweg aus ihrer gemeinsamen Krise bedeutete, dann würden sie sich in Berlin halt mehr miteinander beschäftigen müssen. Vielleicht war es ja wirklich so einfach. Joey warf noch einen letzten Blick auf das Paar »down the road« und schloß die Tür zu seinem Haus auf.

In der Küche brannte Licht. Er lud seine prallgefüllten Taschen auf dem alten Tisch ab und war gerade im Begriff, sie auszupacken, als Georg aus dem Wohnzimmer geschlurft kam. Er spielte mit einem goldenen Kettchen in seiner Hand, das vom Design her altem keltischem Schmuck nachempfunden war.

»Hallo! Warst wohl einkaufen gewesen? Schau einmal her, was ich vorgestern in Galway für Ricarda beim Juwelier gekauft habe. Ich bin überzeugt, das könnte ihr gefallen. Ich möchte es ihr schenken, denn ich meine zum erstenmal wieder zu spüren, daß sie mich liebt.«

Sein Halbbruder starrte abwechselnd auf die Halskette und auf Georg. Dann spürte er, wie ihm die Röte ins Gesicht stieg. Eine Schamesröte, die keine noch so kühle Welle des Atlantiks hätte verblassen lassen. Er selbst stand da, in der einen Hand eine Tüte Milch, in der anderen drei Porreestangen. Was sollte er diesem Mann mit dem naiven Gesichtsausdruck eines Schuljungen, der glaubt, seine unberechenbare Angebetete durch ein überraschendes Geschenk für sich zu gewinnen, antworten? Was nur?

Ein Schotte auf Achill

Hugh O'Donnell war vor acht Jahren nach Achill gekommen, wo er sich ein Viereinhalb-Zimmer-Haus
unterhalb des verlassenen Dorfes hatte bauen lassen.
Weitgehend im Inselstil gehalten, besaß es allerdings
merkwürdigerweise eine karminrot gefliese Terrasse
vorm Eingang, die es sonst in ganz Irland wohl nicht
geben mochte. Das führte auf Achill sofort zu den selt-
samsten Spekulationen, daß nämlich Spanier oder
Griechen hier einziehen würden. Das Unglaublich-
ste von allem aber war, daß sich überhaupt jemand auf
Achill niederließ und auch noch eine Baufirma beauf-
tragte, ihm ein Haus zu errichten. Neubauten gab es
auf der Insel überhaupt nicht. Das letzte »neue« Haus
war irgendwann zwischen den beiden Weltkriegen gebaut worden.
Und dann hatte sich Hugh O'Donnell, der nicht aussah
wie ein Südeuropäer, mitten im Herzen des Regenlan-
des niedergelassen, und alle fragten sich, was ihn wohl
dazu veranlaßt haben könnte. Neuigkeiten wie diese
machten auf der Insel schnell die Runde. Und als bekannt wurde, daß der alleinstehende Mann auch noch
Engländer war und in der Armee gedient hatte, hörte
die Gerüchteküche einige Wochen lang nicht mehr auf
zu brodeln.

War es denn auszuschließen, daß dieser Mann auf der Flucht war, weil er irgendetwas verbrochen hatte? Andere argwöhnten gar, er wäre ein Spitzel der nordirischen Protestanten, um herauszufinden, ob sich IRA-Untergrundkämpfer auf Achill aufhielten. Clodagh Keating, die Frau des Doktors, glaubte allerdings, er habe sich wegen einer unglücklichen Liebe nach Achill zurückgezogen. Hier allein glaubte der arme Mann wohl, sie vergessen zu können. Als man sie fragte, wie sie darauf käme, antwortete die alte Dame, von der nicht wenige annahmen, daß das Talent ihres verstorbenen Mannes, immer die richtigen Diagnosen zu stellen, auf sie übergegangen sei:

»Er hat so traurige Augen.«

Jedenfalls wurde im Dorf viel über diesen Engländer geredet. Und es war in der Tat ungewöhnlich, daß er nach Achill gezogen war. Zuletzt, als Sean Heneghan meinte, in ihm sogar einen gesuchten Mörder wiederzuerkennen, platzte John Sheridan der Kragen.

»Jetzt ist es aber genug«, brüllte er am Sonntagmorgen in der Elf-Uhr-Messe und schlug dabei mit der Hand auf die Brüstung der Kanzel, denn er hatte den Eindruck, daß seine Schäfchen wegen des Neubürgers nicht so richtig bei der Sache waren.

»Ich werde noch heute nachmittag diesen O'Donnell aufsuchen und ihm kräftig auf den Zahn fühlen.«

Dem Priester lag viel daran, daß der Friede in seiner Gemeinde gewahrt wurde, schließlich hatten sie genug andere, weitaus wichtigere Probleme. Dieser Engländer, mit dem bislang kaum jemand mehr als drei Sätze gesprochen hatte, würde sich ihm endlich erklären müssen. Und danach würde der Spuk so oder so vorbei sein. Am späten Abend kehrte John Sheridan in Michael Lavelles Pub ein, und alle Blicke richteten sich erwartungsvoll auf den Priester. John Sheridan schaute zunächst schweigend in die Runde.

»Der Mann ist in Ordnung«, verkündete er laut.

Wenn John dies so klar aussprach, konnte man ihm glauben, denn niemand sonst auf Achill besaß ein besseres Urteilsvermögen, was Menschen anbetraf. Dies jedenfalls war die einhellige Meinung, seit John Sheridan einmal unter drei Männern, die man gestellt hatte, auf Anhieb den Richtigen als Schafdieb überführte. Der Priester besaß einen sicheren Blick für Leute, die ihn belogen. Wenn er also Hugh O'Donnell für einen guten Mann hielt, dann war O'Donnell ein guter Mann, obwohl nach wie vor Protestant und damit per se verdächtig.

Durch Sheridan erfuhren die Bewohner von Achill, daß es sich bei dem Engländer um einen Schotten handelte, was sein Ansehen wieder geraderückte, und daß er in der Armee den Rang eines Captains bekleidet hatte. Er hatte sich auf Achill niedergelassen, weil es ihm hier gefiel – warum auch nicht? –, vor allem aber weil seine Großmutter einst hier gelebt hatte, bevor sie einen schottischen Seemann geheiratet und ihm nach Schottland gefolgt war. Im Besitz des Captains befand sich ein Tagebuch dieser Großmutter, in dem sie ihre ersten achtzehn Lebensjahre auf Achill so anschaulich und mit so großer Liebe zu Land und Leuten geschildert hatte, daß in Hugh O'Donnell bereits als Kind die Sehnsucht, sich diese ungewöhnliche Insel im armen Westen Irlands mit eigenen Augen anzusehen, geweckt worden war. So war er schon vor vielen Jahren das erste Mal hierhergekommen und hatte sich sogleich in Achill verliebt, sich aber erst jetzt, nach seiner Entlassung aus der Armee, hier niederlassen können. Dies alles erzählte John Sheridan bei zwei, drei Glas Guinness, und die Menschen, die ihm zuhörten, fingen an, den Schotten zu mögen. Von diesem Tag an nannten sie ihn alle bloß noch den »Captain«, und er gewöhnte sich daran.

In der Tat war sein Verhalten ungewöhnlich. So hatte der Captain seine Terrasse mit großen Terrakotta-Töpfen, Kletterpflanzen und diversen südländischen Gegenständen wie Weinkrügen oder Tonfiguren ausgestattet, was äußerst seltsam anmutete. Auf dieser Terrasse, geschützt von einer weißen Pergola, die ihm aus Südfrankreich mit der Post geschickt worden war, sah man ihn an Nachmittagen bis in die Abendstunden hinein sitzen, Pfeife rauchen und Wein trinken. Jimmy Coogan, der ein loses Mundwerk besaß wie kein zweiter, posaunte überall herum, daß dem Captain für ein Haus in der Toskana oder an Spaniens Küste das Geld wohl nicht gereicht hätte, auf Achill jedoch koste Bauland ein Faß Guinness der Quadratmeter, war also spottbillig. Aber der Captain konnte schon sehr bald die Meinung über sich zu seinen Gunsten wenden. Als er nämlich davon erfuhr, daß für das neue Dach der Volksschule überall gesammelt wurde, spendete er einen größeren Betrag, wodurch sich die Fertigstellung des Daches um ein halbes Jahr verkürzte. Von da an besaß er fast Narrenfreiheit. Sollte er sich doch noch einen Swimmingpool hinters Haus setzen, wenn ihn danach gelüstete – sie wären sogar gekommen, ihm das Loch dafür auszuheben –, so akzeptierten ihn die Bewohner von Achill von da an in seinem für sie sicherlich skurrilen Verhalten.

Er kam auch zu ihnen in den Pub und beteiligte sich an den Bürgerversammlungen. Er trank zwar nicht Bier wie sie, weil er Wein vorzog, und war nach wie vor Protestant, aber er gehörte mit dazu.

Der Captain, in den Fünfzigern, hochgewachsen, schlank, wirkte mit seinem dichten, schlohweißen Haar, seinen feinen Gesichtszügen, seinem tadellosen Benehmen wie ein englischer Lord. Er sprach leiser als andere, wenn ihm danach war zu reden, und sie hatten sich daran erst gewöhnen müssen, denn bei ihnen ging es sowohl im Pub als auch auf den Versammlungen immer hoch her. Und er sagte nur etwas, wenn er der Meinung war, Wichtiges zu einer Sache beitragen zu können. Auch dies war gewöhnungsbedürftig, aber mit der Zeit wurde sein Rat, seine Ansicht über dieses oder jenes immer öfter gesucht, weil er durch die Armee weit herumgekommen war in der Welt. Er hatte unterschiedliche Kulturen gesehen, fremdartige Menschen kennengelernt und konnte zu vielen Dingen ein gewichtiges und kluges Wort sagen.

Er selbst verriet nicht allzu viel über sich und sein Leben. Gut, er war in Indien auf Tigerjagd gewesen, hatte einige Jahre in Australien gelebt und in London, aber man erfuhr nie, ob er zum Beispiel jemals verheiratet gewesen und, wenn nicht, warum er es nicht war. Bei niemandem ließ er auch nur ein Sterbenswörtchen über seine Vergangenheit verlauten. Und die Menschen von Achill mußten lernen, dies zu akzeptieren, auch wenn das Verhalten des viel zu schweigsamen Captains in diesem Punkt alles andere als irisch war.

Hugh O'Donnell las sehr viel. Ein Zimmer in seinem Haus hatte er in eine Bibliothek verwandelt. Als Böll ihn kennenlernte, war er überrascht, welch reichhaltigen Lesestoff er auf der »Hazienda«, wie die Dörfler das Haus getauft hatten, vorfand. Sogar deutsche Autoren waren vertreten: Thomas Mann, Rilke, Stefan Zweig, Döblin, Hesse und natürlich Goethe und Schiller. Der Dichter zeigte sich beeindruckt und schätzte schon bald am Captain, daß dieser durch Literatur und Kunst vor allem auf der Suche bleiben und Neues durch die Augen anderer vom Leben verstehen wollte. Doch der Captain blieb bei aller Sympathie, die ihm entgegenschlug, im weitesten Sinne ein Einsiedler. Niemals hatte man jemanden bei ihm übernachten sehen. Niemals hatten ihn Menschen von außerhalb besucht. Familienangehörige, etwaige Verwandte, schien es für ihn nicht zu geben. Deshalb kam es für alle wie ein Blitzschlag aus heiterem Himmel, was sich da von heute auf morgen auf der »Hazienda« abzuspielen begann: eine Liebesromanze, wie man sie fürs Fernsehen nicht besser hätte ausdenken können. So jedenfalls meinte Clodagh Keating später darüber urteilen zu dürfen.

Vieles mag an dem sündhaft schönen Herbst jenes Jahres gelegen haben – ein Herbst, wie ihn nicht einmal die Alten auf der Insel schon einmal erlebt zu haben glaubten. Ein Herbst, der Menschen verführt, Dinge zu tun, die sie sich sonst eher fürs späte Frühjahr aufhoben. Im allgemeinen zeigt sich der Herbst anfangs mit leichten Lichtveränderungen, das Blau des Himmels wird dunkler, die Nächte sind plötzlich klar und kalt. Und im Gehölz unterhalb des Slievemore sieht man das erste rote Blatt wie ein Tropfen flüssiges Rubin leuchten. Nachts hört man das Schreien der Wildgänse, die nach Süden in wärmere Gefilde fliegen. Allmählich ändern sich auch die Farben des Moores, wirken für kurze Zeit erheblich bunter als sonst.

In jenem Jahr, als die zwei Berliner bei Joey zu Gast waren, erlebte die Insel einen Jahrhundertherbst. Sogar John Sheridan dankte dem Herrgott von der Kanzel aus für dieses überraschende Geschenk.

Eine Überraschung war es auch für den Captain, als er eines Abends nach Hause kam und auf seiner Terrasse eine unbekannte junge Frau vorfand. Zuerst glaubte er, nicht richtig zu sehen, aber es war keine Halluzination, die sich da vor ihm im Bambuslehnstuhl räkelte. Als er die Frau ansprach, zuckte sie zusammen und murmelte hastig eine Entschuldigung.

»Oh, pardon, ich hielt dieses schöne Haus für die Ferienwohnung eines reichen Städters. Überhaupt, wer erwartet in Irland schon solch eine mediterrane Terrasse? Ich konnte einfach nicht widerstehen, als ich hier vorbeikam, den traumhaft schönen Sonnenuntergang von hier aus zu genießen.«

»Kein Problem! Bleiben Sie hier und betrachten Sie ruhig den herbstlichen Himmel. Wie wäre es mit einem Glas Wein?«

»Wein? Sie überraschen mich immer mehr. Ja, gerne!«

Nun passiert es im Leben der Menschen häufig, daß ähnliche Situationen, die uns in der Vergangenheit stark berührt haben, uns veranlassen, sie als ein zweites Geschenk zu betrachten oder sogar als eine zweite Chance. Der Captain jedenfalls fühlte sich augenblicklich in seine Jugend zurückversetzt. Nicht nur, daß die Frau große Ähnlichkeit mit Jessica besaß, um die er vor Jahrzehnten vergeblich geworben hatte, nein, auch die Situation entsprach bis ins Detail dem damaligen Kennenlernen. Als junger Mann war er in Indien stationiert gewesen, und sein Vorgesetzter hatte ihn eines Tages gebeten, an einem bestimmten Wochenende, an dem er nach Bombay verreisen wollte, auf sein Landhaus aufzupassen, weil Diebesbanden sich bei ihren nächtlichen Raubzügen besonders auf die Landhäuser reicher Engländer spezialisiert hatten. Der junge Leutnant war also am späten Nachmittag zum Haus seines Vorgesetzten aufgebrochen und, als er dort ankam, fand er auf der Terrasse eine Frau vor, die ihm fast wortwörtlich dieselbe Erklärung für ihre Anwesenheit gab wie diese hier, Jahrzehnte später auf Achill. Die junge Frau in Indien, Tochter seines Vorgesetzten, hieß Jessica, war sehr selbstsicher in ihrem Auftreten, hübsch, von zierlicher Gestalt, und Hugh O'Donnell verliebte sich auf der Stelle in sie. Sie fand ihn amüsant und begann, ein Spiel mit ihm zu spielen, das sich fast drei Jahre lang hinzog und an dessen Ende sie einen anderen, längst von ihrer Familie ausgewählten, heiratete, eine herbe Enttäuschung für den unglücklich verliebten Schotten, der sich danach über all die Jahre niemals mehr mit einer Frau eingelassen hatte.

Und nun passierte es ihm ein zweites Mal. Die junge Frau auf seiner Terrasse gefiel ihm, je länger er mit ihr sprach. Sie glich Jessica äußerlich und war zum Glück auch wieder anders als sie. Sie tranken zusammen Wein, schwatzten, lachten miteinander und meinten schon bald, sich eine Ewigkeit zu kennen. Und zum erstenmal fing er an, etwas mehr von sich preiszugeben. Bis spät in die Nacht hinein saßen sie da, und als sie ging, bedankte sie sich für den netten Abend, verabschiedete sich und berührte dabei seine linke Wange. Dann verschwand sie, ohne sich noch einmal umzudrehen, in der Dunkelheit.

»Du hast mir noch nicht deinen Namen gesagt«, rief er. »Ricarda!« kam es vom Weg zurück, der hinauf zum Cottage des deutschen Dichters führte.

Auch sieben Buchstaben, dachte er. Zufall oder Wiedergutmachung?

Was allerdings in Ricarda vorging, wenn sie sich mit dem Captain zunächst heimlich, später immer offener traf, wird niemals restlos zu erklären sein. Sie fand ihn anziehend, intelligent, humorvoll, einen älteren Herrn, den sie schon bald um den Finger wickeln konnte, weil er in ihr etwas wiederzufinden glaubte und es diesmal besser machen wollte als beim erstenmal. Die meisten Menschen von Achill nannten es eine unverzeihliche Torheit, daß sich ein Endfünfziger in eine vierunddreißigjährige Deutsche verliebte, die wiederum nur aus dem einen Grund nach Achill gereist war, um hier zusammen mit ihrem Freund einen neuen Anfang in ihrer Beziehung zu finden. Wie dem auch sei, Ricarda und der Captain turtelten miteinander wie Teenager, und der bis dahin einsame Mann spürte zum erstenmal in seinem Leben das zerbrechliche Glück, von einem anderen Menschen geliebt zu werden. Die zwei waren rührend anzusehen, fand Clodagh Keating, aber sie konnte es sich beim besten Willen nicht vorstellen, daß diese Liebe von Seiten der Frau länger als die Herbstzeit auf Achill anhalten würde. Ricarda hatte den Captain bereits am vierten Tag ihres Aufenthaltes kennengelernt; wie es um die beiden jedoch stand, bemerkte als erster Joey wie beiläufig auf seinem Einkaufsspaziergang.

Er brachte es nicht übers Herz, Georg von seiner zufälligen Beobachtung zu erzählen. Irgendwie hatte er das dumpfe Gefühl, ein wenig mitschuldig an dem aufziehenden Desaster zu sein, und er mochte Ricarda für ihr Verhalten nicht verurteilen, weil es ihr wie allen Menschen freistand, jederzeit das für sie Angenehme und Aufregende wählen zu dürfen. Andererseits, so meinte er, sollte sie Georg reinen Wein einschenken, und so drängte er Ricarda, es ihm zu sagen.

»Was denn? Was sollte er wissen?«

»Das. Du weißt schon?«

»Nein, weiß ich nicht!«

»Dann sage ich's dir. Das mit dem Captain!«

Beinahe unmerklich zuckte es um ihre Mundwinkel.

»Pfeifen es also bereits die besagten Spatzen…?«

»Achill ist ein Dorf, und solch ein Ereignis breitet sich wie ein Lauffeuer aus. Aber sag mir: Was willst du von diesem Mann? Er wird niemals von hier fortgehen.«

»Was geht's mich an? Anderseits bin ich mir nicht so sicher wie du. Wenn ich ihn wirklich darum bäte?«

Ricarda drehte sich abrupt um und verschwand unter der Dusche.

Am Abend schlich Georg zu Joey wie ein geprügelter Hund, und den Vergleich mit dem Vierbeiner griff er selbst auf. Es klang sarkastisch, was er sagte.

»Weißt du, ich bin vor Jahren mal auf eine Zeitungsnotiz gestoßen. Sie ist mir in der Erinnerung haftengeblieben. Damals wußte ich nicht, als ich sie las, ob ich lachen oder empört sein sollte oder beides zugleich. Diese Zeitungsnotiz handelte davon, daß sich die Stadt Nizza endlich dazu entschlossen hatte, in Zukunft keine Hunde mehr als lebende Kanalbesen zu verwenden. Bis dahin war es in Nizza üblich gewesen, Hunde durch die engen Röhren des Kanalisationsnetzes zu jagen, damit sie mit ihrem Fell die Rohrleitungen säuberten. Am Endpunkt des Kanals wurden die Hunde saubergespritzt und von neuem durch die Röhren gejagt. Die meisten Tiere sollen diese Tortur nur wenige Male überstanden haben. Nizza hat dann, als dies ruchbar wurde, mechanische Reinigungsgeräte angeschafft.« Er machte eine Pause. »Weißt du, ich habe mich immer gefragt, wie sich die Hunde wohl dabei gefühlt haben müssen. Hunde sind treue Tiere, die ihrem Herrchen und ihrem Frauchen schon allein deshalb folgen, weil sie ihr oder ihm bedingungslos vertrauen. Jetzt erst weiß ich, wie beschissen sie sich dabei gefühlt haben müssen. Ricarda hat mich jahrelang auch immer wieder auf eine emotionale Kanalreise geschickt, nur daß ich diesmal am Ende nicht mehr von ihr sauber gemacht werde.«

Am anderen Morgen reiste Georg ab. Ricarda zog aus dem Haus von Joey aus und beim Captain ein. Das Leben auf Achill hielt für die nächsten fünf Wochen gespannt den Atem an. Joey selbst erkrankte ein halbes Jahr später schwer. Er mußte sein Haus verkaufen und ging zurück nach Deutschland. Die Ärzte verloren den Kampf gegen seinen Krebs, im Jahr darauf verstarb Joey. Seinem Wunsch, auf Achill begraben zu werden, wurde von behördlicher Seite nicht stattgegeben.

Kurze Romanze mit Folgen

Was ist die Liebe anderes als ein Wind, der in den Ginsterbüschen rauscht... Der Captain meinte, sein Glück kaum fassen zu können. Er teilte nun plötzlich sein Leben mit einem anderen Menschen. Ricarda unternahm erst gar nicht den Versuch, ein wenig von dem umzukrempeln, was er sich in seinem jahrelangen Junggesellendasein an Marotten und Schrullen zugelegt hatte. Sie lebte mit ihm zusammen, wie sie schon häufig mit Männern zusammengelebt hatte, und eine Weile schien es, von außen betrachtet, tatsächlich so zu sein, als hätten sie sich ein Leben lang gesucht und endlich gefunden. Es verband sie die Liebe zur Literatur und zur Musik. Sie überredete ihn, sich mit ihr im hundertfünfzig Kilometer entfernten Dublin ein Konzert oder einen Film anzusehen. Ricarda mietete für die Fahrt einen Wagen, und er hielt sie dafür das ganze Wochenende lang aus. Niemals zuvor hatte er für derlei Vergnügungen soviel Geld ausgegeben, wobei vor allem die Hotelübernachtungen, das extravagante Dinieren in teuren Restaurants, die zahllosen Cocktails und Drinks in gepflegten Bars die Ausgaben in die Höhe trieben. Zwar war Ricarda nicht maßlos verwöhnt oder gar dem Luxus erlegen, aber sie ließ es ihn schon spüren, daß er sich Mühe geben mußte, wollte er sie auf Dauer nicht langweilen.

Der Captain fühlte sich in den illustren Kreisen ziemlich unbehaglich, doch er sah ein, daß seine Gesellschaft allein sie nicht befriedigen konnte. Sie ist noch so jung, mahnte er sich, wenn sie ihm jeden Abend ihren Körper zur Entdeckung anbot, sie will nicht Tag für Tag mit mir auf der Terrasse sitzen und über Literaten plaudern oder über meine Zeit in der Armee. Und so fuhren sie an den ersten vier Wochenenden regelmäßig nach Dublin, hinein ins Vergnügen. Die Zeit der beschaulichen Ruhe gehörte der Vergangenheit an, und der Captain war, Osiris gleich, aus der Unterwelt Achill ins glänzende Licht des gesellschaftlichen Lebens aufgestiegen.

Ihr ungewöhnliches Verhältnis wurde von den Menschen der Insel unterschiedlich beäugt. Während Clodagh Keating von einem Ausrutscher sprach, den er schon bald bereuen würde, tadelte John Sheridan vor allem den sündigen Lebenswandel, der da vor aller Augen, besonders denen der Jugendlichen, geführt wurde. Deshalb marschierte John Sheridan eines Tages zum Haus des Captains, nicht um gleich mit dem moralischen Zeigefinger ins Haus fallen zu wollen, sondern, um ihn zu ermahnen, sich doch mal wieder bei den Versammlungen blicken zu lassen.

»Wir fragen uns alle, Hugh, wo du bleibst?«

Das saß! Der Captain ruckte nervös auf seinem Stuhl hin und her und murmelte eine Entschuldigung.

»Äh, John, da gab es in den letzten Wochen so viel für mich zu erledigen…«

»Ja gewiß«, erwiderte der Geistliche. »Einiges davon habe man angeblich bis hinunter auf die Straße hören können.«

Dies war ein Zitat von Jimmy Coogan, der an einem Abend im Pub herumerzählte, die Berlinerin sei sehr geräuschvoll bei der Sache gewesen. Davon habe er sich ungewollt überzeugen können, als er nichtsahnend seine Schafe vom Slievemore herunter und an der »Hazienda« vorbei ins Dorf getrieben habe.

Der Captain errötete, während Sheridan ihm einen liebevollen Blick schenkte.

»Also, Hugh, vergiß bei all dem, was du machst, nicht, daß du als Protestant Pflichten gegenüber deinem Schöpfer hast. Das wollte ich dir nur sagen.«

Damit erhob sich John Sheridan, leerte das Glas Whiskey, den der Captain für solche Anlässe immer im Haus verwahrte, in einem Zug, grüßte freundlich und zog von dannen.

»Wir erwarten dich am Freitag«, rief er von der Straße.

»Ich werde kommen!« versprach der Getadelte mit einem Kloß im Hals.

Clodagh Keating sollte mit ihrer Einschätzung Recht behalten. Der Herbst, der so angenehm begonnen hatte, verwandelte sich gegen Ende Oktober zusehends in eine nieselige, wolkengraue, kalte Wettersuppe, die einem ausgedehnte Spaziergänge und romantische Abende auf der Terrasse kräftig verleidete. Ein ständiger, von See her auffrischender Wind verstärkte noch die Kälte, die bis ins Haus hineinkroch, und nicht einmal die Torffeuer in den Kaminen konnten es gänzlich mit ihr aufnehmen. Ricarda wurde das Im-Haus-Herumhocken langweilig. Sie vermißte Berlin und ihre Freunde. Der Captain spürte es, sagte aber nichts. Und eines Morgens im November begann sie seelenruhig ihren Koffer und ihre Tasche zu packen. Er trat zu ihr ins Zimmer und beobachtete sie stumm. Weil sie ihn anlächelte, während sie sorgfältig ihre Wäsche faltete und einpackte, keimte in ihm die vage Hoffnung, sie würde vielleicht zurückkommen, im Frühjahr, wenn Achill aus seiner Kälte und täglichen Tiefs erwachte. Wie hatte er annehmen können, sie würde sich hier mit ihm für immer einigeln. Er liebte sie, und wenn sie ihn jetzt verließ, mußte es ja nicht ein Abschied für immer sein. Sie könnten sich schreiben, telefonieren und – wer weiß – warum sollte er nicht über Weihnachten und Neujahr zu ihr nach Berlin reisen?

Dies alles ging ihm durch den Kopf und machte ihm den Abschied erträglicher. Selbstverständlich hatte er sich prüfend gefragt, ob er gar nach Deutschland ziehen könnte, aber merkwürdigerweise hatte er dafür in sich keinerlei Widerhall gefunden, so als ob diese Frage überhaupt nichts mit ihm zu tun gehabt hätte, als wollte sein Körper ihm sagen, daß dies genauso unmöglich wäre, wie wenn er morgen auf die Idee käme, auf dem Grunde des Meeres zu wohnen.

Sie machte den Koffer zu, hob ihre Taschen hoch und wollte sie zur Tür tragen. Er nahm ihr den Koffer und eine Tasche ab. Noch einmal schaute sie prüfend durch alle Zimmer, ob sie auch nichts vergessen hatte. Dann trugen sie gemeinsam ihr Gepäck nach draußen, wo der Leihwagen stand.

»Du verstehst, denke ich?« fragte sie und legte ihre beiden Arme um seinen Leib. Ihr Kopf ruhte an seiner Brust.

»Ich bin sehr traurig.«

Sie schwieg.

»Ich kann hier nicht für immer leben, schon gar nicht jetzt, wo alles dabei ist, noch schwieriger zu werden.«
Er machte sich hastig von ihr los und wich zurück.
»Wie meinst du das?«
Sie winkte ab.
»Es hat nichts mit dir zu tun, jedenfalls nicht so, wie du jetzt vielleicht denkst.«
»Dann erkläre es mir doch!«
»Nein, jetzt nicht, eines Tages vielleicht.«
Sie stieg ins Auto, kurbelte die Scheibe herunter.
»Auch wenn du es nicht glaubst, aber ich liebe dich.«
Sie streckte ihren Kopf durch die geöffnete Scheibe, um sich von ihm küssen zu lassen.
»See you later!«
Dann gab sie Gas. Er schaute ihr nach, bis er sie unten im Dorf aus den Augen verlor.

Äußerlich ging sein Leben weiter wie vor ihrem Einbruch in seine Welt. Innerlich litt er noch lange Zeit. Im Dorf empfingen ihn die Menschen, als wäre nichts geschehen. John Sheridan interpretierte an einem Sonntag in der Messe das Gleichnis vom verlorenen Sohn erfrischend neu: jeder Mensch ist gleich wertvoll und darf niemals aufgegeben werden. Der Captain ging nur manchmal zu ihm in die Kirche, weil er ja Protestant war. Auf Achill und im weiten Umkreis gab es für Seinesgleichen keinen geweihten Ort. An diesem Tag war er in der Messe und hörte Sheridans Worte. Ja, sagte er zu sich, dies sind die Menschen, zu denen ich gehören will.

Die Jahre vergingen. Von Ricarda hörte er nichts mehr. Sie wird mich wohl vergessen haben, dachte er traurig.

Nach wie vor vermutete er sie in Berlin. Sie dort zu suchen, kam ihm in den Sinn, aber er besaß ja nicht einmal ihre Adresse. Sie hätte ihm wenigstens schreiben können. Nichts!

An einem Sommertag im Juli, als er es überhaupt nicht mehr erwartete, meldete sie sich nach mehr als fünf Jahren urplötzlich wieder zurück. Er war eben im Begriff zu frühstücken, als seine Tür aufgestoßen wurde. Überrascht über das forsche Eindringen blickte er auf und meinte seinen Augen nicht zu trauen. Ricarda stand im Zimmer.

»Bleib sitzen! Ich bringe dir jemanden, der auch dir gehört. Ich habe mich bislang um sie gekümmert und denke, jetzt ist ihr Vater mal an der Reihe. In meinen Lebensplänen jedenfalls ist sie nicht mehr vorgesehen.«

»Was?«

Wovon redete sie eigentlich? Und ehe er noch recht begriff, schob sie zwei Koffer ins Zimmer und einen Beutel, aus dem ein kleiner Teddy herausschaute. Dann wandte sie sich dem Kind zu, das die ganze Zeit hinter der Mutter gestanden haben mußte.

»So meine Kleine! Mama geht jetzt. Das ist dein Papa, er spricht zwar eine andere Sprache als wir, aber ihr werdet euch schon aneinander gewöhnen.« Und zum verblüfften Captain. »Alle Papiere, Geburtsurkunde usw. findest du in einem der Koffer hier. Macht's gut, ihr zwei.«

Dann eilte sie hinaus, wo ein Sportwagen mit einem schwarzgelockten jungen Mann am Steuer auf sie wartete. Der Captain versuchte vergeblich, sie aufzuhalten. Er sollte Ricarda niemals wiedersehen.

Fremder Vater, fremde Tochter

Als er sich, wie nach einer größeren Anstrengung, ganz bedächtig wieder seinem Haus zuwandte und seinen Blick fragend über die große Terrasse schweifen ließ, kam es dem Captain einen Augenblick lang vor, als hätte er bloß geträumt. Als hätte es die beunruhigende Szene nur in seinem Kopf gegeben; ein böser kurzer Streich, den ihm seine Phantasie aufgrund einer immer noch vorhandenen Liebe zu Ricarda gespielt hatte. Und instinktiv schüttelte er sich wie jemand, der glaubt, sich von einer momentanen Verwirrung befreien zu können, und vom Verstand her dennoch weiß, daß es in seinem Leben eine Zäsur gegeben hat, einen drastischen, vollkommen unerwarteten Einschnitt.

Wie angewurzelt blieb der Mann stehen und starrte ungläubig auf ein Kind mit rötlichen Locken, das zwischen zwei Wimpernschlägen in seiner geöffneten Tür erschienen war. Große, dunkle Augen betrachteten ihn zunächst noch neugierig, doch dann zunehmend furchtsamer, bis sich das Gesichtchen zu einem schmerzvollen Ausdruck verzog und mit einem Mal heftige Weinkrämpfe den kleinen Körper schüttelten. Der Captain, dessen Füße am Boden zu kleben schienen, starrte das fremde Mädchen an wie eine Erscheinung. Aber es war keine Vision auf der Schwelle seines Hauses. Dies war die Wirklichkeit, auch wenn er es noch immer nicht so ganz begreifen wollte. Dieses verängstigte Kind, das, seinen Kopf im Arm vergraben, sich gegen das dunkle Holz des Türrahmens preßte und dabei in einer fremden Sprache laut schluchzend wehklagte, war seine Tochter.

Das jedenfalls hatte Ricarda behauptet. Bis zu diesem Tag hatte er von einem gemeinsamen Kind nichts gewußt, nicht einmal geahnt, daß es ein solches geben könnte, obwohl er sich in den vergangenen fünf Jahren immer wieder selbstquälerisch mit der Frage herumgeschlagen hatte, aus welchem tatsächlichen Grund Ricarda ihn damals verlassen hatte. Ein Satz war ihm in diesem Zusammenhang wie ein erhobener Zeigefinger in Erinnerung geblieben. Ein Satz, in dem sie ihm andeutungsweise einen Grund für ihr Fortgehen beschert und den er in der ganzen Zeit auf jede nur erdenkliche Art zu interpretieren versucht hatte: »Ich kann hier nicht für immer leben und schon gar nicht, wo alles dabei ist, noch schwieriger zu werden.«

Bis heute hatte er dies auf seine Probleme mit den Menschen von Achill bezogen, die als gute Katholiken ihr Zusammenleben ohne Trauschein gerügt hatten. Sprachrohr dieser Mißbilligung war John Sheridan gewesen. Ricarda hatte Sheridan einen »katholischen Heuchler« und die anderen »verdammte Spießer« genannt. Innerlich hatte er ihr zugestimmt und gleichzeitig doch gespürt, wie sehr ihm diese »Spießer« am Herzen lagen. Es wäre ihm nicht möglich gewesen, mit den Menschen von Achill von heute auf morgen zu brechen, ebensowenig wie er nicht von hier hätte fortgehen können, auch nicht um einer Frau willen, die er liebte.

Ricarda wird mein Dilemma gefühlt haben, hatte er

sich eingeredet und angenommen, daß sich ihr rätselhafter Satz allein darauf bezogen hatte, weil sie ihn nicht länger in Bedrängnis bringen wollte, zwischen ihr und der Insel wählen zu müssen.

Aber nun war Ricarda einem Unwetter gleich über ihn hereingebrochen und hatte ihm ihren tatsächlichen Grund von damals einfach ins Haus hineingestellt. Sie war schwanger gewesen und hatte das Kind nicht auf Achill austragen wollen, was für ihre katholische Umwelt in der Tat zu einem Problem geworden wäre. Und jetzt? Jetzt drückte sich ein heulendes Kind verzweifelt, weil es nicht wußte, wohin es seine Mutter gebracht hatte, an seine Haustür, und es war allein seine Aufgabe, sich sowohl um das Kind zu kümmern wie auch um die Reaktionen der Menschen von Achill.

Von einer Minute zur anderen war er Vater einer mittlerweile fast sechsjährigen Tochter geworden, deren Namen er nicht einmal kannte, für die er ein Fremder war. Mehr noch: er verstand nicht einmal ihre Sprache, und sie wiederum konnte seine nicht verstehen.

»Ich will zu meiner Mama. Wo ist meine Mama? Mama, Mama komm bitte«, hörte er sie immer wieder schreien. Es bedurfte keiner Übersetzung, wen sie da so herbeiflehte. Es gelang ihm, sich von seiner scheinbaren Lähmung zu befreien. Vorsichtig näherte er sich dem Mädchen, zögerte einen Moment, sie zu berühren. Dann strich er ihr vorsichtig übers Haar. Ihr Kopf ruckte trotzig zur Seite, und ihr Schreien wurde heftiger. Irritiert wandte er sich von ihr ab. Wie sollte er sich nur verhalten?

»Komm bitte ins Haus, bitte«, schlug er ihr mehrmals vor.

Sie reagierte nicht, was sicherlich mehrere Gründe hatte.

»Hast du Durst? Hunger?«

Ebenso gut hätte er chinesisch mit ihr sprechen können.

Mein Gott, durchfuhr es ihn angesichts dessen, was da an Schwierigkeiten auf ihn zukam, und er fühlte einen Augenblick lang Panik in sich hochsteigen, die ihm die Kehle zuschnürte, aber dann hatte er sich wieder im Griff. Wie soll das nur werden mit uns zwei, Mädchen, wenn du mich nicht verstehst? Er dachte an Margret Swift, die Lehrerin, die als junges Mädchen aus München nach Achill gekommen und hier geblieben war, nachdem sie George Swift – Gott hab ihn selig – geheiratet hatte. Sie würde dolmetschen können. Aber wie sollte er Margret erreichen? Im Haus gab es kein Telefon. Es hilft nichts, dachte er traurig, ich werde die Kleine an die Hand nehmen und mit ihr zu Margret gehen müssen. Und er stellte sich vor, wie das sein würde. Fünf Kilometer zu Fuß mit einem plärrenden und sich sträubenden Kind an der Hand zu Margrets Haus, die auch noch am Ortsausgang von Keel wohnte. Mit dem schreienden Kind an der Hand vorbei am Metzger, am Bäcker, am Pfarrhaus, am Pub von Michael Lavelle, am Haus von Clodagh Keating und Jimmy Coogan, dem größten Klatschmaul westlich von Dublin. Schritt für Schritt malte er sich diesen Gang aus. Was sollte er ihnen allen als Erklärung geben? Daß sie fragen würden, war so sicher wie John Sheridans gepfefferte Predigten an jedem Sonntag. Er bildete sich sogar schon ein, zu hören, wie sie sich die Mäuler zerrissen.

»Wie heißt denn die Kleine?«

»Keine Ahnung!«

»Und wer ist sie?«

»Meine Tochter.«

»Ja, sowas aber auch, wohl vom Himmel gefallen«, würde Coogan feixen, und wenig später würde die Geschichte die Runde machen.

Was also tun? Er setzte sich auf die oberste der drei Stufen, von denen man über einen kurzen Trampelpfad hinunter zur Straße kam. Er hockte sich dort nieder, als könnte er alles hinter sich lassen, und starrte resigniert auf seine schmutzigen Schuhe. Eine ganze Weile saß er dort, in sich versunken, und erst die Stille schreckte ihn wieder auf. Warum weinte das Mädchen nicht mehr? Erschrocken blickte er sich nach ihr um und konnte sie nirgendwo sehen. War sie etwa weggelaufen? Er rannte ins Haus und brauchte eine bestimmte Zeit, bis sich seine Augen an das Halbdunkel gewöhnt hatten. Er entdeckte die Kleine nicht sofort und wollte schon wieder hinauseilen, als er plötzlich von irgendwoher ein Geräusch vernahm, ein Schlürfen, ein Husten, offensichtlich hatte sich jemand verschluckt. Auf dem Tisch stand noch immer sein Frühstück, und dort saß auch das Mädchen und trank von seinem Orangensaft. Erleichterung machte sich in ihm breit. Gott sei Dank war sie nicht weggerannt, womöglich gar ins Moor, das gleich hinter seinem Haus begann.

»Hast Durst, nicht wahr?«

Es kam ihm vor, als nicke sie.

Vorsichtig näherte er sich dem Tisch, vermied es aber, wie bei einem freilebenden Tier einen bestimmten Abstand, dessen Grenze allein das Kind durch seine Mimik und Gestik bestimmte, zu überschreiten. Er wollte das Mädchen nicht erschrecken. Langsam ließ er sich auf einen Stuhl an dem ihr entgegengesetzten Tischende nieder und lächelte sie an. Das Mädchen ließ ihn ebenfalls nicht aus den Augen.

»Wie heißt du?« fragte sie.

Er nickte freundlich.

»Bist du Onkel Klaus?«

Er lächelte sie unentwegt an. Mehr fiel ihm im Augenblick nicht ein. Das Mädchen trank erneut aus dem Glas, und er war ihr dankbar dafür.

»Bist du hungrig? Willst du was essen?«

Ihr Gesichtsausdruck signalisierte ihm erneut Ängstlichkeit. Eilig zeigte er auf die Marmelade und das Brot, nahm eine Scheibe, führte sie zum Mund, tat, als bisse er hinein, machte übertriebene Kaubewegungen, zeigte anschließend auf das Mädchen und rieb sich den Bauch, wobei er in seiner Sorge, sie könne wieder zu weinen anfangen, übertriebene Geräusche machte – einem alten Bären nicht unähnlich. Das zeigte Wirkung. Erst blickte das Mädchen verdutzt, dann neugierig, zuletzt lachte sie.

»Ach, du magst alte Brummbären. So ist das!«

Und er rieb sich erneut über seinen Bauch und brummte wie ein Bär, der sich wohlfühlt. Jedenfalls wie er sich das Brummen eines solchen Bären vorstellte. Das Mädchen lachte hell auf und rief.

»Noch einmal machen!«

Er deutete ihre Aufforderung richtig, und sie dankte es ihm mit einem glockenhellen Lachen. Wie schön es klingt, dachte er und erinnerte sich, daß ihm seine Mutter mal erzählt hatte, wie sehr ihn als Kind verrückte Geräusche und Stimmen aus dem Mund seines Onkel Ryan fasziniert hatten. Angeblich hatte er nicht genug davon bekommen können und jedesmal solange gebettelt, doch weiterzumachen, bis sein Onkel Ryan fast heiser geworden war. Hier war es nun dasselbe, wenn auch die Motivation, sie für sich zu gewinnen, im Vordergrund stand, weil dann alles Weitere im Umgang miteinander viel einfacher werden würde. So konnte er sich später nicht mehr daran erinnern, wie lange er an diesem Morgen für sie den Brummbären gespielt hatte – nur, daß es seinem Gefühl nach eine schrecklich lange Zeit gewesen sein mußte. Sie jedenfalls amüsierte sich köstlich, und der Bann schien fürs erste gebrochen. Sie nannte ihn laut Brummbär, was er für ein Kompliment hielt, und sie würde ihn von diesem Tag an bitten, ihr mindestens einmal täglich den Brummbär zu machen. Er erinnerte sich daran, daß er am Vortag bei P. J. eine Tafel Schokolade gekauft hatte, von der er ihr jetzt gab. Dazu trank sie mehrere Gläser von seinem Orangensaft. Ihre Beine baumelten vergnügt vom Stuhl herab. Als sie zur Toilette wollte, wurde es einen Moment lang schwierig. Doch dann begriff er und zeigte ihr den Weg dorthin. Einige Minuten lang stand er wieder allein in seinem Wohnzimmer, und alles schien wie immer zu sein. Doch dann kehrte sie zurück, nahm ihn bei der Hand und zog ihn zur Tür, die tagsüber immer offenstand, hinaus.

»Wann kommt meine Mama wieder? Bald?«

Er nickte hilflos, und sie lief auf die Terrasse hinaus, wo sie einen kleinen Ball entdeckte. Den hatte er mal bei einem Spaziergang am Strand aufgehoben und mit nach Hause genommen. Er hatte gar nicht mehr gewußt, daß er ihn noch besaß. Jetzt kramte sie ihn hinter einer großen Topfpflanze hervor und spielte damit. Spielzeug hatte er auch keines im Haus, nicht einmal ein Bett für sie. Er rieb sich das Kinn und betrachtete dankbar ihr Spiel mit dem Ball, das ihm eine kurze Gedankenpause ermöglichte. Hoffnung keimte auf: Ob Ricarda trotz ihrer Worte zu guter Letzt nicht doch noch zu ihm zurückkehren würde? Welche Mutter ließ denn ihr Kind im Stich? Vermutlich hatte sie ihn nur provozieren wollen? Aber warum dann die Koffer? Das sah ganz und gar nicht nach einer Provokation aus. Das war Ernst. Genauer, es war ihr vollkommen Ernst mit dem, was sie getan hatte.

Er schlich ins Haus zurück und öffnete die beiden Koffer des Kindes. Was er fand, war lediglich Wäsche, ein Paar Schuhe, Kleider, Hosen, etwas Spielzeug, ein Umschlag mit Ausweispapieren, der Geburtsurkunde und einer in englisch gegebenen Willenserklärung von Ricarda, daß ihre Tochter Maud von nun an – Datum – bei ihrem Vater auf Achill Island leben solle.

»Maud heißt sie also«, flüsterte er verwundert. Also hatte sie das Mädchen auf einen irischen Vornamen taufen lassen. Warum wohl? rätselte er. Er sah die Papiere durch, fand seinen Namen auf der Geburtsurkunde als den des leiblichen Vaters eingetragen und begriff endlich, daß es von nun an kein Zurück mehr geben konnte. Die Sache würde sich nicht als übler Scherz von Ricarda herausstellen und damit in Luft auflösen. Sie hatte ihm ihre gemeinsame Tochter gebracht, für die er von nun an verantwortlich war. Auf einmal spürte er, daß ihn jemand ansah. Er hockte mitten in seiner Küche auf dem Holzfußboden zwischen teilweise leergekramten Koffern und verstreut umherliegenden Kleidungsstücken und hielt nachdenklich die Geburtsurkunde seiner Tochter in den Händen. Er blickte auf und sah Maud im Licht des Eingangs stehen, ein zartes, zerbrechliches Wesen. Ohne seinen Blick von ihr zu lösen, griff er hinter sich, wo er den Beutel vermutete. Als er ihn zu fassen bekam, zog er ihn vor sich auf die Knie. Vorsichtig holte er den Bären heraus, brummte, wie sie es mochte, und reichte ihr anschließend das Kuscheltier.

»Es ist dein Bär, Maud. Willst du ihn denn nicht in den Arm nehmen und ihm sein neues Zuhause zeigen? Er ist sicherlich schrecklich neugierig, dein Bär, oder etwa nicht, Maud?«

»Oh, wie ich ihn schon vermißt habe«, rief das Mädchen glücklich aus, eilte herbei und riß ihm den Bär aus den Händen, um mit ihm zu schmusen.

»Bist du mein Papa?« verstand er mühelos ihre überraschende Frage und fühlte, wie sein Herz zu rasen anfing.

»Ja! Ich bin dein Papa, Maud!«

Sie lächelte zufrieden in sich hinein und drückte dabei fest ihren Teddy, ohne den Captain anzusehen.

Verändertes Leben

Weil er der Meinung war, das Kind müsse zu Mittag unbedingt eine warme Mahlzeit haben, briet er einige Kartoffelscheiben in der großen schwarzen Pfanne und schlug zwei Eier darunter. Im Kühlschrank fand er noch einen halben Kopfsalat vom Vortag, der, wie er vermutete, für ihren Appetit ausreichend sein mußte. Maud saß derweil am Küchentisch und kritzelte mit einer Handvoll Farbstifte leere Blätter voll. Als er servierte, untersuchte sie erst argwöhnisch die Bratkartoffeln, danach den Salat. Letzterer fand nicht ihre Zustimmung. Sie schob ihn nach kurzer Begutachtung energisch weg. Danach stocherte sie mit der Gabel in den Kartoffeln herum, roch immer wieder daran, aß aber nur solche, an denen kein gebratenes Eiweiß oder Eigelb klebte. Der Captain sagte nichts dazu, vielmehr wanderten seine Gedanken zu seinem eigenen Vater zurück, der ihm im selben Fall früher ein, zwei Ohrfeigen gegeben hätte, weil jeder zu essen hatte, was auf den Tisch kam. Aber bei Maud, das nahm sich der Captain von diesem Mittag an vor, wollte er herausfinden, was das Mädchen gerne aß und was nicht.
Im übrigen neckte sie ihn mit komischen Wörtern, so glaubte er jedenfalls, wenn er sich bemühte, diese

nachzusprechen, was Maud zu Heiterkeitsausbrüchen verleitete.

»Wackelpudding«, sagte sie kichernd und »Amerikaner, Berliner Ballen. Hm. Lecker!«

Aber auch »Süßigkeiten« klang in seinen Ohren wie das Phantasiewort eines Kindes. Sie lachten viel bei ihrer Mahlzeit, bei der er selber nichts zu sich nahm, und auf einmal stellten beide ganz überrascht fest, daß Maud zu guter Letzt ja doch einen großen Teil des gebackenen Eis mitgegessen hatte.

»Schau! Es schmeckt dir doch!«

»Nein!« widersprach sie heftig, weil sie erriet, was er meinte und warf mit einem Kartoffelstückchen nach ihm.

»Wir werden gleich einen Spaziergang machen. Zu Margret Swift!«

Sie lachte erneut ihr helles Lachen und spießte dabei ein zweites Kartoffelstück auf ihre Gabel.

»Margret wird dir gefallen. Sie spricht deine Sprache, Maud.«

Die Kartoffel landete in seinem Haar. Er zog sie heraus und legte sie auf ihren Teller zurück. Sofort stach sie mit der Gabel erneut danach.

»Margret?« fragte sie plötzlich, wobei sie ihr Wurfgerät senkrecht auf den Teller preßte.

»Ja, ja, Margret«, antwortete er freudig, weil sie ihn verstanden hatte.

»Zu ihr machen wir uns gleich auf den Weg.«

Und er stand auf und machte vor, wie er sich diesen Spaziergang vorstellte. Neben ihm lief Maud an seiner Hand, und als erstes kamen sie beide an einer Wiese mit blökenden Schafen vorbei, danach an einer Wiese mit wiederkäuenden Kühen und an der Kirche mit Turmuhr. Jede Begegnung stellte er durch die entsprechenden Geräusche und Laute dar. Maud stellte sich auf ihren Stuhl und klatschte vor Freude in die Hände. Sie hatte begriffen, was er ihr sagen wollte. Nachdem er den Tisch abgeräumt hatte, eilte sie unverzüglich zur Tür, wobei sie heftig nach ihm winkte und rief.

»Komm, Papa, komm, laß uns gehen, ich will zu den Schafen und der großen Kuh.«

Papa verstand er, und es versetzte ihm erneut einen Stich ins Herz. Sie gingen los, ihre kleine Hand sicher in seine große gelegt. Der Captain wurde mit jedem Meter hinunter ins Dorf nervöser. Außer später Margret wollte er keinem, der sie unterwegs aufhielt, irgendeine Erklärung geben müssen. Maud spürte nichts von der wachsenden Verlegenheit des Mannes an ihrer Seite. Vielmehr erfreute sie sich an allen Tieren, die ihnen auf ihrem Weg begegneten. Dabei versuchte sie, mit viel Talent deren spezifische Laute nachzuahmen. O'Brians Hütehund gar, einem irischen Wolfshund von beachtlicher Größe, lief sie mutig entgegen und zog ihn frech am Schwanz, was dieser gutmütig über sich ergehen ließ. War sie nun mutig oder einfach nur arglos? überlegte der Captain. Gefahren lauerten auch auf Achill. Wie sollte er das Mädchen darauf vorbereiten? Wie sie führen – an einer langen oder an einer kurzen Leine?

Die Luft war klar und die Sicht hervorragend. Der Captain konnte sogar Inishturk ausmachen – jene Insel, die sich in der Regel allen Blicken durch Nebel entzog. Am Morgen hatte ein kräftiger Westwind sie vom ewigen Dunst befreit. Das Dorf selbst wirkte menschenleer, aber ihm konnte dies im Augenblick nur recht sein. Je näher er O'Sullivans Pub kam, dem ersten Haus auf seinem Weg, desto mehr beschleunigte er seine Schritte. Maud hielt munter mit. Doch auf einmal riß sie sich von seiner Hand los, rannte auf die andere Straßenseite und von dort schnurstracks auf die Kirche zu. Was sie dazu veranlaßt haben konnte, blieb dem Captain schleierhaft. Vielleicht hatte sie ein Kätzchen gesehen und eilte nun dorthin, es zu streicheln. Maud lief genau auf die große Tür zu, die just in diesem Augenblick von innen geöffnet wurde. Heraus trat John Sheridan und prallte mit dem Mädchen zusammen, ohne daß jemand von ihnen dabei verletzt wurde. »Hoppla, Kleine!« rief er überrascht aus, während eine Windböe ihm das schüttere Haar zerzauste. »Mich wirst du wohl kaum über den Haufen rennen können.« Er drückte Maud an sich und hielt sie fest, weil er annahm, daß sie irgendetwas mit dem Captain zu tun hatte, der mit hochrotem Kopf herangestürmt kam. Der mochte bei dieser eher unglücklichen Begegnung – hätte es denn nicht jemand anderes sein können als gerade der Herr Pfarrer? – beinahe an eine direkte Einmischung des Himmels glauben, für die er sich im Moment allerdings nicht gerüstet fühlte. So eilte er rasch herbei, packte Maud am Arm und zog sie von John Sheridan fort.

»Schön, dich zu sehen, Hugh, an einem solch freundlichen Tag«, sagte der Geistliche. »Willst mir wohl ein neues Schäfchen ins Haus des Herrn treiben?«

»Äh, nein, John! Ich habe es schrecklich eilig. Wir wollen zu Margret.«

»Hast wohl überraschend Besuch bekommen?«

»So könnte man es nennen, ja, ja. Bis bald mal, John.«
Er nahm Maud fest an die Hand, grüßte kurz und eilte
mit dem Kind davon.

»Wer war der Mann, Papa?«

Ach hätte sie diese Frage doch zehn Meter weiter gestellt. So geschah es, daß John Sheridan verdutzt die
Augen aufriß und den beiden irritiert eine ganze Weile
nachstarrte.

Margret Swift lebte nun schon seit einer Reihe von Jahren allein in ihrem Haus, das viel zu groß für sie war.
Etwas höher gelegen, war es ein typisches englisches
Herrenhaus vom Anfang des 19. Jahrhunderts, erbaut
aus grauem Kalkstein, der mit den Jahrhunderten immer dunkler und unheimlicher wurde. Die zahlreichen
Räume kamen ihr mit der Zeit sicher wie leblose Säle
vor, vor allem, seit sie ganz allein darin wohnte. Selbst
zusammen mit ihrem Mann war der ehemalige Sitz eines Landlords noch zu groß gewesen, doch Swift hatte
ihn einst kurz nach ihrer Hochzeit gekauft, weil er in
der landesweiten Lotterie unverhofft einen größeren
Geldbetrag gewonnen hatte. Früher hatte es einmal
einem adeligen englischen Blutsauger gehört, der es
sich nur deshalb hatte leisten können, weil er die Menschen der Gegend jahrzehntelang ausgepreßt hatte wie
reife Zitronen. George Swifts Großeltern hatten einstmals für den feinen englischen Herrn ihre Knochen
schinden müssen, deshalb hatte er dessen Haus später
erworben – er meinte, es seinen Vorfahren schuldig zu
sein. Genugtuung war also der eine Grund gewesen,
aber der Fischhändler George Swift, der seine Ware in

vielen kleinen und großen Städten im Westen Irlands verkaufte, wollte mit dem herrschaftlichen Besitz auch seiner Frau Margret eine Freude machen, von der er einfach annahm, daß sie ein besseres Leben, als es Achill normalerweise zu bieten hatte, gewohnt war. Immerhin hatten sie ihre Eltern studieren lassen. Gleich nach ihrer Ausbildung zur Lehrerin war sie damals eher zufällig als Touristin aus Deutschland nach Achill gekommen. Und wie das Schicksal es wollte, verliebte sie sich auf der Insel in den stets lachenden George Swift, zwölf Jahre älter als sie, der es zu etwas gebracht hatte. An eine Rückkehr in ihre Heimat mochte sie nach kurzer Zeit schon nicht mehr denken. Achill ließ sie nicht mehr los. So entschied sie sich, hier zu bleiben, George zu heiraten, ihm und sich so viele Kinder zu schenken, wie es in irischen Familien seit Jahrhunderten üblich ist: das heißt mindestens acht bis neun. Doch dieser große Herzenswunsch sollte ihr versagt bleiben. Die hohen Zimmer mit ihren schönen, gekachelten Kaminen wurden nicht von freudigem Kindergeschrei erfüllt, wie es sich das Paar anfangs erträumt hatte. Und Margret – ihrem Naturell nach eher lebensfroh und humorvoll – schien wegen dieser Kinderlosigkeit ihr freudiges Temperament und ihren Gleichmut mehr und mehr zu verlieren. Sie wurde stiller, wirkte zunehmend melancholisch auf andere und hielt sich bald nur noch ungern unter Leuten auf.

George konnte und wollte sich ihren Schmerz nicht länger mit ansehen. Er handelte. Und so setzte er sich in Dublin dafür ein, daß, als die Stelle der einzigen Dorfschullehrerin auf Achill neu zu besetzen war, die Wahl der Schulkommission auf Margret fiel. Den Herren von der Regierungsbehörde war die qualifizierte deutsche Lehrerin mit besten Abschlüssen recht – vor allem, weil sie stets nur mit großer Mühe die Stellen in den armen, westlichen Regionen des Landes besetzen konnten. Meistens mußte ihnen sogar eine Zulage gezahlt werden, die nun im Fall von Margret Swift entfiel, lebte sie ohnehin auf Achill, war dort mit einem Iren glücklich verheiratet und brauchte deshalb auch kein »Trennungsgeld«. So wurde Margret Swift Achills Dorfschullehrerin, und sie stürzte sich mit viel Engagement in ihre neue Aufgabe – zum einen, weil dies ja ihr Beruf war, zum anderen, weil sie nun täglich Kinder um sich hatte, auch wenn dies nicht ihre eigenen waren.

Ihr Ehemann George, den viele in den Pubs der Insel für den besten Witzeerzähler hielten, starb sehr früh. Magenkrebs lautete die lapidare Diagnose der Ärzte. Mehrere Operationen und unendlich viele Bestrahlungen seien nötig, der Erfolg indes ungewiß! Daraufhin hatte George Margret angefleht, ihn nicht in einem Dubliner Krankenhaus den Chirurgen »zum Fraß vorzuwerfen«. Er wollte zuhause, auf Achill, sterben. Dort, wo die Erde vor Jahrzehnten seinen ersten Schrei gehört hatte, sollte sie auch seinen letzten Atemzug vernehmen. Außerdem hielt er nichts von Ärzten, die so vermessen waren, zu glauben, daß man dem Tod etwas wirkungsvoll entreißen könnte, denn der Tod, so weiß hier jeder, ist der einzige Fisch im Wasser des Lebens, der selber fängt, anstatt gefangen zu werden. Und so hatte ihn seine Frau bis zuletzt liebevoll gepflegt. »Ich bin erstaunt«, waren seine letzten Worte gewesen, worauf auch immer sie sich bezogen haben mochten.

Margret Swift war jetzt fünfzig Jahre alt, wirkte aber älter. Wie die Karikatur einer Dorfschullehrerin altdeutschen Stils trug sie ihr langes Haar zu einem Dutt gedreht. Sie war hager, hochgewachsen, und auf ihrer spitzen Nase thronte auch noch eine altmodische Nickelbrille. Margret Swift sah zwar aus wie ein ältliches Fräulein, doch wer in ihr eine früh vergreiste, engstirnige Frau vermutete, wäre durch ihr Auftreten und vor allem durch das, was und wie sie es sagte, schnell eines besseren belehrt worden. Alle ihre Schüler liebten sie, obwohl Mrs. Swift durchaus streng sein konnte. Nicht von ungefähr hatte sich der Captain gerade diese Frau als erste Gesprächspartnerin in seinem besonderen Fall ausgesucht. Niemand anderem als Margret traute er nämlich zu, ihm, der so plötzlich zu einem Kind gekommen war, die richtigen Ratschläge zu geben. Margret war klug und erfahren, im Umgang mit Kindern ebenso wie mit den Leuten von Achill. Sie würde ihm sagen, wie er sich ihnen gegenüber jetzt verhalten mußte. Und sie würde mit Maud sprechen können. Margret war niemand, der schnell urteilte oder andere verurteilte. Clodagh Keating, die Frau des Doktors, mochte in ihren zwischenmenschlichen Analysen treffsicherer sein als sie, aber allein Margret war imstande, praktikable Lösungen für ein Problem anzubieten.

Als der Captain mit seiner Tochter an ihrer Haustür am Glockenseil zog, um sich bemerkbar zu machen, hatte sie soeben ein kurzes Telefonat beendet. Sie öffnete den beiden, begrüßte sie herzlich und führte sie danach durch den großen Saal in der Mitte des Hauses, dessen Decke aus einer Glaskuppel bestand. Zur Gartenseite hin lagen zwei freundliche, helle Wohn- und Eßzimmer, die Margret fast auschließlich benutzte. Die restlichen zwölf Zimmer und Kammern des ehemaligen Herrensitzes bewohnte sie schon lange nicht mehr, hatte manche seit Jahren nicht mehr betreten. Einmal in der Woche kam Sheena Galagher zu ihr zum Putzen – einen Luxus, den sich Margret Swift aufgrund ihrer recht guten Rente zusätzlich zu ihrem Einkommen leisten konnte. Vor allem aber half sie Sheena, deren Mann in Liverpool wegen eines Autodiebstahls im Gefängnis einsaß, damit, die fünf Mäuler zu versorgen. Ihr Mann behauptete, zu Unrecht einzusitzen, und es gab niemanden auf Achill, der Seamus Worte angezweifelt hätte, weil sie ihn alle seit seiner Geburt als »guten Jungen« kannten.

Der Captain nahm auf dem alten, fleckigen Plüschsofa Platz, und Maud rückte verschüchtert ganz eng an ihn heran. Auf einem Mahagonitischchen vor ihnen stand eine dampfende Teekanne. In einer silbernen Schüssel daneben lag etwas Schokolade und Gebäck. Margret holte Tassen und Teller von einem Servierwagen und deckte damit den kleinen Tisch.

»Das sieht ja fast so aus, als hättest du uns erwartet.«

Die Frau lächelte sanft, ordnete jedem Gedeck einen Teelöffel zu und fragte den Captain, ob Maud vielleicht eine Tasse heißen Kakao zu trinken wünsche.

»Sie spricht Deutsch«, beeilte sich der Captain zu antworten. »Du kannst sie selbst fragen.«

»Aja«, machte Margret und räusperte sich. »Und soll ich dir noch etwas sagen, Hugh, sie ist ihrem Vater wie aus dem Gesicht geschnitten.«

»Deshalb bin ich hier.«

Es klang irgendwie kleinlaut. Margret nickte.

»Ich weiß. John hat mich, bevor ihr kamt, angerufen.«

»Hm! Was wollte er?«

»Nur euren Besuch ankündigen. Und daß die Kleine nett wäre, wobei ich ihm nicht widerspreche. Wie heißt sie denn?«

»Maud.«

»Netter Zug von ihrer Mutter. Sie hätte sie ja auch Helma nennen können.«

Dann zählte sie Maud in deutsch auf, daß sie Limonade, Wasser und Kakao im Haus habe und sie sich von dieser Auswahl etwas zu trinken aussuchen könne.

»Hm gut. Aber hast du auch Cola?«

»Leider nein. Vielleicht, wenn du mich mit deinem Papa das nächste Mal besuchen kommst.«

Maud strahlte sie an, ihre anfängliche Schüchternheit hatte sich verloren, und so fragte sie höflich, ob sie sich von der Schokolade nehmen dürfe.

»Aber sicher! Und wie wäre es mit einer Limo dazu?«

Das Mädchen nickte eifrig. Plötzlich entdeckte sie in einem Winkel des Raumes ein kleines Stofftier, das Margret Swift irgendwann einmal von einer Freundin aus Deutschland zu einer Zeit geschenkt bekommen hatte, als sie noch dachte, schon bald eigene Kinder zu haben. Nun drückte sie Maud Felix, wie das Kuscheltier hieß, in die Hand, die begeistert sofort damit zu spielen anfing.

Danach suchte sie den Blick des Captains, der ihrem auswich und tief Luft holte. So saßen sie eine Weile schweigend beisammen, während Maud im Zimmer auf Entdeckungsreise ging. Der Captain hatte sich unterwegs zurechtgelegt, wie er es Margret sagen wollte, aber nun war sein Geheimnis ja schon vor seinem Eintreffen zu ihr gedrungen. Das erleichterte manches, aber zugleich zeigte es auch, daß einfach nichts Persönliches in Dugart, Keel oder Dooagh unbemerkt bleiben konnte. Zu gern hätte er von Margret erfahren, was John Sheridan ihr erzählt hatte. Aber darüber würde sie so schweigen, als gälte es, ein Beichtgeheimnis zu wahren.

»Also Maud ist meine Tochter«, begann er nach einigen Minuten beiderseitigen Schweigens. »Ricarda hat sie mir heute morgen überraschend gebracht – ich hatte ja nie wieder was von ihr gehört – und erklärt, daß sie sich nicht weiter um das Mädchen kümmern könne. Als ihr Vater sei jetzt ich an der Reihe, sie großzuziehen. Bis dato hatte ich nicht die geringste Ahnung von Mauds Existenz gehabt. Ich meine, die jungen Frauen von heute, die nehmen doch ...«

Er merkte plötzlich, daß er rot wurde, weil er bei Ricarda stillschweigend etwas vorausgesetzt hatte, was in Irland nicht erlaubt war. Er selbst war zwar Protestant, besuchte aber regelmäßig die sonntägliche Messe. Vor allem deshalb, weil sie zugleich Bürgerversammlungen waren, bei denen manchmal auch während, aber fast immer im Anschluß, wichtige Dinge, die das ganze Dorf betrafen, besprochen wurden. Niemand verübelte ihm seine Anwesenheit in der Kirche, und eigentlich war er im moralischen Sinne nicht an den Papst gebunden. Trotzdem biß er sich jetzt auf die Zunge, weil er das Gefühl hatte, zu weit gegangen zu sein. Margret forderte ihn auf, weiterzusprechen. Aber viel mehr hatte er ihr gar nicht zu sagen. Es ging ihm vor allem um Praktisches wie die Verständigung, die nicht vorhanden war, um das tägliche Miteinander, um Erziehung und so Banales wie, woher er zum Beispiel ein Kinderbett nehmen sollte. Hierbei und bei noch vielen anderen scheinbaren Kleinigkeiten, die sich für ihn aber zu einem unüberwindlichen Problemberg aufzutürmen schienen, erhoffte er sich von der Frau gute Ratschläge. Während er seine Nöte der Reihe nach aufzählte, ging ihm mit einem Mal durch den Kopf, daß es ja wirklich recht ungewöhnlich gewesen war, daß eine solch emanzipierte Frau wie Ricarda sich einfach hatte schwängern lassen. War es lediglich ein Versehen oder hatte sie es mit voller Absicht geschehen lassen? Und falls ja, dann stellte sich doch die Frage nach dem Grund. Hatte sie ihn folglich doch geliebt und ihn nur deshalb verlassen, um ihm keine Schwierigkeiten zu machen? Ricarda, die Selbstlose? Er war von diesem plötzlichen Gedanken hin und her gerissen und beschloß, darüber noch einmal in Ruhe nachzugrübeln.

Wie es für Margret Swift typisch war, bewertete sie Ricardas Verhalten nicht. Sie hatte verstanden, daß der Captain jetzt vor allem praktische Tips und Vorschläge nötig hatte. Daß die gegenseitige Verständigung im Augenblick verbal etwas eingeschränkt war, hielt sie für nebensächlich. Maud würde rasch lernen, weil sie sie mit dem Blick der erfahrenen Lehrerin als ein aufgewecktes Kind einschätzte.

»Vor allem muß sie jetzt mit anderen Kindern zusammenkommen, mit ihnen spielen, durch Gleichaltrige und Ältere unsere Sprache lernen. Leider wohnst du ein bißchen zu weit außerhalb des Dorfes. Um auf eigene Faust loszugehen, dafür ist sie noch etwas zu klein. Aber ich denke, geeignete Spielgefährten werden sich für sie finden lassen. Und nächstes Jahr kommt sie ja ohnehin zu mir in die Schule. Es wird eine Premiere für mich sein, ein deutschsprachiges Kind zu unterrichten.«

»Und was ist mit John und den anderen?«

Es klang, als ob er Angst hätte, mit einem Schlag sowohl seine Familie als auch alle seine Freunde zu verlieren.

»Stell ihnen Maud vor, am besten, wenn du den ganzen Haufen an Ort und Stelle versammelt hast. Du dürftest weit und breit der einzige alleinerziehende Vater sein. Das wird sie beeindrucken, vor allem, weil du keine zwanzig mehr bist.«

Maud kam herbeigelaufen, um zu fragen, wer der Mann mit den roten Haaren auf dem Foto sei, das sie und Felix in einem Regal entdeckt hätten.

»Das ist mein Mann George.«

»Und wo ist er jetzt?«

»Er ist vor ein paar Jahren gestorben.«

»Wohnt er nun im Himmel?«

»Ich glaube ja, wenn er dort Witze erzählen darf.«

»Sag mal, worüber redet ihr eigentlich«, schaltete sich der Captain ein.

»Über dies und das.«

»Kannst du sie nicht mal über ihre Mutter ausfragen. Was sie ihr von mir erzählt hat und so. Bis ich Maud das fragen kann, ist sie längst im zweiten Schuljahr.«

Margret nickte und versuchte herauszufinden, was Ricarda ihrer Tochter zum Beispiel von ihrer gemeinsamen Reise nach Irland erzählt hatte. Viel war es nicht, was sie aus dem Kind herausbekam. Allerdings hatte Ricarda ihr gesagt, daß der Captain ihr Vater sei. Sie hatte dem Kind auch mehrmals ausdrücklich erklärt, sie würden sich jetzt für längere Zeit nicht mehr sehen, weil sie in ein Land ginge, wohin sie Maud nicht mitnehmen könne. Im übrigen vermißte sie ihre Freundinnen aus dem Kindergarten und ihr Spielzeug, daß jetzt in ihrem Zimmer daheim auf sie warten würde. Maud erzählte ihr aber auch, daß sie ihren Vater viel netter fände als Onkel Rob, der niemals mit ihr hatte spielen wollen. Onkel Rob hätte immer nur schnelle Autos im Kopf gehabt. Offensichtlich war Rob Ricardas neuer Lover und hatte die beiden mit nach Irland begleitet.

Margret übersetzte, was Maud ihr mitgeteilt hatte. Der Captain hockte wie versteinert da, als er von Rob erfuhr. Konnte es wirklich sein, daß Ricarda ihre Tochter ihm nur deshalb zuschob, weil sie ihren Liebeleien im Wege stand? Er schüttelte den Kopf. Nein! Das traute er Ricarda nicht zu. Gut! Sie war alles andere als ein Kind von Traurigkeit, aber letztlich wird es doch so gewesen sein, legte er sich Ricardas Verhalten für sich zurecht, daß für die nächste Zeit einfach mal der Vater mit der Versorgung und Erziehung an der Reihe war. Vermutlich würde sich Mauds Mutter in einem Jahr wieder melden – unangemeldet wie heute – ,um nach dem Rechten zu sehen. Er hatte ihr nun mal das Kind gemacht, daran gab es nichts zu rütteln, und Maud hatte ein Anrecht auf ihren Vater. Und wenn er es sich recht überlegte, dann war Ricardas Lösung zwar nicht die beste, aber immer noch besser, als dem Kind seinen leiblichen Vater vorzuenthalten. Er hätte Ricarda ja gern geheiratet, wenn sie dies gewünscht hätte. Aber … da kam ihm ein Gedanke.

»Glaubst du, Margret, daß Ricarda mich heiraten würde, wenn ich mich bereiterklärte, zusammen mit ihr und meiner Tochter in Berlin zu leben?«

Die Frau zuckte die Achseln.

»Dafür kenne ich sie zu wenig. Aber vielleicht wartet sie ja darauf, daß du sie fragst.«

Das war ein vollkommen neuer Aspekt, der bedacht werden mußte. War es denn nicht denkbar, daß Ricarda ihn mit ihrer Aktion provozieren wollte, endlich von Achill fortzugehen. Sprach ihr Verhalten nicht im Grunde dafür? Komm endlich nach Berlin und heirate mich!

»Ich weiß jetzt, was ich machen muß«, sagte der Captain und erhob sich. »Maud hat mir die Augen geöffnet. Um des Kindes willen werde ich zu Ricarda nach Berlin ziehen. Das ist einfach die vernünftigste Lösung. Oder nicht?«

»Vermutlich hast du recht, Hugh. Aber du wirst vorher mit Ricarda darüber reden müssen. Je eher, desto besser.«

»Je eher, desto besser«, murmelte er ihre Worte nach. »Vielleicht bin ich ja wirklich schon zu festgefahren, zu schwerfällig. Ricarda wird den einzigen Weg, mir die Augen zu öffnen, darin gesehen haben, daß sie mir mein Kind sozusagen in die Hand drückte und selbst verschwand. Aber nun habe ich begriffen.«

Er nickte mehrmals wie zur Selbstbestätigung und ging ein paar Schritte im Zimmer auf und ab.

»Besitzt du ihre Adresse?«

Er mußte dies verneinen, und Margret fragte Maud danach. So erfuhr sie den Namen der Straße, in der sie zuletzt gewohnt hatte: Mariabrunner Weg 64.

»Okay!« sagte Margret und rief die telefonische Aus-
landsauskunft an. Zwei Minuten später hielt sie mit
dem Blick einer erfolgreichen Privatdetektivin Ricardas Telefonnummer in Händen. Sie reichte ihm den
Zettel.

»Ich rufe sie morgen früh an. Ich kann mir kaum vorstellen, daß sie sich immer noch in Irland aufhält. Sie
wird mit der erstbesten Maschine nach Hause zurück-
geflogen sein. Danke dir für erste, Margret.«

Sie wünschte ihm viel Glück für das, was er vorhatte.

Danach verabschiedeten er und Maud sich von der
Frau und machten sich auf den Heimweg. Er glaubte,
Ricardas Aufgabe, die sie ihm gestellt hatte, gelöst zu
haben. Ja, es würde ihm sichtlich schwerfallen, Achill
ein für allemal den Rücken zu kehren. Es würde ihn
schrecklich schmerzen, seine geliebte »Hazienda« auf-
zugeben. Auch die Menschen von hier würden ihm
fehlen, gestand er sich ein. Aber es mußte sein. Er hatte
sich vor Jahren mit Ricarda eingelassen, hatte sich wie
ein Teenager in sie verliebt und ein Kind gezeugt. Er
war nicht der Mann, der sich aus seiner Verantwortung
herausschlich. Maud brauchte ihn ebenso wie sie ihre
Mutter brauchte. Und je länger er darüber nachdachte,
desto mehr keimte der Verdacht in ihm, daß ihm Ricarda diesen entscheidenden Wink hatte geben wollen.
Unterwegs kaufte er bei Marcy's frische Milch und
Brot, etwas Fleisch, Cornflakes, Äpfel und Bananen
ein. Niemand fragte ihn nach dem Kind an seiner
Hand. Alle schauten nur neugierig, und als er schon im
Begriff war, den kleinen Laden wieder zu verlassen,
drehte er sich noch einmal zu allen Anwesenden um
und sagte:

»Daß ihr es wißt, dies ist meine Tochter. Sie heißt Maud.«

Ohne eine Reaktion abzuwarten, kehrte er ihnen den Rücken und ging erhobenen Hauptes hinaus auf die Straße. Er war stolz auf sich, daß er es ihnen frank und frei heraus hatte sagen können, und er würde ihre Antwort, ganz gleich wie sie auch ausfallen mochte, ertragen.

Unterwegs quengelte Maud, daß sie müde und hungrig sei. Er beruhigte sie mit einem Lutscher und trug sie auf dem Arm fast den halben Weg bis zu seinem Haus. Sie dankte es ihm mit einem Kuß auf die Wange.

Nach dem Abendbrot, bei dem er zum erstenmal damit angefangen hatte, ihr die jeweiligen englischen Bezeichnungen für verschiedene Dinge wie Brot, Limonade, Butter und Aufschnitt zu geben, beschwerte sie sich bei ihm empört darüber, daß er keinen Fernseher besäße.

»So eine doofe Wohnung! Kein Fernseher da! Bei Mami habe ich jeden Abend noch etwas im Fernsehen gucken dürfen. Kaufst du dir denn wenigstens morgen einen Fernseher? Ich sehe doch so gerne Kinderfilme. Kaufst du einen, ja?«

Er runzelte verlegen die Stirn, weil er ihrem Wortschwall nicht entnehmen konnte, worüber sie sich eigentlich so sehr aufregte. Daß er sie nicht verstand, machte Maud so wütend, daß sie schließlich mehrmals mit dem Fuß fest aufstampfte, um sich anschließend laut heulend ins Schlafzimmer zu flüchten.

»Ich will zu meiner Mami. Wo ist meine Mami!« schrie sie unter Tränen immer wieder. Und dem Captain kam es so vor, als wären sie beide seit dem Frühstück nicht einen Schritt weitergekommen. Margret hatte ihm geraten, immer und immer wieder mit Maud zu sprechen, damit sie sich an die neue Sprache gewöhnte. Sie würde zehnmal schneller lernen als er, hatte sie ihm versichert.

»Dies alles sind nur Anfangsschwierigkeiten, über die ihr zwei schon ein paar Wochen später laut lachen werdet.«

Ich hoffe, du behältst recht mit deiner Prognose, Frau Lehrerin, sagte er zu sich. Im Augenblick hatte er als Mittel der Verständigung jedenfalls nichts anderes zur Verfügung als seine Körpersprache, Hände und Gesicht, und war darauf angewiesen, daß Maud sich auch bereit erklärte, sie zu »lesen«, wenn er sie zum Beispiel in den Arm nahm, sie streichelte, um sie in ihrem Kummer zu trösten.

Später kramte er eine alte Matratze aus dem Schuppen hervor und bezog sie mit einem alten, bereits mehrfach ausgebesserten Bettlaken. Ein Kissen und eine Decke waren ebenfalls vorhanden. So richtete er dem Mädchen ein Lager in einem Winkel seines Schlafzimmers.

Maud schlief dort auch ein, aber als sie beide am anderen Morgen von der Sonne geweckt wurden, erwachte sie neben ihm und guckte wie er ein wenig erstaunt darüber.

Ein schwerer Kirchgang

Der nächste Tag brachte eine große Ernüchterung, auch was das Wetter betraf. Seit den frühen Morgenstunden nieselte es, und obwohl ein kräftiger Wind die dunkle Wolkendecke über den Himmel trieb, daß sie an manchen Stellen rissig wurde, spähten nur vereinzelt helle Sonnenbahnen zwischen den eilig dahinjagenden Wolkenbänken hindurch. Dann tauchten sie die grün-braune Landschaft jedesmal in blankes Licht und weckten ein tausendfältiges Funkeln auf den von feinen Regentröpfchen gesprenkelten Wiesen. Der Captain hatte aus Mauds Gepäck eine gefütterte Regenjacke herausgezogen und sie seiner Tochter hingelegt. Beide kleideten sich der Witterung entsprechend und stapften kurz nach dem Frühstück los, ohne sich groß um Wind und Regen zu scheren.

Oberhalb der »Hazienda« stand seit Jahrhunderten eine Mauer aus grob behauenen Steinen. Von dort aus schlängelte sich ein schmaler Fußweg zwischen Rhododendronhecken und vereinzelten Baumgruppen hindurch – immer unterhalb der Kuppe des Slievemore entlang, des höchsten Berges auf Achill. Sie waren allein unterwegs. Von Ferne konnten sie noch eine Weile mitbekommen, wie drunten im Dorf das Leben seinen alltäglichen Lauf nahm. Hier oben war von dieser Geschäftigkeit, vom Lärm der Menschen und ihren Dingen nur wenig zu spüren. Manchmal drang, je nachdem wie der Wind stand, etwas Autolärm zu ihnen hoch. Die Düfte des Sommers schmolzen auf ihrem Weg ineinander. Wildenten flogen auf, und vereinzelt sahen sie Hasen in wilden Sprüngen über die Wiesen flitzen. Maud zeigte sich von allem begeistert und fragte den Captain vieles. Der hatte es sich zur Gewohnheit gemacht, einfach auf ihre Fragen das zu antworten, was er gerade vermutete. Das fiel ihm schwer, denn er war eher ein Mann, der wenig sprach. Aber von einem wortkargen Vater hätte die Fünfjährige kaum etwas lernen können, sagte er sich und so redete er ganz gegen seine Gewohnheit auf diesem Ausflug ziemlich viel.

Ihr Weg führte sie auch an einem Friedhof vorbei, der schon seit Jahrzehnten nicht mehr benutzt wurde. Dieser war vormals ohnehin etwas Besonderes gewesen, denn in seiner Erde waren Totgeburten und ungetaufte Kinder begraben worden. Diesen namenlosen Geschöpfen hatten die Menschen früher anstelle von Blumen helle Quarzbrocken aufs Grab gelegt. Maud hob einen der Quarzsteine auf und fragte, ob sie ihn behalten dürfe. Ihr Vater nickte, und sie schloß ihre kleine Hand fest um das weiße Kleinod für die Toten.

Dann erreichten sie die Küste. Auf seiner Nordseite fiel der Slievemore steil ab ins Meer. Dies war ein Ort, an dem das Meer gegen die Felsen wütete und je nach Wind und Wetter die Gischt hoch in den Himmel spritzte. Das Meer war immer in Bewegung, selbst wenn es an manchen Tagen so flach wie eine Kuchenplatte aussah. Maud blickte zu den Klippen hoch, wo die Möwen umherstolzierten, während grüne Brecher an den darunter liegenden Felsen abprallten und Gischtschleier in die Luft wirbelten. Eng an ihren Vater geschmiegt, der sie mit beiden Händen festhielt, beobachtete das Mädchen eine Weile die aufgewühlte See, die mit den Aufwinden segelnden Vögel und die durchs Licht sich ständig verändernden Färbungen des Wassers. Wie hätte sie es wissen können, aber von nun an würde dies ihre Welt sein, in der sich die Natur ungezähmt und oftmals erschreckend zeigte.

Gegen Mittag stiegen sie vom Slievemore zur Straße hinunter, die am Haus von Heinrich Böll vorbeiführte. Der Captain hatte den Deutschen schon lange nicht mehr gesehen. Er hätte nicht einmal sagen können, ob er die letzten zwei Jahre überhaupt nach Achill gekommen war. Man erzählte sich, daß Heinrich das feuchte Klima nicht mehr so gut vertrug. Er warf einen Blick über den Zaun in den gepflasterten Innenhof des Cottage und gewann den Eindruck, daß hier schon seit geraumer Zeit niemand mehr gewohnt hatte. Der Wind hatte Blätter und Schmutz über die Steine verteilt und der letzte Herbststurm den Briefkasten offensichtlich zur Hälfte aus seiner Verankerung an der Hauswand gerissen.

Danach drängte es ihn, endlich mit Ricarda zu sprechen. Den ganzen Vormittag über hatte er sich seine Worte zurechtgelegt. Nach wie vor schien ihm sein Angebot, zusammen mit Maud nach Berlin zu ziehen, das Vernünftigste zu sein.

Alice schaute überrascht auf, als sie das kleine Postamt betraten. Sie hatte bereits durch ihren Mann Michael, den einzigen Briefträger der Insel, von dem Mädchen erfahren, das seit gestern beim Captain wohnen sollte und von der er behauptete, sie sei seine Tochter. Sie begrüßte Hugh O'Donnell und die Kleine herzlich und fragte, wie es ihnen ginge. Der Captain erzählte von ihrem Ausflug und daß er noch kein Bett für das Kind besäße. Alice versprach ihm, darüber einmal mit Michael zu reden, der sicherlich wußte, ob jemand im Dorf eines würde entbehren können.

»Machst du mir eine Verbindung mit Deutschland, Alice?«

Die Frau nickte. Alice mußte dafür über den Operator in Dublin gehen. Es dauerte eine ganze Weile, dann klingelte endlich das Telefon, und sie drückte dem Captain den Hörer in die Hand. Jemand war am anderen Ende der Leitung, aber es war nicht Ricardas Stimme, die er vernahm, sondern die einer unbekannten Frau. Sie sprach nur schlecht Englisch. Dennoch konnte sie ihm zu verstehen geben, daß er zwar die richtige Nummer gewählt hätte, Ricarda aber dennoch nicht sprechen könne, weil sie verreist sei.

»Nach Irland?« fragte er und hatte einen Moment lang die Hoffnung, daß sie sich doch noch in unmittelbarer Nähe befand.

»Nach Mexiko«, klärte die Frau ihn auf, und er erfuhr, daß Mauds Mutter zusammen mit ihrem Freund für ein Jahr nach Mexiko gereist sei.

»Wann sie nach Berlin zurückkommt, ist ungewiß. Bis dahin jedenfalls hat sie die Wohnung an mich vermietet.«

Der Captain war über das Gehörte so perplex, daß er einige Sekunden lang nichts mehr sagte, so daß das Gespräch vom anderen Teilnehmer aus beendet wurde.

Knack, machte es, und die Leitung stand nicht mehr. Den Hörer in der Hand versuchte er, die Nachricht zu verarbeiten. Plötzlich merkte er, daß die Leitung tot war, und er bat Alice, noch einmal anzurufen, weil er etwas Wichtiges zu fragen vergessen hatte. Diesmal mußte er fast zwanzig Minuten lang darauf warten, bis das Gespräch wieder zustande kam. Alice kochte ihm in der Zwischenzeit einen Tee und reichte Maud einen Saft.

»Hallo. Ich bin's noch einmal. Wie kann ich Ricarda in Mexiko erreichen?«

»Überhaupt nicht. Ich schicke ihr die Post nach, darf aber die Adresse nicht herausgeben.«

»So könnte ich ihr also nach Hause schreiben, und Sie würden den Brief dann weiterleiten?«

»Ja!«

»Gut! Haben Sie vielen Dank!«

Er legte auf. Wie hatte er auch damit rechnen können, daß Ricarda zu Hause hocken würde, um auf seinen Anruf zu warten? Er würde ihr schreiben müssen. Sie erwartete von ihm, daß er sich schriftlich erklärte, was ja auch nur zu verständlich war.

»Alles in Ordnung?« fragte Alice.

»Ja, ja«, beeilte er sich zu antworten. »Was bin ich dir schuldig?«

Er zahlte die zwei Telefonate, und sie verließen wieder das Postamt.

»Hast du mit Mama telefoniert?« wollte Maud wissen. Er las die Frage in ihrem Gesicht .

»Aber sicher, mein Schatz! Sie läßt dich herzlich grüßen und hofft, daß es dir gut geht.«

»Und warum durfte ich nicht mir ihr reden?«

»Ich denke, wir kaufen dir jetzt mal ein Eis. Was meinst du?«

»Aber ich hätte ihr doch auch gerne etwas gesagt.«

Er zeigte plötzlich mit dem Arm auf einen Unterstand für Tiere.

»Siehst du den Ziegenbock dort hinten? Er sollte mal verkauft werden und wurde deshalb in Coogans Austin nach Newport transportiert. Unterwegs hat ihm der blöde Bock die ganze Rückbank vollgemacht. Den Gestank kriegst du niemals mehr heraus, sag' ich dir. Und seitdem steigt niemand mehr freiwillig bei Jimmy Coogan ins Auto. Komm, wir laufen ein Stück um die Wette ...«

Der Rhythmus seines Lebens veränderte sich. Fortan gab es für ihn ein plapperndes, quirliges Gegenüber, das nachts halbschlafend in sein Bett gekrochen kam, mit ihm morgens Flakes und Honigbrote frühstückte und mit dem er sich exklusiv beinahe rund um die Uhr beschäftigen mußte. Maud war anspruchsvoll und gönnte ihm kaum einen Augenblick für sich allein. Auch schmuste sie sehr gern mit ihm. Dabei schien es ihm, als habe sie, was Zärtlichkeiten anbetraf, erhöhten Nachholbedarf. Die größte Umstellung bestand darin, daß er sich ausschließlich auf einen anderen Menschen konzentrieren mußte. Wo er früher alle Zeit der Welt besessen hatte, ausgiebig zu lesen oder sich stundenlang auf seiner Terrasse sitzend ungestört Gedanken über Gott und die Welt zu machen, da zog ihn nun, kaum daß er sich in seinen Sessel hatte fallen lassen, ein kleines Mädchen energisch am Ärmel, doch endlich mit ihm nach draußen zu gehen, um dort zusammen

Ball oder Fangen zu spielen. Sein Leben, wie er es vor ein paar Tagen noch gekannt hatte, ausschließlich für sich allein zu gestalten, gehörte ein für allemal der Vergangenheit an.

Aber auch für Maud hatte mit ihrem Eindringen in die Welt ihres Vaters eine Zeit der Veränderungen begonnen. Sie vermißte ihre Freundinnen und bestimmte Fernsehfilme, die es ihr angetan hatten. Nach ihrer Mutter fragte sie in dieser Zeit zwei, dreimal am Tag, aber es schien dem Captain, als gewöhne sie sich mehr und mehr daran, sie im Augenblick nicht für sich zu haben, zumal ihr Vater ihr immer zur Verfügung stand. Mindestens zweimal am Tag ging er mit ihr spazieren, gelangte mit Maud an Stellen, wohin es ihn ansonsten wohl kaum gezogen hätte. Einmal folgten sie mit pitschnassen Schuhen einem Rinnsal, das sich zwischen und unter Weißdornhecken hindurchschlängelte. Oftmals mußten sie sich deswegen tief bücken oder sogar auf allen vieren über bemooste Steine und glitschige, abgestorbene Äste und Wurzeln kriechen.

Maud besaß eine lebhafte Phantasie. Er hatte ihr von kleinen Kobolden erzählt – Leprechauns genannt –, und um sie für sie plastisch zu machen, sogar gemalt, und nun glaubte Maud, diese Elfen im verästelten Wurzelwerk alter Bäume oder als Schatten auf irgendeinem alten zerbröckelnden Mauerwerk zu entdecken. Während er sich als Kind vor Kobolden gefürchtet hatte, machte Maud sich einen Spaß daraus, sie überall aufspüren zu wollen. Sie schien keine Angst zu kennen, und häufig ging der erste Schritt auf einen anderen zu sogar von ihr aus.

Am ersten Sonntag des Monats nahm er sie mit in die Kirche. Wie gewöhnlich hatte er sich ganz hinten im Kirchenschiff im Schatten einer Säule aufhalten wollen, aber es kam anders. Sie kamen ohnehin zehn Minuten zu spät an. John hatte mit der Messe bereits angefangen, als der Captain vorsichtig die schwere Eichentür aufzog und mit seiner Tochter an der Hand eintrat. Er wollte nicht auffallen und stellte sich deshalb in den Winkel zwischen einem Pfeiler und einem Beichtstuhl. Maud jedoch, die in ihrem bisherigen Leben nicht allzu oft zur Meßfeier gegangen war, wollte vorne in der ersten Reihe sitzen, machte sich, kaum daß sie die Kirche betreten hatten, von der Hand ihres Vaters los und stürmte mitten durch die zwei Bankreihen zu ihrer Rechten und Linken nach vorne.

Augenblicklich verstummte der Priester am Altar, und alle Blicke hefteten sich auf Maud und ihren entgeisterten Vater, der sich mit hochrotem Kopf vergebens beeilte, das Mädchen aufzuhalten. Plötzlich stand er ungewollt mitten unter den Gläubigen, fühlte die Blicke seiner langjährigen Freunde und Mitbürger auf sich und dem Mädchen ruhen. Sie alle starrten ihn erwartungsvoll an, und es war schließlich John Sheridan, der ihn und das Mädchen zu sich nach vorne winkte. Der Captain streckte sich, nahm die wortlose Maud, die sofort merkte, daß etwas anders war mit dieser Meßfeier, als sie es von zu Hause her kannte, fest an die Hand und ging auf den Priester zu. Sie nickten sich beide grüßend zu, dann drehte der Captain sich um, so daß er den mit Menschen überfüllten Kircheninnenraum unmittelbar vor sich hatte. Wie an jedem Sonntag hatten sich hier wieder einmal alle Kinder, Männer

und Frauen des Dorfes zum Gebet mit anschließen-
dem Bürgergespräch versammelt. Sie erwarteten von
ihm, daß er sich ihnen erklärte, nur in welcher Weise,
war ihm unklar. So ließ er einfach jene Worte über
seine Lippen kommen, die ihm sein Bauch spontan
eingab. Zu entschuldigen gab es nichts, aber…

»Dieses Kind hier ist Maud. Ich weiß, ihr habt längst
davon gehört. Ihre Mutter hat sie bei mir abgegeben,
weil sie zu Recht meint, daß dem Mädchen ein Vater
fehlt. Ich selbst hatte nicht gewußt, daß ich eine Tochter habe, und bin – das könnt ihr euch denken – von
Maud sehr überrascht worden. Aber sie wird in mir jemanden haben, der sie nicht im Stich läßt. Das alles ist
nicht einfach für mich, aber was sage ich euch da?
Maud braucht vor allem eure Hilfe und eure Liebe.
Und dringend Kinder, mit denen sie spielen kann. Und
ich brauche euer Verständnis für meine Situation, denn
ich werde es ohne euch sicherlich nicht schaffen. Das
wollte ich euch sagen.«

Er wandte sich John zu, der ihm aufmunternd
zulächelte und ihn stumm bat, sich irgendwo noch einen Platz zu suchen. Danach ging die Messe weiter wie
immer.

Später, als er sich auf den Rückweg machen wollte, trat
Sheena Galagher zu ihm, die er nur wenig kannte. Sie
hatte fünf kleine Kinder, die meisten davon ungefähr in
Mauds Alter.

»Schick sie doch tagsüber zu uns, Hugh! Erin, Rick und
die anderen werden sich bestimmt über sie freuen. Sie
schaut nett aus. Alice hat mich schon nach einem Kinderbett für die Kleine gefragt. Ich selbst habe keines

übrig, aber Fiona Macnaill soll noch ein altes im Schuppen stehen haben. Vielleicht fragst du bei ihr mal nach. Also, bis dann, mach's gut, Hugh.«

Sie zog davon. Er wußte, daß Sheena von dem wenigen Geld, das ihr zur Verfügung stand, immer noch soviel abzuzweigen verstand, daß sie zusammen mit ihren fünf Kindern drei- bis viermal im Jahr nach Liverpool fahren konnte, um dort ihren Mann im Gefängnis zu besuchen. Seamus hatte noch gut drei Jahre abzusitzen.

Er freute sich sehr über ihr Angebot, war aber auch zugleich im Zweifel darüber, ob er es annehmen sollte, weil sie dann Maud von dem Wenigen, was sie hatte, auch mit zu essen geben würde. Sheena Geld anzubieten, wäre beleidigend. Margret Swift konnte ihm sicherlich sagen, wie er sich in einem solchen Fall anständig verhielt.

An jenem Sonntagabend kramte er aus seiner Küchentischschublade einen alten Block hervor, dessen Umschlag zahlreiche Fettflecke zierten, und schrieb an Ricarda. Dieser Brief wurde der längste seines Lebens. Darin erzählte er viel von Maud, wie es ihr ging, was sie so machte, und fragte im letzten Viertel seines Briefes an, ob sie ihn heiraten wolle. Er wäre auch bereit, mit ihnen beiden dorthin zu gehen, wo sie es wünschten. Alles in allem klang dieses Passage des Briefes ein wenig steif und förmlich, aber es war ihm nach wie vor ernst damit. Tags drauf winkte er Michael O'Rourke zu sich, als dieser an seinem Haus vorbeigeradelt kam. Michael steckte den Auslandsbrief in seine Tasche zu den anderen Briefen, die er an diesem Tag noch austragen mußte. Er schätzte, daß der Brief in spätestens einer Woche beim Empfänger in Berlin sein müßte.

Und wie lange wird es wiederum dauern, bis er von Berlin aus in Mexiko sein wird? Das traute er sich nicht, Michael zu fragen. Das Ganze war schon verwirrend genug für Achill-Leute, die es nicht gewohnt waren, daß sich Blutsverwandte, Ehepartner oder ein Mann und eine Frau, die auch noch ein gemeinsames Kind hatten, aus dem Weg gingen. Letzteres mochte es ohnehin nur noch in der Millionenstadt Dublin geben, wo man abends seine Haustür zuschloß.

»Sie schlüpft heraus und herein
wie ein junger Fuchs«

»Siehst du dort, das ist der große Slievemore. Und hier habe ich noch ein Kreuz gemalt, wo die toten Kinder alle liegen. Dort hinten, das ist das Meer. Und dort drüben der Bach, wo du auf dem glitschigen Stein ausgerutscht bist. Hier siehst du Sheena und ihre Kinder. Und hier vorne, das bist du selbst!«

Maud hatte mit Kreide ein großes Bild auf den Boden der Terrasse gezeichnet. Darin kam alles vor, was ihr von der Landschaft und ihren Menschen als schön und wichtig erschien. Ihr Vater erwies sich als jemand, mit dem sie ein Land zwischen zwei Kreidestrichen entdecken konnte. Mittlerweile sprach Maud Deutsch und Englisch durcheinander, ein Kauderwelsch, das sich für den Captain und alle anderen recht lustig anhörte. Aber es wäre niemals jemanden in den Sinn gekommen, darüber zu lachen oder Maud deswegen zu verspotten.

Kein Geringerer als John Sheridan hatte in einer Predigt vor einigen Wochen das Thema »Miteinander und Füreinanderdasein« angesprochen und erklärt, daß wir ja auch alle helfen würden, wenn wir erlebten, daß sich ein Blinder über die Straße trauen will.

»Sofort eilen wir herbei und geleiten ihn sicher hinüber. Einen Lahmen tragen wir zu seinem Haus. Und einem, der unsere Sprache nicht versteht, aber dennoch bei uns leben will, dem erklären wir alles so lange mit großer Geduld – bis er endlich begreift.«

Und so kam es, daß Maud, wo auch immer sie sich im Dorf zeigte, die Namen für bestimmte Dinge von den unterschiedlichsten Leuten vorgesagt bekam. Kinder sprachen mit ihr beim Spiel, und sie lernte durch sie ganze Sätze bilden. Und Maud bewies eine solch rasche Auffassungsgabe, daß selbst Margret Swift staunte und Clodagh Keating sich veranlaßt sah, vorauszusagen, dieses begabte Kind sei sicherlich eines Tages für eine große Karriere in der Industrie oder in der Wirtschaft bestimmt.

So nahm alles seinen natürlichen Lauf. Die Zeit wird auf Achill nicht in Stunden und Minuten erlebt, sondern sie spaltet sich in verschiedene Ereignisse auf wie den allsonntäglichen Kirchgang, die vergnügten Tanzabende jeden Freitag- und Samstagabend in Michael Lavelle's Pub mit Livemusik, das Ausfahren der Boote und die hoffentlich sichere Rückkehr der Fischer, den Verlauf der Schulstunden von morgens bis mittags, das Klingeln des Briefträgers, nach dessen jeweiligem Erscheinen man an den Werktagen die Uhr stellen konnte. Deshalb verrinnt die Zeit nicht einfach bloß so, sondern ist an den unmittelbaren Alltag der Menschen gekoppelt.

»Weißt du noch, das war in dem Jahr, als dem alten Sean alle Schafe von einer bösen Krankheit dahingerafft wurden.« Oder: »Das war an dem Tag, als sie Patrick Shaunessy zu Grabe trugen und bei Michael der Bierhahn am Abend trockengelaufen war.«

Auf diese Weise wird auf der irischen Insel Zeit erfahren. Bestimmte Ereignisse schreiben sich selbst in das große Buch des Inselgedächtnisses ein, und jung und alt schlagen es auf, wenn es gilt, wichtige Erlebnisse wieder ans Tageslicht zu bringen.

Jedenfalls hatte die Tochter vom Captain in Sheenas Kindern neue Spielgefährten gefunden. Margret hatte ihm geraten, ihr Angebot auf jeden Fall anzunehmen und sich nicht darum zu scheren, ob die Frau dies denn auch verkraften könne. Wenn es ihm darum ginge, daß Maud als weitere am Tisch von Galaghers mitaß, dann sollte er ihr doch jedesmal etwas mitgeben. Und so geschah es. Der Captain füllte jeden Morgen eine kleine Umhängetasche mit einem Sandwich, etwas Süßigkeiten und Obst und bat Maud, den andern Kindern auch davon abzugeben. Somit war der Fall erledigt und der Captain beruhigt. Sheena selbst äußerte sich nach einigen Wochen so über Maud:

»Sie schlüpft heraus und herein wie ein kleiner Fuchs. Sie ist hübsch und gut, immer voller Leben und Energie, zugleich unschuldig wie die wilden Vögel unter dem Himmel. Sie steckt meine eigenen Kinder mit ihren Späßen an. Sie freuen sich jeden Tag auf sie. Es ist kein Arg an Maud.«

Anfangs brachte er sie jeden Morgen nach dem Frühstück zu Sheenas Haus und holte sie am Nachmittag dort wieder ab. Nach einigen Wochen schickte Sheena dann Jordan, ihren Ältesten, nachmittags mit dem Mädchen zum Haus des Captains zurück, damit er sich einen Weg sparen konnte. So vergingen der Sommer und der Herbst, und das Jahr neigte sich seinem Ende zu. Den ganzen November über waren die Tage so neblig und trüb, daß die Sicht auf die steilen Hänge des

Slievemore verdeckt war, und in der letzten Novemberwoche wurde der Nebel sogar so dicht, daß Maud
und der Captain die Umrisse des Schuppens, der doch
gleich neben der »Hazienda« stand, von der Terrasse
aus nicht mehr sehen konnten. Dann, Anfang Dezember, zogen kräftige Winde über den Atlantik und bliesen den Nebel weg. Regen prasselte auf Achill hernieder und fiel dabei fast waagrecht, so daß es klang, als
werfe jemand Sand gegen die Fenster. Er sickerte sogar
unter der Eingangstür und den Fensterrahmen hindurch.

Maud und der Captain hockten in der warmen Stube
und hörten Radio. Es war die Zeit des Wettrüstens, und
manchmal klang das, was über die Ätherwellen zu ihnen ins Haus drang, so bedrohlich, daß man annehmen
konnte, den nächsten Morgen nicht mehr zu erleben.
Nicht so sehr um sich selbst sorgte er sich, als vielmehr
um Maud, deren Zukunft von fremden Leuten irgendwo auf der Welt so leicht verspielt werden konnte.
Was würde aus dem Mädchen werden? überlegte er. Er
selbst war ja auch nicht mehr der Jüngste. Aber darüber
mochte er gar nicht nachdenken und hoffte nur inständig, daß ihn der Himmel in den nächsten Jahren noch
nicht auf die Liste der »Abgänge« gesetzt hatte.

Eines Abends, kurz vor Weihnachten, kam Maud ganz
aufgeregt zu ihm gelaufen mit einem Büchlein, das sie
irgendwo aus einer Kiste unterm Schuhschrank hervorgekramt hatte. Sie drückte es ihm in die Hand und
fragte, was das sei. Ihr Vater blätterte es nachdenklich
auf und mußte lächeln, denn er hatte dieses Buch
schon fast aus seinem Gedächtnis gestrichen, obwohl es

vor vielen Jahren für ihn mal der Grund dafür gewesen war, überhaupt nach Achill zu fahren. Es war das Tage- und Erinnerungsbuch seiner Großmutter.

»Sie hat hier auf der Insel vor mehr als hundert Jahren gelebt.«

Als Maud das hörte, hüpfte und sprang sie ganz aufgeregt im Zimmer umher und wollte sofort daraus vorgelesen bekommen. Erst wußte er nicht so recht, ob er ihrem Wunsch einfach nachkommen sollte, aber dann schlug er das Buch an irgendeiner Stelle auf und begann laut daraus vorzulesen:

»Wir Kinder lernten, Körbe und Regenmäntel aus Rinde oder aus einem dazu geeigneten Gras zu flechten, wir lernten, wie man kleine weiße Hunde kämmt, so daß wir die langen Haare spinnen konnten, um warme Westen daraus zu machen. Schafe besaßen wir ja nicht. Mädchen und Jungen hatten überhaupt eine Menge zu lernen. Täglich mußten wir Mädchen unseren Körper fit halten, damit wir bereit waren, wenn aus dem Mädchen eine Frau wurde.

Schwimmen tat gut. Wir sind viel geschwommen, im Sommer wie im Winter. Manchmal band Vater uns ein Seil um die Hüften, und wir mußten schwimmen, bis uns alles weh tat. Aber unsere Muskeln wurden stark und unsere Körper wuchsen gerade. Wir sind auch gerannt. Es spielte keine Rolle, ob du schnell rennen konntest oder nicht, du ranntest barfuß den Strand rauf und runter, bis die Fußsohlen hart waren und es dir nichts mehr ausmachte, wenn du auf eine Muschel, ein Schneckenhaus oder einen kantigen Stein tratst.«

Maud lauschte fasziniert, und ihr Vater versuchte, ihr einen ungefähren Eindruck vom harten Leben zu vermitteln, das seine Großmutter hier als Kind auf Achill gehabt hatte. Daß es auf der Insel damals allen mehr schlecht als recht ergangen wäre, weil sie den Korb, den sie am Tag in mühevoller Arbeit halb gefüllt hatten, auch noch zu zwei Dritteln wieder an ihre Unterdrücker hätten abgeben müssen.

»Waren sie denn Gefangene?«

»So ungefähr.«

»Dann hat ja deine Großmutter immer geweint?«

»Nein. Du hast ja gehört, daß sie geschwommen ist oder sich am Strand die Füße abhärtete. Sie hat niemals aufgegeben, am Leben bleiben zu wollen. Sie hat wie viele andere auch gekämpft, um nicht unterzugehen.« Das Mädchen nickte nachdenklich, und der Captain nahm sich vor, ihr mehr von seiner Großmutter zu erzählen. Sie war eine erstaunliche Frau gewesen, schon deshalb, weil sie lesen und schreiben konnte, was damals im Westen Irlands nur die wenigsten beherrschten. Sie hatte auch Zitate von irischen Schriftstellern gesammelt, eines davon las er Maud noch vor:

»In jeder Kindheit gibt es Sonnenuntergänge, die man nie vergißt, gibt es blauen Himmel, der nie ausbleicht, atlantische Brecher, die sich auf ewig einprägen mit ihren opalisierenden Bogen von grünem Wasser, weil in ihnen ein ganz unbekanntes Licht aufgeblitzt ist. Es gibt Zwielicht im Frühling und Schlüsselblumen und Wolkenschatten, die über die blauen Gebirge und grünen Wiesen gleiten.«

Am Heiligabend besorgte der Captain einen kleinen Tannenbaum. Solcherlei Baumverkäufe gab es auf Achill eigentlich nicht, daß trotzdem welche angeboten wurden, war allein Jimmy Coogans Eigeninitiative zu verdanken, denn er hatte sich mit einer ganzen Fuhre Fichten und Blautannen in Galway eindecken können. Er wußte, wo er die Bäume los wurde, und diejenigen zahlten dann auch etwas mehr dafür. John Sheridan erhielt einen kostenlos für seine Kirche, Sheena für die Kinder einen schönen zum halben Preis und die alten Morrisons einen verwachsenen, den sie nicht zu bezahlen brauchten. Alles in allem verdiente Jimmy knapp fünfzig Pfund an seiner Aktion, aber das genügte ihm auch.

Maud bekam vom Christkind eine neue Puppe geschenkt und rote Jeans. Beides hatte der Captain über einen Katalog bestellen können. Einen Tag vor Heiligabend trug Michael das Paket ins Haus. Weil es weit und breit keine Kaufhäuser gab, war die Möglichkeit, sich nach Katalogen etwas auszusuchen, besonders in der Weihnachtszeit auf Achill allgemein verbreitet. Wer etwas Geld für Geschenke gespart hatte, wählte die Bestellung per Post. Allein für die Fahrt von Achill nach Dublin hätte man sich ja schon ein neues Hemd kaufen können.

Wie in jedem Jahr war die Christmette der eigentliche Höhepunkt des Festes. Er wurde es für die Leute von Achill auch noch in einem besonderen Sinne; denn zum erstenmal versahen neben Jungen auch Mädchen den Dienst am Altar. John Sheridan hatte Jodie Mac Mahon und ihre ein Jahr jüngere Schwester Sara deswegen schon ein halbes Jahr vorher angesprochen. Jodie wollte es gerne tun, aber nur zusammen mit Sara. John hatte zugestimmt und sie gebeten, außer ihren Eltern niemandem davon zu erzählen. Die beiden Mädchen hatten tatsächlich geschwiegen. Dann kam der Heiligabend mit der Christmette, und die Leute trauten ihren Augen nicht, als sie die Mac Mahon-Schwestern in ihrer Ministrantenkleidung am Altar zwischen den Jungen stehen sahen. »Ist John jetzt von Rom abgefallen oder was ist los?« fragten sich nicht wenige. Aber dann hielt ihr Pfarrer eine Predigt, die sie noch lange beschäftigte. Tenor war, daß Veränderungen immer dann gut waren, wenn sich die Situation von Menschen dadurch verbesserte oder wenn dadurch Ungerechtigkeiten ausgebügelt werden konnten. Tenor dieser Predigt war aber auch, daß Achill zwar am »Arsch der Welt« läge, deswegen aber nicht von gestern sein wolle.

»Es ist deshalb gut zu bewahren, was uns nützt und weiterhilft. Es ist aber auch gut, sich auf Neues einzulassen, bevor der Kalk durch unsere Lebensadern rieselt. Amen.«

Wieder mal war John in seinem Element. Es sei das schönste Weihnachten geworden, an das sie sich erinnern könnte, plauderte Clodagh Keating später aus. Man muß dabei wissen, daß Sara und Jodie ihre Nichten waren und ihr Weihnachten viel über ihre neue Aufgabe am Altar zu erzählen gehabt hatten.

Der Captain selbst dachte in dieser Meßfeier unter anderem auch an Ricarda, hoffte, daß es ihr gut ging, und wünschte sich, unter seinem geschmückten Tannenbaum einen Brief oder wenigstens eine Karte von ihr zu finden. Maud, die neben ihm in der Bank kniete, freute sich schon sehr auf die neue Puppe, die auch richtig trinken und Pipi machen konnte. Woher sie wußte, daß sie sie bekam? Ihr Vater hatte einfach nicht den Mund halten können!

St. Patrick wird beleidigt

Es ist schon seltsam, wie schnell sich ein Mensch auf eine veränderte Situation einstellen kann – ja, sich plötzlich zur Überraschung seiner Mitmenschen – diesen in einem völlig neuen Licht präsentiert.

Die ersten Monate vergingen wie im Flug, und der Captain hatte schon bald das Gefühl, mit Maud bereits seit Jahren unter einem Dach zu leben. Sie besaß das Talent, ihn alte Angewohnheiten aufgeben zu lassen und versetzte seiner bisher gepflegten Eigenbrödelei den Todesstoß. Immer hatte er sich für einen unverbesserlichen Einzelgänger gehalten, der sich zwar niemals gänzlich von einer Gemeinschaft ausschloß, aber im wesentlichen seine eigenen Wege ging. Maud mit ihrem offenen Wesen war das genaue Gegenteil von ihm. Und weil er sie nicht gänzlich sich selbst überlassen konnte, war er gezwungen, ihren Drang, unter Menschen zu sein, mitzumachen. Sie war also diejenige, die ihn endgültig in das gemeinschaftliche Leben von Achill schubste.

Dabei hatte der Captain die Menschen von Achill gerade deshalb mehr als andere gemocht, weil sie sein Bedürfnis, sich die meiste Zeit in ihrem Kreis eher schweigsam zu geben, immer respektiert hatten. Dies war ihnen anfangs sichtlich schwergefallen, aber letzt-

106

lich hatten sie ihn so angenommen, wie er nun mal war. Sie hatten niemals versucht, an ihm herumzuziehen und aus ihm einen geselligen Mitbürger zu machen, wie es ihm früher häufig passiert war.

»Komm doch endlich aus dir raus, Hugh!«

»Kannst du auch mal mehr als zehn Sätze an einem Abend sagen?«

»Du bist so lahm, daß mir schon jetzt davor graut, mit dir vier Wochen lang in diesem Zelt wohnen zu müssen.« Das hatte Jerry Leason zu ihm gesagt, als sie in Indien gemeinsam Armeedienst geleistet hatten.

Hinzu kam, daß er, wenn er einmal von jemandem so richtig enttäuscht worden war, mit diesem nur schwerlich wieder warm werden konnte. Nicht weil er nicht hätte verzeihen können, sondern weil der andere sein Vertrauen mißbraucht hatte. Bei Rick Hornsby war das der Fall, als dieser ihm einmal einen alten Hammel verkauft hatte, der sich als ungenießbar herausstellte. Schwerer jedoch wog die Sache mit Richard Higgins. Higgins war päpstlicher als der Papst und schon damals einer der ersten gewesen, wenn nicht gar der erste überhaupt, der die »unheilige« Liebe zwischen ihm und Ricarda öffentlich gebrandmarkt hatte. Es war Higgins gewesen, der vom Captain als »schwarzem Schaf« und »protestantischem Übeltäter«, dessen Seele man nicht kennen könne, gesprochen hatte. John Sheridan hatte ihn mehrfach ermahnt und auch einige Male in aller Öffentlichkeit beiseite genommen, um mit ihm ein deutliches Wort zu reden. Genutzt hatte es nichts. Higgins hetzte auch weiterhin gegen den Captain und sein uneheliches Kind.

»Ein Salzkorn zuviel in der Suppe wird ihren Geschmack beeinträchtigen«, soll er im Pub gesagt haben, »aber zwei zuviel, macht sie ungenießbar.«

Als der Captain dies erfuhr, kochte er vor Zorn. Wie konnte dieser Schweinehund nur Maud mit in seine miese Kampagne gegen ihn hineinziehen? Ein Kind! Am liebsten hätte er den Kerl vor aller Augen vor der Kirche geohrfeigt und zur Rede gestellt. Er war so zornig auf Higgins, daß er anfing, ihn bei Maud schlechtzumachen. Der Captain erzählte seiner Tochter natürlich nichts davon, was Higgins über sie sagte, sondern er stellte Higgins als den miesesten Menschen von Achill hin, den man nicht einmal mehr grüßen sollte.

»Warum?«

Ihre Frage klang ein wenig empört.

»Weil er übel redet und Hörner wie der Teufel hat. Schau ihn dir einmal ganz genau an. Aus seinem Mund fließt nichts als Eiter, wenn er etwas sagt.«

So scharf hatte er das eigentlich nicht formulieren wollen, aber in seinem Haß auf Higgins war es ihm nun mal über die Lippen gerutscht. Maud betrachtete ihren Vater nachdenklich.

»Ich werde mir den Mann beim nächsten Mal gründlich anschauen, Papa«, erklärte sie ernst.

Und er wurde von ihrem Blick schon fast wieder besänftigt. Um sie aufzuheitern, zog er Grimassen. Er hatte es sich zur Gewohnheit gemacht, die Stirn zu runzeln, die Mundwinkel herunterzuziehen, so daß winzige tiefe Falten auf seinen Wangen erschienen, um anschließend beide Backen aufzublasen und die Luft knallend herauszupressen.

»Ach, Papa!« rief Maud aus. »Laß uns Radio hören.«

»Kinderlala?«

»Nein, fetzige Rockmusik. Ganz laut!«

Solche Sprüche fing sie von Sheenas älteren Kindern auf, besonders von Rick, der mit seinen neun Jahren jetzt schon wußte, daß er einmal so berühmt wie die Beatles aus Liverpool werden würde. Und das wollte er vor allem, um seiner Mutter ein Kleid kaufen zu können, das sie in Dublin auf der O'Connell Street im Schaufenster eines Kaufhauses gesehen hatte. Es war so teuer gewesen, daß sie von dem Geld zwei Monate hätten leben können. Sheena bummelte jedesmal nach dem Besuch im Gefängnis mit ihren Kindern über die Prachtstraße der Hauptstadt und hatte es sich zur Angewohnheit gemacht, ihnen ihre Träume und Wünsche beim Anblick der Auslagen laut zu erzählen.

Maud spielte gern mit Sheenas Kindern, weil sie niemals den Kopf hängen ließen und von ihrem Papa sagten: »Och, der kommt bald wieder zu uns. Das ist nicht so schlimm.«

Und nachdem Maud Higgins beim nächsten Kirchgang genau angesehen hatte, mußte sich ihr Vater folgendes anhören:

»Du hast nicht recht mit Higgins gehabt.«

Er sah sie erstaunt an.

»Zuerst hat er wirklich böse geguckt und mit den Augen gerollt, als er uns vor der Kirche bemerkte. Da hat er wie der Teufel ausgeschaut, aber später in der Kirche habe ich ihn mir noch einmal ganz genau angesehen, als er es nicht bemerkte, und jetzt weiß ich, daß Higgins nicht der Teufel sein kann, wie du sagst.«

»Und warum nicht?«

»Weil er ganz traurige Augen hat!«

Er schloß sie nachdenklich in seine Arme und hielt sie so minutenlang an sich gedrückt.

»Weißt du, Liebes. Man kann niemals ganz in einen Menschen hineinblicken, weiß niemals, was er wirklich denkt und fühlt.« Er hob seine Stimme ein wenig. »Nur eines kann ich dir versichern. Ich jedenfalls mag den Kerl nicht, ganz gleich wie traurig er ausschaut. Verstanden?«

Sie löste sich aus seiner Umarmung und machte Anstalten davonzugehen. An der Tür drehte sie sich noch einmal zu ihm um.

»Meine Tante Maria hat immer gesagt: Von anderen schlecht denken, ist eine Krankheit. Und ich will gesund bleiben.«

Dann huschte sie davon ins Nebenzimmer, wo ihr verdutzter Vater seine Tochter, als gäbe es im Leben nichts als glückliche Sonnenstunden, ein heiteres irisches Kinderlied trällern hörte.

Kurz bevor Maud eingeschult wurde, kam es auf Achill zu einem bedeutenden Ereignis: Das Abbild des heiligen Patrick, das schon einige hundert Jahre alt war und im Haus von Margret und Richard Mac Manus an der Wand gehangen hatte, war plötzlich verschwunden. Margret Mac Manus trauerte sehr um das wertvolle Heiligenbild, das von ihrer Familie seit einigen Generationen verehrt worden war. Fast täglich hatte sie ein, zwei Gebete – fast immer verbunden mit Wünschen für den Alltag – an den Schutzheiligen der Iren gerichtet. Und Margret behauptete, der heilige Patrick habe ihr auch schon viele Wünsche erfüllt und überhaupt halte er seine segnende Hand über sie und ihre Familie.

Aber nun war die Familienikone verschwunden, und es bestand der Verdacht, daß sie jemand gestohlen hatte. Aber wer konnte das gewesen sein? Ein Tourist? Ein Dieb aus Dublin? Ein Protestant? Die Mafia gar? Die Gerüchteküche nahm wochenlang kein Ende. Sogar Higgins mischte mit und gab zwar keine Namen preis, ließ aber auch keinen Zweifel daran, wen er für den möglichen Täter hielt. Sein Hauptargument gegen einen Dieb von außerhalb des Dorfes klang plausibel: Wie hätte denn jemand von diesem Heiligenbild im Haus eines Achillbürgers überhaupt erfahren sollen, und daß es aufgrund seines Alters derart wertvoll sein könnte?

Das war in der Tat messerscharf gedacht, denn selbstverständlich hatten weder Margret noch Richard Mac Manus jemals irgendwo etwas über den möglichen Wert ihres Erbstückes verlauten lassen – weil sie der materielle Wert überhaupt nicht interessierte. Es war also ein Rätsel, aus welchem Grund ausgerechnet dieses Bild gestohlen worden war, während der oder die Diebe Bargeld offenbar verschmäht hatten, wie die Polizei vor Ort feststellte. Sogar John Sheridan schaltete sich in die Spekulationen ein, kam aber auch nicht viel weiter als der Rest der Dorfgemeinschaft. Nachdem ein guter Monat ins Land gezogen war, ohne daß das Bild wieder aufgetaucht oder ein Dieb deswegen gefaßt worden wäre, teilte er von der Kanzel schließlich mit, jemand von außerhalb, vermutlich sogar ein krimineller Tourist, hätte zufällig den heiligen Patrick im Hause Mac Manus hängen sehen und ihn in einem geeigneten Moment an sich genommen. Das klang zwar gut, aber auch nicht überwältigend. Einige schlossen sich Johns Meinung an, andere nicht. Die Frage nach dem Dieb blieb weiterhin offen.

Higgins hetzte weiter gegen seinen Intimfeind, den Captain, ohne allerdings Beweise in der Hand zu haben, weswegen ihm auch niemand Glauben schenkte. Da schaltete sich mit einem Mal Clodagh Keating in die Diskussion um das verschwundene Heiligenbild ein. Zufällig hatte sie im Pub von Michael Lavelle mitbekommen, wie sich Richard Mac Manus darüber beschwerte, daß St. Patrick seine Wünsche nicht ein einziges Mal erfüllt habe und er in seiner Wut eines Abends das Abbild des Heiligen mit dem Gesicht zur Wand gehängt habe. Als Clodagh Keating dies hörte, nahm sie sich Richard vor und fragte ihn, ob er außer dieser Tat noch etwas anderes mit dem Heiligen gemacht oder gar zu ihm gesagt hätte. Der Angesprochene wurde daraufhin blaß und trank erst einmal einen kräftigen Schluck von seinem Guinness. Er hätte nichts weiter getan, als das Bild zur Wand zu drehen, stammelte er. Allerdings hätte er noch etwas zu ihm gesagt.

»Und was ist das gewesen?«

Clodagh Keatings Gesichtausdruck glich in diesem Augenblick dem eines bekannten irischen Haftrichters aus Galway, dessen Augen sich jedesmal zu Schlitzen verengten, sobald er sich sicher war, jemanden schon mit dessen nächstem Satz einer strafbaren Handlung überführen zu können.

»Ich habe mich bei ihm beschwert, daß er ja nur Margrets Wünsche erfüllen würde. Und dann habe ich…« Er zögerte weiterzusprechen.

»Ja, bitte?«

Clodagh Keating war unerbittlich. Und alle anderen im Pub schwiegen mittlerweile ganz gebannt, weil sie Richards Antwort nicht verpassen wollten.

»Dann habe ich ihn gewarnt, daß er mich mal könne. Ein Heiliger, der meine Wünsche unberücksichtigt läßt, bliebe mir auf Dauer nicht im Haus, hab' ich zu ihm gesagt. Und in meiner Wut habe ich dann sein Bild zur Wand gedreht. Danach bin ich ins Bett zu Margret gekrochen.«

Clodagh Keatings Augen blitzten. Sie hob ihren rechten Arm in die Luft und drehte sich leicht tänzelnd einmal um ihre eigene Achse. Das war so eine Angewohnheit von ihr, die immer dann zu sehen war, wenn sie vor der Lösung eines großen Problems stand.

»Richard!« Ihre Stimme klang tief und bedrohlich.

»Du hast ihn beleidigt. Du hast St. Patrick schwer beleidigt. Die Wahrheit ist: Er wurde nicht gestohlen, er ist von sich aus gegangen, hat euch beide verlassen. Das ist mir so klar wie der Tod meines eigenen Mannes, der jetzt auch schon acht Jahre zurückliegt.« Sprach's und verschwand nach draußen in die Dunkelheit.

Richard Mac Manus und alle anderen im Raum starrten Clodagh nach. Aber sie kehrte nicht wieder zu ihnen zurück. Danach richteten sich alle Blicke auf den Übeltäter, der den heiligen Patrick so schwer beleidigt hatte, daß dieser aus Protest sein Haus auf Achill hatte verlassen müssen. Niemand konnte sich an einen ähnlichen Fall erinnern. Es war somit unerhört, was da geschehen war. Richard blickte sie zunächst entgeistert an, wurde dann zusehends aufgeregter.

»Aber ich bereue es doch! Wenn ich geahnt hätte, daß er mir dies so übelnimmt, dann hätte ich meinen Mund gehalten. Das müßt ihr mir glauben. Ich will alles, was in meiner Macht steht, dafür tun, daß Patrick wieder zu uns zurückkehrt, das schwöre ich bei allem, was mir lieb und teuer ist.«

Später behaupteten einige, sie hätten in diesem Augenblick Glockengeläut vernommen, aber das kann auch Einbildung gewesen sein. Jedenfalls passierte folgendes: Am anderen Morgen war der Heilige wieder da, hing an derselben Stelle, wo sein Bild all die Jahre zuvor gehangen hatte. Richard und Margret konnten ihre Freude darüber gar nicht fassen, rannten auf die Straße hinaus und luden alle ein, zu ihnen ins Haus zu kommen, um sich das Wunder anzusehen. John Sheridan gehörte zu den ersten, die kamen, und er segnete gleich das Bild. Auch der Captain erschien mit Maud zu diesem ungewöhnlichen Besuch bei den Mac Manus – allerdings nur, weil Maud ihn dazu gedrängt hatte.
Den ganzen Tag über kamen und gingen die Leute, und alle staunten, daß das Abbild ihres Nationalheiligen wieder unversehrt aufgetaucht war.
»Es ist ein Wunder!« sagte Richard Mac Manus mindestens dreihundert Mal an diesem Tag jedem, der über die Schwelle seines Hauses trat, und diese wollten es auch immer wieder aus seinem Munde hören.
»Ich schwöre, daß ich nie wieder etwas Negatives über unseren Schutzpatron sagen werde, auch wenn er meine Wünsche ignoriert.«
Alle vernahmen seinen Schwur und lobten ihn dafür. Maud drückte sich mit ihrem Vater in einer Zimmerecke herum. Es sah aus, als wäre die Sonntagsmesse ins

114

Haus von Mac Manus verlegt worden. Es wurde gebetet und das Wunder immer wieder neu bestaunt. Maud sah und hörte, wie Richard Mac Manus Besserung gelobte. Dabei trafen ihre Augen die von seiner Frau Margret. Sie lächelte dem Mädchen zu, und auf einmal zwinkerte sie mit einem Auge, wie man es macht, wenn man jemanden in eine Verschwörung einweiht, ohne etwas sagen zu wollen. Maud war nicht dumm. Also hatte der heilige Patrick bei seiner Tat eine Hilfe gehabt, überlegte sie. Ein Bild konnte ja nicht laufen, weil es keine Beine hatte. Er wird ihr also gesagt haben, wohin er wollte, damit er ihrem Mann eine Lektion erteilen konnte. Und anschließend hatte er Clodagh Keating die richtige Einsicht gegeben. Maud lachte glockenhell auf und mußte entdecken, daß sich alle Blicke plötzlich auf sie richteten, was ihr aber nichts ausmachte.

Das Unglück von New York

Nach dem kurzen Sommer, in dem Jimmy Coogan seinen Lieferwagen mit betrunkenem Kopf am Kildownet Castle im Achill Sound versenkte – zum Glück für ihn selbst kam er mit ein paar Schrammen davon –, ging Maud in die Schule zu Margret Swift. Mit ihr zusammen wurden noch weitere achtzehn Kinder eingeschult, darunter auch Mauds Freundin Erin Galagher, die sich neben sie in die erste Bank setzte.

Das Schulgebäude war uralt und bestand aus vier Klassenzimmern und einem kleinen Raum für die Lehrerin. In den ersten Jahren hatte Margret Swift noch ganz allein unterrichten müssen. Das war schwierig und anstrengend zugleich gewesen. Es machte einen ausgeklügelten Stundenplan erforderlich, weil sie Kinder von sieben bis zwölf Jahren hatte. Dabei mußte sie verschiedene Jahrgänge zusammenlegen und die einzelnen Schulstunden so verteilen, daß sie alle im Laufe eines Vormittags unterrichtet werden konnten. Das gelang vor allem dadurch, indem sie die Kinder einer Klasse für eine halbe Stunde und länger auf den Schulhof schickte, wo sie solange von Müttern beaufsichtigt wurden, bis ihr Unterricht wieder weitergehen konnte. Oft genug hatte Margret Swift aber auch zwei Klassen zusammengelegt – das dritte und vierte Schuljahr zum

Beispiel – und erteilte ihnen gemeinsamen Unterricht, wobei selbstverständlich die Aufgaben dem Kenntnisstand gemäß jeweils andere waren.

Seit zwei Jahren hatte sie Verstärkung bekommen. Die Schulbehörde schickte ihr zu jedem Beginn eines neuen Schuljahres einen jungen Lehrer oder eine junge Lehrerin, mit dem sie sich den Unterricht aufteilen konnte. Anfangs wohnte diese Person noch außerhalb Achills, aber dann verständigte Margret Swift die Schulbehörde, daß sie in ihrem Haus Platz genug hätte und ein Zimmer zur Verfügung stellen würde. So wohnten die beiden Lehrer fortan unter einem Dach, wobei ihr Gast immer nur ein Schuljahr lang blieb und dann durch einen neuen ersetzt wurde.

Margret Swift übernahm jedesmal die Erstklässler. Sie wollte es sich nicht nehmen lassen, diejenige zu sein, die ihnen Lesen und Schreiben beibrachte. Und wie gewohnt begann sie den ersten Unterrichtstag mit einer Geschichte…

»Vor über hundert Jahren lichtete an einem grauen Dezembermorgen im Hafen von Liverpool ein großes Dampfschiff die Anker. Es hatte mehr als zweihundert Personen an Bord, von denen siebzig zur Mannschaft gehörten. Das Schiff sollte nach Palermo auslaufen. Das Wetter war trübe…«

Maud und die anderen lauschten gebannt. Sie wußten, daß Margret Swift schon ihre Eltern unterrichtet hatte. Alle besaßen sie großen Respekt vor ihrer Lehrerin. Sie erzählte ihnen eine spannende Geschichte und beschrieb, wie das Schiff in einen fürchterlichen Sturm geriet. Unter den Passagieren befanden sich auch zwei

Kinder. Sie lernten sich zufällig auf dem Schiff kennen. Der Junge hieß Mario, war Italiener und hatte keine Eltern mehr. Seine Mutter war schon vor Jahren an einer Krankheit gestorben und sein Vater wenige Tage zuvor in Liverpool an den Folgen eines Arbeitsunfalls ums Leben gekommen. Nun hatte der italienische Konsul Mario aufs Schiff gebracht, um ihn in seine Heimatstadt zurückzuschicken, wo er entfernte Verwandte besaß.

Das andere Kind war ein Mädchen von dreizehn Jahren und hieß Marietta. Sie reiste über Palermo nach Neapel zurück zu ihren Eltern.

Die beiden Kinder freundeten sich an. Als der Sturm heftiger wurde, flüchtete sich das Mädchen in die Arme des Jungen, der versprach, sie zu beschützen. Der Sturm ließ nicht nach und schüttete Brecher um Brecher auf das Passagierschiff, bis es Leck schlug und zu sinken begann. Da forderte der Kapitän alle Menschen an Bord auf, sich in die Rettungsboote zu flüchten. Es kam zu einem fürchterlichen Durcheinander, bei dem viele Menschen vor lauter Angst kopflos ins Meer sprangen und ertranken. Zuletzt klammerten sich nur noch Mario und das Mädchen um einen Mastbaum, während das Schiff weitersank. Das Rettungsboot unter ihnen war mit Menschen überfüllt. Der Kapitän rief ihnen zu, daß nur noch für einen von ihnen Platz wäre, ansonsten würde das Boot sinken. Als Mario dies hörte, sagte er zu Marietta, daß sie springen solle. Aber das Mädchen weigerte sich, dies zu tun.

»Wirf sie ins Meer«, forderten die Matrosen ihn auf. »Mach schon!«

Sie hatten vor allem gesehen, daß Marietta leichter war als der Junge.

Da flüsterte ihr Mario zu, daß auf sie schließlich ihre Eltern warten würden, während ihm ein ungewisses Schicksal bevorstand.

»Darum mußt du gehen. Für mich ist kein Platz mehr dort unten.«

Und er faßte das Mädchen um die Taille und warf sie ins Meer. Und nachdem Marietta von den Matrosen ins Rettungsboot gezogen worden war, ließ sie noch einmal ihren Blick über das Meer schweifen. Das Schiff war verschwunden.

Die Lehrerin klappte das Buch zu und betrachtete eine Weile still die Jungen und Mädchen. Dann sagte sie:

»Alle, die damals dabei gewesen waren, konnten davon erzählen.«

Maud meldete sich.

»Und wenn wir erst lesen und schreiben können, dann wissen wir es auch, nicht wahr?«

»So ist es, Maud! Fein nachgedacht!« lobte sie Margret Swift. »Und deshalb sitzt ihr alle hier, damit ich es euch beibringe. Ist das in Ordnung so?«

»Ja!« riefen alle durcheinander, und der erste Schultag war beendet.

Maud lernte rasch, liebte es, erzählt zu bekommen, und zeigte dabei vor allem Interesse an Geschichten, bei denen Menschen ein hartes Schicksal zu meistern hatten. Dann litt sie jedesmal mit ihnen und freute sich, wenn sich am Ende doch noch alles zum Guten wendete. Der Captain half ihr bei den Hausaufgaben und lobte sie, wenn sie freiwillig mehr machte. Maud war alles andere als eine Streberin. Sie wollte nicht angeben oder sich ständig vor anderen als die bessere beweisen. Angeborene Neugier und ein unbändiger Wissensdurst beflügelte sie beim Lernen.

Der Captain überlegte in jenen Jahren häufig, wie es mit Maud weitergehen sollte. Er besaß nicht genügend Geld, sie aufs College zu schicken. Seine Rente war gerade hoch genug, um gut über die Runden zu kommen, wobei ihm die jährlichen Preissteigerungen arg zu schaffen machten. Grundnahrungsmittel waren teuer in Irland und eine gute Ausbildung nicht minder. Mehr und mehr zeigte sich Maud als eine begabte Schülerin – eine, wie sie Margret Swift in ihrer Laufbahn noch nicht begegnet war. Aber auch ihre Lehrerin wußte, daß alle Begabung weiterentwickelt werden muß, will sie Früchte bringen. Und das kostete vor allem Geld, sehr viel Geld, weil das nächste College nicht gerade um die Ecke lag. Er hatte etwas gespart, allerdings einen nicht unerheblichen Teil davon ausgegeben, als er mit Ricarda in Dublin gewesen war. Sein Erspartes war dadurch geschrumpft, aber es würde eine Zeitlang ausreichen, Maud über Wasser zu halten, falls ihm unerwartet etwas zustoßen sollte. Schließlich war er ja nicht mehr der Jüngste. Was würde aus Maud werden, wenn er nicht mehr für sie sorgen konnte? Und ihre Mutter hatte sich nicht mehr gemeldet. Maud lebte nun schon fast drei Jahre bei ihm, immer seltener fragte das Mädchen nach ihr. Einmal hatte er ihr vorm Schlafengehen ein Märchen vorgelesen, in dem ein junges Mädchen auf Geheiß ihrer Stiefmutter jeden Tag am Brunnen solange spinnen mußte, bis ihre

Finger bluteten. Und als sie sich das Blut von den Händen waschen wollte, fiel ihr die Spule in den Brunnen. Ihre Stiefmutter forderte sie auf, sie zurückzuholen, andernfalls gäbe es Schläge.

»Warum sind Mütter so böse?« hatte Maud ihren Vater unterbrochen.

Überrascht blickte er auf. Dann fiel ihm ein, daß das Märchen für das Mädchen gut ausging. Nachdem sie nämlich in den dunklen Brunnen gesprungen war, machte sie eine Reihe von Prüfungen durch, an deren Ende sie reich beschenkt nach Hause zurückkehrte.

»Hätte ihre Mutter sie also nicht in den Brunnen springen lassen, so hätte sich auch nichts Gutes für sie ereignen können«, beantwortete er Mauds Frage.

Sie blickte ihn stumm an und nickte dabei nachdenklich.

»Das junge Mädchen hat Mut bewiesen, so wie es deine Großmutter schreibt, daß sie das für das Wichtigste im Leben hält. Das Mädchen ist belohnt worden, ihre Stiefmutter nicht. So ist es richtig!«

Die letzten Sätze hatte sie heftiger gesprochen als die anderen. Dem Captain war ein wenig mulmig zumute. Er fragte sie zwar nach einigen Minuten, woran sie denken würde, und sie antwortete: »An nichts.« Aber er wurde das Gefühl nicht los, daß sie über Ricarda nachgedacht hatte.

Einmal im Monat kaufte der Captain eine Überlandfahrkarte, und dann fuhren sie mit dem Bus ein Wochenende lang überall hin. Maud sollte Irland kennenlernen, und er zeigte ihr das ganze Land von Tory Island im Norden bis hinunter nach Skibbereen. In Kilronan besuchten sie das Grab von Turlough O'Carolan, dem berühmtesten irischen Harfenspieler, dessen Gebeine in der Gruft einer reichen Familie ruhen. O'Carolan war blind und arm gewesen und hätte sich keine letzte Ruhestätte leisten können.

»Und woran ist er gestorben?« wollte Maud wissen.

»Er hat zuviel Whiskey getrunken.«

»Da waren die Leute sicherlich böse auf ihn.«

»Nein! Sie sind traurig gewesen. Und haben bei seiner Beerdigung vier Tage lang gesungen und ausgiebig gefeiert, wie es die Iren gerne machen. Zuletzt waren tausend Menschen betrunken.«

»Bin ich auch eine Irin?«

»Ich denke schon!«

»Au fein! Dann will ich auch immer feiern und singen, wenn jemand stirbt.«

Als sie an der Grenze zu Nordirland entlangfuhren, stieß Maud häufig auf die Warntafel »Durchfahrt verboten« und fragte ihren Vater danach.

»Irland ist ein geteiltes Land. Aber auch jenseits der Grenze leben waschechte Iren. Der einzige Unterschied hüben wie drüben sind die Briefkästen. Bei uns sind sie grün, auf der anderen Seite rot. Aber ich bin mir sicher, daß sich irgendwann in der Zukunft beide Seiten auf eine gemeinsame Farbe einigen werden.«

»Und braucht man dann noch eine Grenze?«

Sie schüttelten gemeinsam die Köpfe.

»Nein! Nie mehr!«

Der Captain wollte seiner Tochter so viel wie möglich von dem mitgeben, was er selbst für wichtig hielt. Die Geschichte des Landes zu kennen, in dem man lebt, war so ein Punkt für ihn. Oder auch politische Autoren zu lesen, die vollkommen unterschiedliche Auffassungen vertraten. Daß er ihr immer wieder Stellen aus dem Tagebuch seiner Großmutter vorlas, war schon bald Tradition. Daß er ihr europäische Dichter nahebrachte, sein persönlicher Ehrgeiz. Manchmal beschlich ihn das beklemmende Gefühl, selber nicht mehr viel Zeit zu haben. Einen Arzt hatte er in seinem Leben kaum einmal aufsuchen müssen. Es war auch nicht so, daß er sich krank fühlte. Es war nichts als das dumpfe Gefühl, Maud nicht bis zu dem Punkt begleiten zu können, von wo an sie auf eigenen Füßen stehen würde.

Ricarda blieb verschollen. Zwei Jahre, nachdem sie Maud zu ihm gebracht hatte, hatte er noch einmal einen Versuch unternommen, mit ihr Kontakt aufzunehmen. Aber unter der bekannten Adresse in Berlin war sie nicht mehr gemeldet, und der Nachmieter der Wohnung hatte keine Ahnung, wohin sie gegangen war oder ob sie überhaupt noch am Leben war.
Es war die Verantwortung für Maud, die ihm zu schaffen machte. Einerseits gab es für Maud nichts Besseres, als auf Achill großzuwerden. Nur hier lernte sie mehr als anderswo Menschen fast nackt und maskenlos kennen. Die kleine Gesellschaft, die auf Achill Island ihr Leben fristete, sich von Widrigkeiten nicht unterkriegen ließ und Selbstbehauptung ohne Egoismus zur Tugend erhob, war für Maud die beste Kinderstube. Davon war der Captain felsenfest überzeugt. Andererseits konnte Mauds intellektuelle Begabung nur in einer größeren Stadt weiterentwickelt werden. Und wenn sie wirklich überdurchschnittlich begabt war, dann

würde sie einen Beruf, der ihren Talenten entsprach, niemals hier im tiefen Westen bei Schafzüchtern und Fischern ausüben können.

Margret Swift, mit der er sein Problem einen Nachmittag lang beim Tee besprochen hatte, sah dies alles viel gelassener.

»Sicherlich haben Kinder aus reichen Häusern Vorteile gegenüber unseren hier, wenn es um die Ausbildung geht. Aber ich bin überzeugt, daß Maud ihren Weg finden wird. Sie sollte aufs College gehen und später einmal studieren. Das ist richtig. Aber es gibt Stipendien. Sie wird in den Semesterferien arbeiten müssen. All das ist machbar, Hugh! Ich habe eher den Verdacht, daß du sie nicht aus deinen Händen geben willst. Du hier auf Achill und sie irgendwo in Dublin. Das ist es, was dich umtreibt. Habe ich recht?«

Ja, aber nur ein wenig, dachte er. Die Zukunftssicherung für Maud trieb ihn um. Ich werde versuchen müssen, von der Rente etwas mehr abzuzwacken. Wenn wir jetzt weniger haben, wird Maud dafür eines Tages ihre Ausbildung bezahlen können. Und er beschloß, einen Zehn-Jahres-Plan aufzustellen, nach dem er auf einem Sparbuch monatlich regelmäßig Einzahlungen vornehmen wollte.

In dem Jahr, als Maud zehn wurde, öffneten sich in einem Liverpooler Gefängnis die schweren Eisentore und schenkten Seamus Galagher endlich die Freiheit. Er wurde auf Achill empfangen und wie ein Held gefeiert. John Sheridan las eigens eine Messe für den »heimgekehrten Sohn«, und das Gotteshaus konnte den Andrang der Menschen beinahe nicht fassen. Sea-

mus war gerührt und dankte allen für ihre Anteil-
nahme. Er brauchte nicht zu erklären, ob er nun zu
Recht oder zu Unrecht eingesessen hatte. Sie freuten
sich vom Schafbauern bis hin zum Dorfpfarrer, daß er
wieder unter ihnen weilte und sich Sheena nicht mehr
allein um die Kinder kümmern mußte.

Aber Seamus hatte andere Pläne. Er hatte seine Haft-
strafe wegen Autodiebstahls und ein paar kleinerer De-
likte verbüßen müssen. So ein richtiges Unschulds-
lamm, für das ihn die meisten hielten, war er keinesfalls. Allerdings hatten ihn seine angeblichen Freunde
in eine größere Sache mit hineingezogen, und als der
Deal aufflog, wurde Seamus von ihnen in die Pfanne
gehauen. Anfangs hatte Seamus Galagher diese Tatsache einfach nicht wahrhaben wollen, aber dann war es
ihm während all der vergeudeten Jahre doch noch klar
geworden. Erst wollte er sich an den Freunden rächen,
aber es kam anders. Sie überredeten ihn, sich einen Job
in New York zu suchen. Dorthin gäbe es durch sie aus-
gezeichnete Verbindungen, und es würde fürs nächste
ein Mann gesucht, der Gelder von bestimmten Geschäften eintrieb. Alles wäre legal. Und vor allem eine
große Chance, reich zu werden. Seamus' Wut auf seine
Freunde war schnell verraucht. Dieser Job konnte für
ihn und Sheena einen Neubeginn darstellen. Er sagte
zu und wollte so bald wie möglich nach New York fliegen. Sheena willigte schweren Herzens ein, denn sie
wußte, sie würde sich ewig Vorwürfe machen, wenn sie
Seamus diesen Job ausredete und er anschließend darüber unglücklich werden würde. So händigte sie ihrem
Mann ihren letzten Groschen aus, damit er auf die andere Seite der Welt fliegen konnte.

Einen Monat später feierte Maud ihren zehnten Geburtstag. Ihr Vater hatte die »Hazienda« geschmückt und alle ihre Freunde eingeladen. Sheena kam mit den Kindern, und sogar Margret Swift ließ sich irgendwann am Nachmittag für zwei Stunden auf der Party blicken. Es herrschte eine gute Stimmung. Kinder sangen Lieder und schenkten Maud Selbstgebasteltes. Clodagh Keating hatte es sich nicht nehmen lassen, einen Rhodonkuchen mit zehn kleinen Kerzen darin vorbeibringen zu lassen. John Sheridan schenkte ihr eine Kinderbibel. Und von Erin und Rick Galagher bekam sie eine Tin-Whistle, eine irische Flöte aus Metall, die sie sich schon lange gewünscht hatte. Ihr Vater hatte jede Menge Cola bei P. J. Curley eingekauft und leckere Lakritzstangen. Es gab verschiedene Salate und Pommes frites aus dem Backofen. Alle waren zufrieden, und es wurde viel gelacht und erzählt.

Dann, am Abend, kam vom Meer her urplötzlich Wind auf, erfaßte für einen kurzen Augenblick die Menschen und die Dinge auf der Veranda und rüttelte sie kräftig durch. Zwei Gläser gingen zu Bruch, und eine Topfpflanze fiel um, dann war wieder Totenstille. Überall auf Achill hatten die Menschen diese ungewöhnliche Windböe gespürt. Bei Clodagh Keating, die daheim geblieben war, weil sie sich gesundheitlich nicht so gut fühlte, hatten die Fensterrahmen kräftig gekracht, und einen Moment lang hatte es so ausgesehen, als würden sie herausfallen. Die alte Frau war daraufhin von ihrer Couch im Wohnzimmer aufgestanden, nach draußen geschlurft und hatte ihre Nase in die Abendluft gehalten. Alles schien wieder so ruhig wie immer zu sein.

»Das gefällt mir nicht«, murmelte sie. »Das gefällt mir ganz und gar nicht! Da ist was Schlimmes im Busch!«

Clodagh sollte wie so oft recht behalten.
Michael O'Rourke kam mit einem Telegramm für Sheena eilig zum Haus des Captains geradelt. Es war in New York aufgegeben worden. Mit zittrigen Händen riß Sheena es auf, ihr schwante nichts Gutes. Sie las den Text einmal, dann beim zweitenmal laut vor:
»Liege schwer verletzt im Krankenhaus, wurde überfallen und ausgeraubt. Brauche deine Hilfe und Liebe. Seamus.«
Die genaue Anschrift des Krankenhauses war beigefügt.
Sheena schluckte, mußte sich setzen, und ihre Kinder fingen an zu weinen. Von einem Augenblick zum anderen sank die Stimmung auf den Nullpunkt. Alle wirkten gedrückt. Es war schließlich John Sheridan, der vorsichtig versuchte, einen vernünftigen Faden in die Geschichte zu bekommen.

»Seamus lebt, Sheena, dafür wollen wir dem Herrn danken. Alles Weitere liegt nun bei uns. Ich schlage vor, daß wir Kontakt mit dem Krankenhaus in New York aufnehmen und in Erfahrung bringen, wie lange Seamus dort behandelt wird. Alles andere, was wir tun werden, hängt davon ab. Wenn du es mir erlaubst, Sheena, werde ich selbst dort anrufen.«
Die junge Frau nickte traurig und versuchte, den Priester anzulächeln. Die Umstehenden lobten seine Initiative. Es war allemal besser für Sheena, wenn sich John in New York näher nach Seamus' Gesundheitszustand erkundigte.

Am nächsten Tag telefonierte John Sheridan insgesamt dreimal mit New York. Beim zweitenmal gelang es ihm, den behandelnden Arzt zu sprechen.

»Ja, Herr Pfarrer, es sieht nicht gut aus, aber mit einigen Operationen kriegen wir das wieder hin. Seamus Galagher wurde offensichtlich von Straßengangstern überfallen. Sie haben ihn ausgeraubt und so übel zugerichtet, daß er mit zahlreichen Knochenbrüchen und schweren Prellungen zu uns ins General Hospital eingeliefert worden ist.«

»Aber er wird durchkommen?«

»Das hoffe ich! Vermutlich werden wir ihn noch einige Male unters Messer nehmen müssen, bis er ganz wiederhergestellt ist. Sein Gesicht ist ziemlich in Mitleidenschaft gezogen worden, wissen Sie. Das kostet Zeit und vor allem viel Geld.«

John Sheridan verabschiedete sich von dem Arzt, legte auf und sagte zunächst kein Wort, so daß Alice O'Rourke schon beunruhigt schaute. Der Priester hockte auf dem Schemel und strich sich immer wieder nachdenklich übers Kinn. Doch dann bat er Alice, ihm eine weitere Verbindung mit den USA herzustellen.

»Erneut mit dem Krankenhaus?«

»Nein! Diesmal ist es ein Freund von mir, Sean O'Brien. Er bemüht sich um die verwahrlosten Straßen-Kids in der Bronx. Hier hast du seine Nummer.«

Wenig später stand die Verbindung. John und Sean hatten längere Zeit nichts voneinander gehört. Sie kannten sich aus ihrer gemeinsamen Zeit im Priesterseminar. Nun bat John seinen Kollegen in New York, nach Seamus zu sehen. Er wäre ganz allein in der großen fremden Stadt und hätte dort niemanden, der sich um ihn kümmerte. Das »Okay John!« vom anderen Ende der Leitung konnte sogar Alice hören, die mindestens fünf Meter entfernt vom Hörer saß.

Danach grübelte der Pfarrer von Achill, wie sie jetzt weitermachen sollten. Doch schon am darauffolgenden Sonntag kam ihm während des Gottesdienstes spontan eine Idee. Er verkündete, daß die Tageskollekte Seamus zugute kommen sollte, dessen Krankenhauskosten immens sein würden. Er schlug seinen »Schäfchen« vor, für Sheenas kranken Ehemann Geld zu sammeln.

»Welchen Betrag wir ihm auch immer schicken werden, Seamus hat ihn bitter nötig.«

Alle hörten davon und alle guckten in ihre ohnehin schwachen Geldbeutel und dachten an den Mann aus ihrer Mitte, der ohne ihre Hilfe aufgeschmissen war.

Auch Maud wollte Seamus helfen. Es ärgerte sie, daß sie nicht wie die Erwachsenen über eigenes Geld verfügte, doch eines Tages ergab sich für das Mädchen eine unverhoffte Gelegenheit...

Die Klasse mit Richard Burke – Margret Swifts junge Lehrkraft für das laufende Schuljahr – unternahm einen Ausflug zum verlassenen Dorf an den Hängen des Slievemore. Die Zeit, vor allem der ewige Regen und der Wind, hatten die Siedlung zernagt. Nichts war von ihr übriggeblieben außer Steingiebeln und rohen Wänden. Haus reihte sich an Haus, Straßen und Plätze ließen sich noch wiederentdecken. Die Kinder liefen im Skelett des ehemaligen Dorfes umher und versuchten, sein früheres Leben aufzuspüren:

»An dieser Stelle stand der Herd«, riefen sie. »Dort das

Bett« – »Hier über dem Kamin hing bestimmt das Kruzifix« – »Da ein Wandschrank ... «

*Und würde ein Künstler dieses trostlose Stück Menschenwerk
malen müssen, tupfte er vielleicht das Rot des Pullovers jenes
Mädchens dort hinten im Torf mit hinzu und das Weiß des Fel-
les jenes Schafes dort, um die düstere Bitterkeit dieses Ortes ein
wenig zu lindern.*

»Wohin sind sie nur alle verschwunden?« fragte Maud
ihren Lehrer, und er bat sie alle, sich um ihn herum auf
die Erde zu setzen und ihm zuzuhören.

»Also, hört alle mal zu! Ich erzähle euch, was es mit
diesem verlassenen Dorf auf sich hat. Auf Achill hatten
sich vor einer Ewigkeit aus eben diesem Dorf einige
hundert Männer, Frauen und Kinder auf den Weg gemacht, um an anderer Stelle etwas zum Essen zu finden. Die ausgemergelten Gestalten zogen langsam an
der Küste der Clew Bay entlang. Sie erreichten Newport, vierzig Kilometer später Westport. Bei ihrem
Marsch hatten sie ständig die steil aufragenden Hänge
des Croagh Patrick vor Augen, auf dem im Jahre 441
der heilige Patrick vierzig Tage lang gefastet hatte.

Die Menschen aber, die ihr Dorf an den Hängen des
Slievemore auf Achill verlassen hatten, hatten anderes
im Sinn als heilig zu werden. Sie wollten überleben
und sie fasteten nicht freiwillig. Warum hat kein Papst
je diese vierhundert Menschen auf einem Schlag heilig
gesprochen? Weil eine verzweifelte Masse kein Vorbild
sein kann?

Hungrige Männer, Frauen und Kinder hörten in Westport von einem Haus, das vor Brot, Kartoffeln und
Gemüse beinah aus den Fugen platzen sollte. Der

Name des Hauses war Delphi Lodge. Es sieht heute noch genauso aus wie vor 150 Jahren und liegt damals wie heute an einem fischreichen See. In jenem März des Jahres 1849 kämpften sich die völlig ausgehungerten Menschen von Achill an seinem steinigen Ufer voran. Sie wollten in Delphi Lodge um Nahrung betteln. Außerdem hofften die Männer, daß sich bei so einem reichen Landlord vielleicht auch noch genügend Arbeit für sie fände.

So klopften sie vertrauensvoll an die Fenster des reichen Hauses. Mit bissigen Hunden und Gewehrkugeln wies man sie ab. Von hier fortzugehen, war den meisten von ihnen nicht mehr möglich. Es war ein kalter, rauher Tag. Fast alle starben an den erlittenen Strapazen und Entbehrungen. So lagen sie in Massen an den Ufern des Doolough, des dunklen Sees. Der Landlord ließ heimlich für sie ein großes Grab ausheben – ein Karree – und warf die toten Körper hinein. Danach wurden sie mit Erde bedeckt. Dadurch hoffte der Landlord, daß die Tragödie nicht weiter im Land bekannt wurde. Aber die Natur hat den feinen Herrn verraten. Nirgendwo sonst im Tal wächst der Farn so üppig und so hoch. Und nirgendwo sonst im Tal hört man es bei Windstille so traurig wispern und flüstern.«

Richard Burke hatte diese traurige Geschichte zuvor von Margret Swift gehört. Die Jungen und Mädchen hüpften zwischen den engen Häuserresten herum, zeigten in leere Kammern und guckten in jeden Winkel. Auf einmal bemerkte Maud, daß sie sich nicht allein hier oben am Slievemore aufhielten. Touristen kletterten ebenfalls zwischen den Ruinen herum, um sich alles anzusehen. Von ihrem Vater hatte sie erfahren, daß man in Museen Eintritt verlangt. Und in Italien wäre es auch nicht möglich, kostenlos zwischen Altertümern umherzustreifen.

Maud überlegte nicht lange und eilte zu der Gruppe von Touristen, die unten im Dorf einem Bus entstiegen waren. Offensichtlich unternahmen sie eine Sightseeing-Tour durch Irland. Sie holte ihre Flöte heraus und blies darauf eine irische Weise. Einige von den Männern und Frauen näherten sich dem Mädchen, um zuzuhören. Maud blies noch eine Weile, dann setzte sie die Flöte plötzlich ab und forderte die Zuhörer auf, ihr Geld zu geben.

»Dies hier ist unsere Vergangenheit. Aber nicht die Toten brauchen Ihr Geld, sondern die Lebenden.«

Dabei dachte sie vor allem an Seamus, dem sie auf diese Weise etwas zukommen lassen wollte.

Sie wiederholte ihre Bitte noch einmal und diesmal auch in einem gebrochenen Deutsch, das ihr mit einem Mal über die Lippen kam. Sie meinte nämlich, einige Leute der Gruppe Deutsch reden zu hören. Ihre Worte zeigten Wirkung. Jemand fing an, dem Mädchen einen Geldschein in die Hand zu drücken, andere folgten dem Beispiel. Einer fragte gar, woher sie so gut Deutsch sprechen könne, aber Maud zuckte nur hilflos mit den Schultern. Sie sah vom Scheitel bis zur Sohle wie ein irisches Kind aus.

Hinterher zählten sie alle zusammen mit Mr. Burke das Geld nach. Es waren an die hundert Pfund, knapp 270 Mark, also die monatliche Durchschnittsrente eines Iren im Westen des Landes.

Nichts ist sicher, nur die letzte Stunde

Der darauffolgende Herbst brachte Stürme und zuviel Regen. Die Fischerboote wagten sich wochenlang nicht aufs Meer hinaus. An den Klippen unterhalb des Slievemore tobten sich die Wellen fast den ganzen Oktober und November mit einer bis dahin nie gesehenen Urgewalt aus. Sogar nachts durchbrüllte die Brandung, vom Sturm an der Küste gischtsprühend emporgerissen, die dunkle Leere, die nur das Strahlenband des Leuchtfeuers in Abständen durchzog. Ein salziger Dunst legte sich über Mensch und Natur.

P. J. Curley schlug deshalb in der Bürgerversammlung scherzhaft vor, gefangenen Fisch einfach auf die Gartenleine zu hängen wie Socken, um ihn haltbar zu machen. Mac Manus bemerkte, daß er in diesem Sommer mehr Touristen als in den letzten Jahren auf Achill angetroffen hätte.

»Vielleicht werden wir hier ja noch das zweite Mallorca«, witzelte Jimmy Coogan.

Eine Zählung der Inselbewohner durch die Verwaltung der Grafschaft Mayo, zu der Achill gehörte, hatte 198 Menschen ergeben, davon 75 unter dreißig Jahren.

Auch für Seamus Galagher wendete sich alles zum Guten. Er wurde nach zwei Monaten aus dem New Yorker Krankenhaus entlassen. Ein Teil der entstandenen Pflegekosten konnte durch Spenden aus Achill beglichen werden. Den Rest würde er nach und nach durch seinen neuen Job bei einer Tankstelle abzahlen können, den ihm der Priester Sean O'Brien vermittelt hatte. Seamus verdiente jetzt zwar bedeutend weniger, als er eigentlich vorgehabt hatte, bevor er nach Amerika ging, lebte dafür aber ungefährlicher. Es hatte sich nämlich herausgestellt, daß er von vorne herein nur »Spielball« zwischen zwei rivalisierenden Banden gewesen war. Seine Liverpooler Freunde hatten Seamus erneut für ihre rücksichtslosen Machenschaften mißbraucht. Sie hatten nämlich nur einen Dummen gesucht, den sie mit den kassierten Spieltischgeldern auf offener Straße überfallen und ausrauben konnten.

Ende Oktober, als die Tage so waren, daß man am liebsten nur noch hätte im Bett bleiben wollen, beschlossen John Gavern und Christina Mac Nulty, sich das Ja-Wort zu geben. Die Hochzeitsfeierlichkeiten fanden im Pub von Michael Lavelle statt. Es wurde gesungen und getanzt, und wie so oft bei solchen Anlässen drohte der Bierhahn trockenzulaufen. Kurz vor Mitternacht kam es dann leider zu einer bösen Schlägerei zwischen dem frisch getrauten Ehemann und einem ehemaligen Verehrer von Christina. Jimmy Coogan versuchte zu schlichten und büßte einen Schneidezahn ein. Zu guter Letzt ging John Gavern als Sieger aus dieser Prügelei hervor. Er hatte nur zwei blaue Augen abgekriegt, während der andere nach Hause getragen werden mußte. Achill wird sich diese Hochzeitsfeier vor allem deshalb merken, weil Johns Augen noch am Abend so zuschwollen, daß er seine Frau Christina nicht mehr sehen konnte. Sogleich wurden von allen Seiten Witze über die Hochzeitsnacht gemacht, die mit einem solchen Handikap wohl gestorben war.

Im folgenden Frühjahr beantragte Margret Swift zum erstenmal ein Stipendium für Maud. Es lag vom Geldbetrag her nicht sehr hoch, stellte aber für die engagierte Lehrerin einen Test dar, ob das Mädchen überhaupt eine Chance bei der strengen Kommission in Dublin hatte. Maud mußte verschiedene Aufgaben lösen, die in einem verschlossenen Umschlag zur Schule geschickt worden waren. Unter anderem wurde sie auch nach der Hauptstadt von Italien gefragt. Margret Swift hatte ihre Klasse eigens eine ganze Stunde früher gehen lassen, um Maud die Aufgaben zu stellen. Das Mädchen meisterte die Prüfung mit Bravour und erhielt zwei Monate später einen einmaligen Geldbetrag in Höhe von siebzig Pfund, den ihr Vater in Verwahrung nahm, weil dies ja erst der Anfang war.

Wichtigstes Thema auf Achill war die längst überfällige Erweiterung des Friedhofs. Lange Zeit wurden sich die heftig debattierenden Männer und Frauen nicht darüber einig, zu welcher Seite hin das Gelände nun vergrößert werden sollte. John Sheridan hatte eine Ausdehnung auf das Feld von Mac Manus vorgesehen, mußte sich aber eines Besseren belehren lassen. Dort würden sie nach einem halben Meter schon auf Steinplatten stoßen. Das Feld von Mac Manus war nämlich noch nach der alten Weise angelegt worden, wie sie bis in die fünfziger Jahre des Jahrhunderts vor allem an der Westküste und auf den Inseln praktiziert worden war.

Das Feld gab es eigentlich nicht, vielmehr war es mit viel Fleiß und noch mehr Schweiß »gemacht« worden. Auf den nackten Felsboden waren zahlreiche Karren Seesand geschüttet worden, auf den wiederum frischer Seetang gebettet worden war. Danach wieder Sand und erneut Seetang. Letzterer hatte sich sehr schnell zu Humus umgewandelt, so daß sich ein Boden gebildet hatte, der recht gute Ernten brachte.

Nachdem diese Möglichkeit ausfiel, blieb nur noch eine, nämlich den Friedhof in Richtung Meer auszuweiten. Das war nicht die beste Lösung, weil sich das Meer gerade an dieser Stelle von Jahr zu Jahr mehr ins Land hineinfraß. Überall an der Westküste hatte es Friedhöfe gegeben, die im Laufe der Zeit ein Opfer des Meeres geworden waren. Aber die Menschen von Achill hofften einfach, daß es wenigstens für die nächsten fünfzig Jahre gutgehen würde.

Maud und ihr Vater verstanden sich nach wie vor gut. Wenn sie ihn brauchte, war er immer für sie da, hatte er doch keinerlei andere Verpflichtungen, durch die er ihr hätte entzogen werden können. Hinzu kam, daß ihn sein vorgerücktes Alter – er ging jetzt auf die siebzig zu – über vieles hinwegsehen ließ, worüber er sich als junger Mann, wenn er damals schon Vater gewesen wäre, sicherlich aufgeregt hätte. Unordnung zum Beispiel oder die Reihenfolge von Aufgaben, die dringend erledigt werden mußten, nicht selbst bestimmen zu dürfen.

Der Captain wollte seiner Tochter zu ihrem zwölften Geburtstag ein eigenes Zimmer herrichten. Es gab da nämlich eine Kammer, die er bislang nur als Abstellraum benutzt hatte. Nun überlegte er, einen Teil seines

Schlafzimmers durch einen Vorhang abzutrennen und dahinter die Sachen zu lagern, die ein Benutzen der Kammer momentan noch verhinderten. Die Kammer war nicht sehr groß, aber sie besaß ein Fenster mit Blick auf die Hänge des Slievmore und das verlassene Dorf. Und wenn man die Wände hübsch anstrich und ein paar nette Möbel hineinstellte, würde sie sich wirklich gut machen, dachte der Mann. So begann er zunächst heimlich mit den Vorbereitungen dafür. Schließlich wollte er Maud damit, soweit dies möglich war, überraschen.

Nach wie vor bildete Großmutters Tagebuch eine Fundgrube an Lebensweisheiten für das Mädchen. Mittlerweile ließ ihr Vater sie selbst darin stöbern, was Maud mit Begeisterung machte. Die Frau hatte sowohl in gälisch als auch in englisch ihre persönlichen Eintragungen vorgenommen. Maud konnte nur die englischsprachigen entziffern. Eine längere Eintragung in Großmutters Diary wurde für das Mädchen beinahe schon zur Schlüsselgeschichte. Sie gefiel Maud so gut, daß sie sie immer wieder las. Es war ein Märchen und trug den Titel »Die Schwelle des Elternhauses«. Großmutter behauptete, daß es ein uraltes Märchen von Achill sei und vollkommen typisch für Leben und Denken seiner Bewohner von Anfang an...

Michael Chambers kauerte zusammen mit seiner Mutter auf der Schwelle ihres Hauses. Solange sich der junge Mann zurückerinnern konnte, hatte er mindestens einmal täglich hier gesessen. Sogar wenn es regnete und das Wasser vom Dach auf den Schwellenstein tropfte, hatten er und seine Mutter dafür Zeit

gefunden. Dann strahlte der nasse Stein jedesmal einen beson-
deren Geruch aus wie die Schultafeln, nachdem man die Kreide
mit einem nassen Schwamm abgewischt hat.

Michael Chambers liebte diesen Geruch, den der Schwellen-
stein seines Elternhauses nach jedem Regen ausströmte. So
riecht es nur bei mir daheim, sagte er sich. Hier und nirgendwo
sonst bin ich am liebsten. Und manchmal dachte er auch daran,
wie sein Urgroßvater diesen Quader einst von den Höhen des
Slievemore auf seinen Schultern heruntergeschleppt hatte. Es
war ein schönes Gefühl, sich auf etwas ausruhen zu können,
auf das alle lebenden und längst verstorbenen Mitglieder seiner
Familie immer wieder hatten treten müssen, um ins Haus zu ge-
langen.

Aber mit achtzehn Jahren ergriff ihn mehr und mehr eine innere
Unruhe. Es hielt ihn nicht länger auf der Schwelle bei seiner
Mutter, und so sagte er eines Tages zur ihr:

»Ich will weg von hier, Mutter, und das Land suchen, wo man
niemals stirbt. Es gefällt mir nämlich nicht, zu sterben, und ich
habe das Gefühl, daß ich es woanders nicht muß.«

Die Frau sah ihn besorgt an, aber da hatte er sich auch schon
von ihr verabschiedet und war davongegangen. Er sollte sie nie-
mals wiedersehen.

Wohin Michael Chambers auch kam, niemand konnte ihm sa-
gen, wo er das gesuchte Land finden würde. Alle Menschen, die
er danach fragte, schüttelten bloß die Köpfe, zuckten ratlos mit
den Schultern oder tippten sich vielsagend an die Stirn. Das
Land, wo man nicht stirbt? Wo soll das denn sein, rätselten sie.
Eines Tages traf Michael einen Fischer. Und als er ihn fragte:
»Kannst du mir sagen, wo ich das Land finde, in dem man nicht
sterben muß?« antwortete dieser: »Wenn du nicht sterben willst,
dann bleib doch einfach bei mir. Solange ich das Meer noch
nicht leergefischt habe, wirst du leben.«

»Und wie lange wirst du für deine Arbeit brauchen?«

»Vielleicht noch dreihundert Jahre?«

»Und danach muß ich sterben?«

Der Mann nickte.

»Oh, nein«, sagte Michael Chambers enttäuscht. »Dies hier ist nicht das Land, das ich suche. Ich suche das Land, wo man niemals stirbt.«

Er verabschiedete sich von dem Fischer und zog weiter. Er wanderte weit umher. Schließlich traf er einen Mann, der mit einer Nagelschere Gras schnitt. Diesen fragte er:

»Ach, bitte, kannst du mir sagen, wo das Land liegt, in dem ich nicht sterben muß.«

»Nichts leichter als das. Bleibe nur getrost bei mir. Solange ich noch nicht alle Wiesen mit meiner Schere abgemäht habe, solange wirst du auch nicht sterben.«

»Und wann wirst du mit deiner Arbeit fertig sein?«

Der Mann wiegte abschätzend den Kopf hin und her.

»Nun, ich denke, gute sechs- bis siebenhundert Jahre werde ich dafür noch brauchen.«

»Und danach muß ich sterben?«

»So wird es sein! Aber achthundert Jahre sind auch eine lange Zeit.«

Das reichte Michael nicht aus. Nicht wenn man das Land sucht, wo man nicht sterben muß.

So verließ er den Grasmäher und zog weiter. Eines Abend hörte er in der Ferne ein Glöckchen klingen. Es kam von einer Insel, die in der Mitte eines großen Sees lag. Ohne zu zögern, sprang Michael Chambers ins Wasser und schwamm zur Insel hinüber. Der wundersame Klang hatte ihn verzaubert. Auf der Insel entdeckte er einen prächtigen Palast, in dem ein Mann ganz allein lebte. Diesem trug er seine Frage vor, und der Mann antwortete lächelnd:

»Solange du bei mir wohnst, wirst du niemals sterben müssen.«
Endlich also hatte Michael Chambers den Ort gefunden, nach
dem es ihn so heftig verlangt hatte. Er lebte zusammen mit dem
Mann in dessen Schloß, und es vergingen viele, viele Jahre, bis
Michael eines Tages den Wunsch verspürte, noch einmal seine
Eltern und Freunde zu sehen.

»Was für Eltern? Was für Freunde? Sie sind längst tot und zu
Staub zerfallen«, erklärte ihm der Mann kopfschüttelnd.

»Dann will ich noch einmal die Insel sehen, auf der ich aufgewachsen bin.«

»Gut!« sagte der Mann zu ihm. »Du willst es nicht anders. Ich
werde dir für die Reise ein Pferd geben. Allerdings darfst du den
Rücken dieses Pferdes niemals verlassen. Sobald deine Füße die
Erde berühren, wirst du sterben.«

»Verstanden!« antwortete Michael Chambers. »Zu wem sollte
ich auch schon in die Stube wollen?«

So kehrte er dem unsterblichen Mann in seinem Palast den
Rücken und ritt heimwärts. Auf seinem Weg fand er alle, die
ihm ein langes Leben versprochen hatten, tot neben ihren Taten
liegen: die Wiesen waren gemäht, alle Fische gefangen. Zuletzt
ereichte Michael Chambers seine Heimat Achill Island. Aber
auch sie hatte sich verändert. Das Haus seiner Kindheit war wie
vom Erdboden verschwunden, ja, es schien beinahe so, als habe
es an diesem Ort niemals etwas von Menschenhand Errichtetes
gegeben. Traurig wollte er sich schon abwenden, als er plötzlich
im Erdreich halb versunken und von Gräsern und Moosen
schon fast überwuchert, etwas Vertrautes entdeckte.

Es war der Schwellenstein, und Michael ritt ganz dicht heran,
um ihn zu betrachten. In diesem Augenblick setzte ein feiner
Nieselregen ein, und der alte Stein strömte wieder seinen unver-
wechselbaren Geruch aus. Michael beugte sich aufgeregt von seinem Sattel ganz tief zu ihm herunter, um soviel wie möglich da-

von in seine Nase aufzunehmen. Wie viel doch dieser Geruch in seiner Seele zum Klingen brachte, dachte er. Im Palast des Alten gab es keine einzige Stelle, die dies vermocht hätte. Und plötzlich rutschten seine Füße aus den Steigbügeln, und Michael stürzte bäuchlings auf den alten Stein hinunter, der vor einer halben Ewigkeit die Schwelle zu seinem Elternhaus gewesen war. Es erschreckte ihn keinesfalls, ihn wieder zu berühren. »Hier bin ich zu Hause!« jubelte er freudig, als er auf der Schwelle zu liegen kam. Dann verteilte der Wind seinen Staub über ganz Achill.

Als der Captain diese Geschichte seiner Tochter zum erstenmal vorgelesen hatte, war Maud sofort aufgesprungen und zur Tür geeilt. Dort hatte sie sich auf den Schwellenstein gelegt und seinen Geruch ganz tief eingeatmet.

»Morgen werde ich mal schnüffeln, wie der uralte von unserer Schule riecht und am Nachmittag halte ich meine Nase auf den von Sheenas Haus.«

Leider hatte Maud ihrem Vater niemals mehr mitgeteilt, ob sie bei ihren Versuchen tatsächlich Unterschiede im Geruch festgestellt hatte. Der Captain war in dieser Zeit auch zu sehr damit beschäftigt gewesen, mit der Bank in Westport über die günstigsten Zinsen für Mauds Sparvertrag zu verhandeln. Und Higgins wurde nicht müde, weiterhin gegen ihn und seine Tochter zu hetzen. Nun bezweifelte er sogar, daß Maud von ihrer Mutter überhaupt getauft worden war. Wie alle Kinder, wenn sie ins richtige Alter kamen, war auch Maud zur ersten heiligen Kommunion gegangen. Dies lag schon ein paar Jahre zurück, aber Higgins ritt plötzlich der Teufel. Er wollte die Taufurkunde einsehen, die selbstverständlich vorlag. John Sheridan hatte sie persönlich in Händen gehalten, und der Captain hatte sich dazu hinreißen lassen, vor der Kirche in Anwesenheit aller ein paar deutliche Worte zu Higgins zu sagen. Dennoch hatte ihn die Geschichte so aufgeregt, daß er sein Herz spürte und Maud Tage brauchte, ihren Vater wieder zu beruhigen.

Wenige Tage vor Mauds zwölftem Geburtstag geschah das Unerwartete. Sie war an diesem Morgen früher aufgestanden, um ihren Vater mit einem Frühstück im Bett zu überraschen. Auf dem Herd brutzelten vier kleine Würstchen in der Pfanne und ein Spiegelei. Maud schmierte Marmelade auf ein Toastbrot und brühte Kaffee auf. Als alles fertig war, schlich sie vorsichtig ins Schlafzimmer, doch ihr Vater rührte sich nicht und machte auch auf Zurufe hin keinerlei Anstalten, sich zu erheben. Er wird sich einen Jux mit mir erlauben, dachte Maud und kitzelte ihn an den Füßen. Erfolglos. Zuletzt sprang sie zu ihm ins Bett, um ihn wachzuküssen. Auch das gelang ihr nicht. Weil sie keine Erklärung für das ungewöhnliche Verhalten ihres Vaters fand, fing sie an zu weinen. Spätestens jetzt hätte er sich, falls er die ganze Zeit über nur mit ihr gespielt hatte, rühren müssen. Als das trotzdem nicht geschah, rüttelte sie an ihm mit aller Kraft, und weil ihr seine Bewegungslosigkeit langsam unheimlich wurde, lief sie heulend hinaus auf die Straße und rief um Hilfe.
Manchmal ist das Leben mit uns gnädig, wenn wir ohnehin schon in Schwierigkeiten stecken und weitere Widrigkeiten uns nur noch tiefer zu Boden drücken würden. Die »Hazienda« lag ja außerhalb des Dorfes,

und Maud hätte schon weit laufen müssen, bis jemand ihr Rufen endlich vernommen hätte. Doch an diesem Morgen brauchte sie nicht einmal aus dem Schatten des Hauses herauszutreten. Michael O'Rourke, der Postbote, war mit seinem Fahrrad glücklicherweise in der Nähe. Als er das verstörte Mädchen um Hilfe rufen hörte, ließ er sogleich alles fallen und eilte herbei.

»Was ist los, Maud?«

»Papa liegt im Bett und rührt sich nicht.«

»Ich komme!«

Was er sah, erschreckte auch ihn, und was er vermutete, mußte nicht richtig sein, er war kein Arzt. Er setzte Maud auf die Fahrradstange und brachte sie zuerst einmal zu sich nach Hause, wo sich Alice um das weinende Mädchen kümmerte. Danach verständigte er den Arzt in Mulrany. Dieser Ort lag außerhalb Achills, und es würde eine gute Dreiviertelstunde dauern, bis der Arzt auf der »Hazienda« eingetroffen war. Als nächstes rief er die Schule an, um Margret Swift mitzuteilen, warum Maud an diesem Morgen nicht zum Unterricht kommen würde. Die Lehrerin war bestürzt und versprach, sich am Mittag um das Mädchen zu kümmern.

Wenn der Briefträger und seine Frau um des Kindes willen noch gehofft und gebetet hatten, es möge sich alles zum Guten für sie wenden, so raubte ihnen der Arzt endgültig alle Hoffnungen. Er stellte fest, daß der Captain an akutem Herzversagen gestorben war und unterschrieb den Totenschein.

Bereits am Mittag wußte es halb Achill. John Sheridan eilte zum Haus, dem verstorbenen Captain die letzte

Ölung zu geben. Margret Swift sprach mit Maud über den Tod ihres Vaters und nahm sie in den Arm. Für alle war es ein Schock, daß er so plötzlich von ihnen gegangen war. Sheena nahm die notwendigen Vorbereitungen für die Beerdigung in Angriff. Dabei wurde sie von der Lehrerin unterstützt. Es war nicht bekannt, ob der Captain noch Angehörige besaß, die verständigt werden mußten. Auch Maud konnte dazu keine Auskunft geben. Sie hockte wie teilnahmslos in der Ecke und konnte nicht begreifen, daß sie ihren geliebten Vater für immer verloren hatte. Vermutlich war der Pfarrer von Achill der einzige, der an diesem Tag ahnte, daß sich für Maud zum zweitenmal in ihrem Leben alles ändern würde. Sie würde nicht im Haus wohnen bleiben können, weil sie dazu noch zu jung war. Im Grunde genommen war sie jetzt Vollwaise geworden, weil keiner wußte, wo sich ihre Mutter aufhielt und ob sie überhaupt noch am Leben war. Für die nächsten Tage würde Maud bei Sheena unterkommen können, soviel stand fest. Aber was danach kam, stand in den Sternen, auch wenn John Sheridan diesen gottlosen Ausdruck in seinem Leben weder denken noch jemals in den Mund nehmen würde.

Tochter vieler Väter und Mütter

Es wurde wie bei jedem, den man auf Achill Island zu Grabe trug, eine große Beerdigung. Alle kamen sie und gaben dem Captain das letzte Geleit.

»Grammatik lernen, Bücher kommentieren, selbst die Philosophie – alles umsonst! Rechnungen und Briefe schreiben – Gott im Himmel lacht darüber«, zitierte Clodagh Keating für sich mit brüchiger Stimme das Gedicht eines irischen Mönches aus dem Mittelalter, während sie schwer auf einen Stock gestützt hinter dem Sarg herhumpelte. Und John Sheridan verkündete auf dem Weg zum Friedhof mehrmals mit lauter Stimme: »Diese Seele legen wir in deine Arme, Herr, diese Seele, freigekauft von dir, finde Frieden in deiner Hut. Diese Seele, zum Leben berufen, gelange ins Königreich des Herrn. Amen!«

Das Krähenvolk stieß dabei über die niedrigen Steinmauern und erfüllte die Luft mit seinem heiseren Gekrächz. Es nieselte ein wenig, und auch der Wind hätte an diesem Tag ausnahmsweise mal etwas zurückhaltender sein können. Der Weg des Trauerzuges führte zum neuen Teil des Friedhofs nahe dem Meer, der erst kürzlich fertiggestellt worden war. Um Maud kümmerten sich Sheena und Margret Swift. Sheena hatte dem Mädchen in nur drei Tagen ein schlichtes schwarzes Kleid genäht, das sie jetzt trug. Wie abwesend ging sie zwischen den beiden Frauen hinter dem betenden und singenden Priester her, der mit seinen drei weihrauchschwenkenden Ministranten dem Sarg unmittelbar folgte. Der Sarg selbst lag auf einem schwarzen, von vier Männern gezogenen Holzwagen. Maud konnte den Tod ihres Vaters mit Sicherheit noch nicht bewußt akzeptiert haben. Vielleicht, so mochte sie denken, war dies alles nur ein böser Traum, aus dem sie schon bald wieder glücklich erwachen würde. Die Wirklichkeit sah leider anders aus, und Margret Swift bereitete sich innerlich auf diesen kritischen Moment bei Maud vor. Sie rechnete damit, daß dem Mädchen entweder bei der Beerdigung oder kurz danach das Unwiderrufliche erst bewußt werden würde, und sie dann vor allem Hilfe, Wärme und Trost brauchte. Sie würde dazu bereit sein, ihr dies zu geben, ganz gewiß auch Sheena oder John.

Der Trauerzug erreichte das schmale Friedhofstor. John Sheridan stimmte ein neues Lied an, und alle rauhen und zarteren Kehlen sangen inbrünstig mit. Zwei Hunde kamen bellend über die Wiesen herbeigelaufen, sprangen über die niedrigen Steinmauern und schlossen sich den Menschen an. Sie liefen ihnen zwischen den Beinen hindurch, wedelten mit ihren Schwänzen und hofften offensichtlich auf einen Leckerbissen. Rick Galagher erbarmte sich ihrer schließlich, kramte aus seinen Taschen ein altes Stück Dauerwurst hervor und warf es den Hunden hin.

Am Grab angekommen, hielt der Priester eine Rede auf den Verstorbenen. Sie klang nicht traurig. Kein Wort davon, daß Hugh O'Donnell viel zu früh von ihnen gegangen und der Tod grausam sei. Er gehörte zum Leben dazu wie der Schnee zum Winter und die Ernte zum Sommer. Die Toten wurden auf Achill niemals vergessen. Sie lebten in der Erinnerung der Menschen weiter. Und so klang die Rede des Priesters eher so, als sei der Tote auf ewig heimgekehrt. John Sheridan erzählte von Hugh O'Donnell, den sie alle den Captain genannt hatten und davon, wie sein Leben in der Gemeinde ausgesehen hatte. Er redete von dem, was er für seine Mitmenschen getan hatte. Auf diese Weise wurde jeder Verstorbene hier geehrt. Es mußte keineswegs etwas Großes gewesen sein, es genügten Hilfsbereitschaft, ein gutes Wort oder eine kluge Idee. Der Captain, obgleich immer wortkarg und zurückhaltend, hatte den Menschen von allem reichlich gegeben. Er war kein Schwätzer gewesen, sondern ein Mann, auf den sich alle hatten verlassen können. Und Sheridan beendete seine Grabrede mit den Worten:

»Er kam zu uns von weither, aus Schottland, wie ihr euch erinnern werdet und entdeckte hier auf Achill seine Wurzeln. Und siehe, es blühte eine Blume, die wuchs auch in seinem Innern, führte ihn zu schönen Dingen und wird ihn sicherlich auch nach seinem Tod begleiten.«

Margret Swift verzog leicht die Mundwinkel. Verzeih, aber ich kann den Tod in deiner Schöpfung, Herr, nicht begreifen. Sie hielt Maud an sich gedrückt. Das Mädchen stierte teilnahmslos auf den Sarg, der in die aufgeweichte Erde hinabgelassen wurde.

»Diese Seele auf ihrem letzten Weg soll Michael, der starke Engel, führen«, rief der Priester und segnete dabei das Grab. Danach zogen alle der Reihe nach an der

Grube vorbei und drückten Maud stumm oder mit bewegter Stimme ihr Mitgefühl aus. Sie nahm es überhaupt nicht wahr.

Der übliche Leichenschmaus fand im alten Kino des Dorfes statt. Der ehemalige Besucherraum war erst vor kurzem wieder von einigen geschickten Männer- und Frauenhänden instandgesetzt worden, nachdem das Gebäude viele Jahre lang leergestanden hatte. Als Kino hatte es ohnehin nur eine kurze Blütezeit in den Sechzigern erlebt. Filme konnte man sich auch im Fernsehen ansehen, und zwar erheblich preiswerter, hatten die Menschen von Achill eines Tages entschieden. Und so wurde der Privatinitiative eines cleveren Kaufmannes aus Newport der Boden entzogen. Da der große Raum nicht ungenutzt bleiben sollte, war er auf Anregung John Sheridans von einigen Leuten in ihrer Freizeit zum Gemeindesaal hergerichtet worden.

Die Beerdigung des Captains führte die Menschen nun zum erstenmal in das neugeschaffene Gemeinschaftszentrum. Es wurden Sandwiches, Toast, Kaffee, Tee und kalte Getränke gereicht. Das Geld dafür gehörte zur letzten Barschaft des Verstorbenen. Nicht an jedem der zahlreiche Tische war die Stimmung gedrückt. In einer Ecke des Saals behauptete Jimmy Coogan, daß es für den Menschen nicht gut sei, Wasser zu trinken. Und als seine Tischnachbarn ihn daraufhin erwartungsvoll anblickten, gab er ihnen zur Antwort: »Sonst hätte Gott nicht so viel davon versalzen!«

Seine Zuhörer lachten breit und trommelten mit den Fäusten auf den Tisch. Am Nebentisch saß der Priester mit Clodagh Keating, Sheena Galagher und Maud zusammen. Auch Heinrich Böll hatte sich zu ihnen ge-

148

setzt. Er hielt sich auf Achill auf, um wie jedes Jahr nach seinem Cottage zu sehen. Achill Island war im Laufe der Jahre immer stolzer auf den ausländischen Dichter und Nobelpreisträger geworden. Die Menschen schätzten ihn, ganz besonders Clodagh Keating, deren Füße er einst in seinem berühmten Buch als die schönsten überhaupt beschrieben hatte.

»Was wird denn nun aus Maud?« fragte Böll den Priester.

Aber John Sheridan gab ihm darauf keine Antwort, sondern erkundigte sich nach dem Verbleib von Ricarda. Der Deutsche zuckte die Schultern.

»Keine Ahnung, wo sie sich aufhält.«

John Sheridan nickte nachdenklich und spitzte dabei seine Lippen, ein Zeichen, daß er meinte, zu einem Entschluß kommen zu müssen. Plötzlich erhob er sich.

»Liebe Gemeinde, liebe Freunde. Ich lade euch heute abend alle zur Andacht ein. Wir wollen beten und uns dabei gründlich befragen, wie es für ein in schwere Wasser geratenes junges Mitglied unserer Gemeinde künftig weitergehen soll. Ich bitte alle hier Anwesenden darum, sich schon einmal Gedanken darüber zu machen und erwarte heute abend eure Vorschläge, Meinungen und Vorstellungen. Der Herr sei mit euch!«

»Amen!« scholl es ihm vielstimmig entgegen, und alle schlugen das Kreuzzeichen.

»Wir sollten versuchen herauszufinden, ob der Captain irgendetwas finanziell für seine Tochter geregelt hat«, schlug Böll Sheridan leise vor. »Wenn genügend Geld vorhanden ist, müßte man doch für Maud etwas tun können, oder nicht?«

Der Ire nickte. So waren die Deutschen, dachte er, immer zuerst die Frage der Mittel klären, wobei er dem Dichter keineswegs Gefühllosigkeit unterstellte, im Gegenteil, er kannte ihn schließlich lang genug. Trotzdem konnte er sich die Antwort nicht verkneifen.

»Geld hat auf Achill noch niemals die erste, zweite oder dritte Geige gespielt. Maud braucht Hilfe, aber nicht in erster Linie diese.«

»So habe ich das auch nicht gemeint«, murmelte Böll.

»Das weiß ich, Henrik!«

Der Priester lächelte ihn an und bat ihn, am Abend auch in die Andacht zu kommen.

Auf dem Nachhauseweg zu Sheena, rief Maud plötzlich wie in höchster Not nach ihrem Papa.

»Wo ist er? Wo ist er? Ich will zu ihm.«

Außer sich rannte sie in Richtung der »Hazienda«. Sheena ließ sie laufen, folgte ihr aber, ohne ihre Schritte zu beschleunigen. Maud stürmte den Weg zum Haus ihres Vaters hoch. Auf der Terrasse schrie sie immer wieder verzweifelt nach ihrem Papa. Es klang mitleiderregend und trieb Sheena die Tränen in die Augen. Sie versuchte das Mädchen, fest in ihre Arme zu schließen, als könnte sie ihren Schmerz dadurch erdrücken. Maud aber wand sich aus der Umarmung heraus und lief ins dunkle Haus hinein. Dort suchte sie verzweifelt nach ihrem Vater, glaubte wohl, dieser habe sich wie im Spiel vor ihr versteckt. Laut nach ihm rufend, rannte sie in alle Zimmer und kam aus jedem heftiger weinend wieder heraus. Zuletzt stürzte sie mit hochrotem Kopf und mit in Tränen aufgelöstem Gesicht auf Sheena zu.

»Wo ist er? Wo ist mein Papa? Sag es mir, bitte!«

Sheena nahm ruhig beide Hände des Mädchens und streichelte zärtlich die Innenflächen mit ihren Daumen. Dann tippte sie entschlossen auf Mauds Brust.

»Da drinnen steckt er. Sicher verwahrt für immer.«

Das Mädchen sah die Frau mit großen Augen ungläubig an.

»Aber ich will ihn sprechen, ich will ihn hören. Ich will, daß er immer bei mir ist.« Sie schluchzte auf und vergrub sich in Sheenas Arm.

»Warum sollte er nicht bei dir bleiben, Kind? Aber du mußt auch etwas für ihn tun.«

»Was denn?«

»Nachdem du getrauert und geweint hast, als würdest du zerfließen, sollst du ihn weiterhin lieben wie eh und je, auch wenn du ihn nicht siehst. Alle, die vor dir waren, sind bei dir. Es ist eine lange Kette, die dich hält. Sie reicht bis weit, weit zurück. Du stehst nicht allein, lebst nicht verlassen in dieser Welt. Denk das nicht! Die Verstorbenen bleiben bei uns, leben mit uns, sind um uns, hören uns und hoffen, daß auch wir sie nicht vergessen. Es ist ein Nehmen und ein Geben. Als meine Mutter starb, brach bei mir auch eine Welt zusammen. Ich war unendlich traurig und kreuzunglücklich zugleich. Ich wußte nicht mehr ein noch aus. Aber da gab es eine gute Freundin. Sie sagte mir, daß ich einmal selbst Mutter sein, daß ich Liebe geben und empfangen würde. Die Liebe endet niemals. Was sich ändert, ist das Gesicht der Welt. Menschen kommen, Menschen gehen. Aber deshalb endet die Liebe nicht. Es geht weiter mit uns, anders zwar, aber es geht, und auch du wirst es erleben.«

»Aber es ist so furchtbar. Papa ist ...«

»Tot«, ergänzte Sheena ernst, »aber nicht vergessen. Nicht verschwunden. Nicht unerreichbar. Er ist nur aus unserem Blickfeld gerückt.«

Maud atmete tief durch. Ihre dünne Brust hob und senkte sich.

»Es tut so weh, Sheena. Ich halte es kaum aus.«

Die Frau drückte sie an sich und küßte sie aufs Haar.

»Alles andere wäre auch nicht normal, Maud. Schmerz wirst du noch häufig in deinem Leben empfinden. Keiner kommt ungeschoren davon. Frag mich nicht, warum das so ist. Aber John hat mal gesagt, daß Gott niemandem von uns mehr aufbürden würde, als er in der Lage wäre, zu verkraften. Ich glaube fest daran.«

In Gedanken erschrak sie jedoch bei der Vorstellung, daß dem Mädchen jetzt schon zum zweitenmal in ihrem jungen Leben heftigster Schmerz zugefügt worden war. Zum erstenmal, als ihre Mutter sie wie eine lästige Sache beiseite geschoben hatte, und jetzt erneut durch den Tod ihres Vaters. Wie gelang es Maud jetzt, mit ihrer Situation fertigzuwerden? Sheena war alles andere als eine Psychologin, aber ihr Instinkt sagte ihr, daß dies ein kritischer Moment im Leben des Mädchen sein konnte. Sie war elternlos geworden. Scheinbar gab es auch keine Verwandten mehr, jedenfalls bestand laut John kaum Aussicht. Wenn sie sich ihrer Lage voll und ganz bewußt geworden war, konnte dies zu einer ernsthaften Krise bei ihr führen. Mutterseelenallein. Mit zwölf Jahren. Wie sollte es weitergehen? An ihre Zukunft wird das Mädchen im Augenblick wohl nicht denken, aber an ihre Verlassenheit. Und das wog erheblich schwerer. Maud würde sich ausgesetzt fühlen,

im Stich gelassen. Dem mußte sie unbedingt entgegen-
wirken.

»Ich bin deine Freundin«, sagte Sheena, »aber das
weißt du ja längst.«

Am frühen Abend füllte sich das Gotteshaus mit den
Inselbewohnern. John Sheridan stand, bekleidet mit
dem festlichen Gewand des Priesters, mitten vor dem
Altar und begrüßte seine Schäfchen mit erhobenen Armen. In den Bankreihen rückten alle eng zusammen,
und sogar auf der Empore, wo die kleine Orgel stand,
der Stolz der Gemeinde, hatten sich die Menschen
noch einen Sitzplatz gesucht. Die Andacht begann mit
einem Vaterunser, gefolgt von einem Gegrüßet-seist-
du-Maria. Maud und Sheena waren nicht gekommen.
Maud hatte gebeten, sich ins Bett legen zu dürfen.
Sheenas Ältester, Jordan, wollte im Haus bleiben, damit das Mädchen nicht allein war, und dies, obwohl er
sich am Abend mit seinen Freunden zum Billardspiel
bei Michael Lavelle verabredet hatte. Aus diesem
Grund würde seine Mutter zwar verspätet, aber trotzdem noch an der Versammlung in der Kirche teilneh-
men können.

»Zeige mir den Weg, König des Lichts. Denn hätte ich
auch dreitausend Mann an meiner Seite, der Tod
würde durch meine Reihen gehen und mich treffen,
wenn du es willst«, sprach John ein altes Gebet. »Wer
anders kann den Lebensbaum mir fällen als du, des
Himmels und der Erde König. Sommer und Winter
kommen und gehen, wenn du es willst.«

Er begrüßte kurz Heinrich Böll, der erst jetzt gekommen war und sich angestrengt nach einem freien Platz

153

umschaute. Es fand sich einer, weil Michael Crea seine Freundin Christina beherzt auf den Schoß nahm.

»Der Herr bestimmt, wann wir abberufen werden. Das ist gut so. Aber wir, wir sind für die Lebenden da. Das ist unsere Aufgabe, um die wir uns nicht drücken dürfen. Ihr alle hier wißt, daß Maud jetzt ohne Vater und Mutter ist. Wo soll sie hin? Ein zwölfjähriges Kind. Was soll aus ihr werden? Sie selbst ist noch zu klein, als daß sie ihr Leben schon in die Hand nehmen könnte. Wir alle müssen ihr helfen, sich jetzt zurechtzufinden. Margret sagt, sie sei eine gute Schülerin, gut genug fürs College. Ich weiß, daß dies auch der Wunsch ihres Vaters gewesen ist. Nun müssen wir darauf eine Antwort geben. Gott fordert dies von uns. Was werden wir ihm, was werden wir dem Kind sagen?«

Er schwieg und blickte erwartungsvoll in die Runde.

»Schicken wir sie dorthin zurück, woher sie gekommen ist. Nach Berlin, zu ihrer Mutter. Sie ist doch in erster Linie für das Kind zuständig. Ist das nicht allemal besser für sie, als hierzubleiben? Wo könnte sie denn geeigneter aufgehoben sein als dort, wo sie geboren wurde?«

Aufgeregtes und empörtes Gemurmel war zu hören. Natürlich war es einmal mehr Higgins, der als erster meinte, sich zu Mauds Schicksal in dieser Form äußern zu müssen. Bei der Beerdigung am Morgen war er, mit Ausnahme der Kranken und Gebrechlichen im Dorf, als einziger nicht mitgegangen. Nun saß er in der dritten Reihe, reckte keck sein gerötetes Narbengesicht in die Höhe und verspritzte wie gewohnt sein Gift, wenn es um Maud oder den Captain ging.

»Ist jemand von euch noch dieser Meinung?« fragte

John Sheridan. Seine Stimme klang ruhig, fast schon gelassen.

»Ganz und gar nicht«, meldete sich fauchend Margret Mac Manus zu Wort, und ihr Ehemann Richard pflichtete ihr bei.

»Wir sind nicht einmal sicher, ob Mauds Mutter überhaupt noch lebt. Hat jemand einen anderen Vorschlag?«

»Ja, ich«, sagte Sheena Galagher, die gerade erst die Kirche betreten hatte. »Ich würde Maud gern zu mir nehmen. Sie kennt mich, mag meine Kinder, und auch Seamus hätte nichts dagegen.«

Ihr Mann arbeitete immer noch in New York, von wo er seiner Familie regelmäßig Geld überwies.

»Wir werden Maud selbst fragen müssen«, warf der Priester ein. »Ich denke aber, daß sie bei dir am besten aufgehoben ist.«

»Das Kind ist wirklich begabt«, meldete sich jetzt Margret Swift zu Wort. »Ich weiß, daß niemand von euch hier, selbst wenn er es gewollt hätte, zu einer höheren Schule hätte gehen können. Weil eine solche Ausbildung, an die sich meist ein langjähriges Studium anschließt, einfach viel zu teuer für uns ist. Jedenfalls unbezahlbar für die meisten von uns. Dennoch hielte ich es für eine Sünde, wenn Maud keine Chance bekäme, ihr Talent zu entfalten. Ich bin davon überzeugt, daß sie ein Stipendium erhalten wird. In wenigen Monaten schon könnte sie in Galway zum College gehen, aber wo soll sie wohnen, wovon leben? Dies alles ist im Augenblick schwierig zu beantworten. Ich habe dennoch einen verrückten Einfall: Könnten wir nicht einen Fonds gründen? Ich hoffe, ich verlange da nicht zuviel von euch. Wir alle geben Geld in diesen Fonds, jeder nach seinen Möglichkeiten und auch nur, wer dies ernsthaft will. Der Captain hatte für die Ausbildung seiner Tochter ein Sparbuch angelegt. John sagt, daß bislang noch nicht sehr viel darauf eingezahlt worden ist. Aber es ist ein Anfang, denke ich. Was haltet ihr davon?«

»Ich mache mit«, erklärte Michael Lavelle.

»Ich auch«, sagte Richard Mac Manus.

»Ich schließe mich diesem klugen Plan an.«

Es war Heinrich Böll. Alle Augen blickten zu dem einzigen Deutschen, dem diese Aufmerksamkeit sichtlich ungelegen kam.

Noch ein paar andere erklärten ihre Bereitschaft.

»Gut! Das könnte ein gangbarer Weg für Maud sein«, griff der Initiator dieser Andacht wieder in die Diskussion ein.

»Ich selbst werde mich darum kümmern, wo Maud in Galway unterkommt. Das College dort ist zwar nicht das beste, aber jedes andere wäre zu weit fort von Achill Island. Das wäre für das Mädchen im Augenblick nicht gut. Neben einer Zukunft, die ihren Talenten entspricht, bedarf sie noch mehr unseres Schutzes, unserer Liebe.«

»Dann laßt uns alle sie doch einfach adoptieren. Das muß doch möglich sein, oder etwa nicht?«

Alle Blicke richteten sich jetzt auf Alice O'Rourke, die Frau des Briefträgers. Vor Aufregung über ihren eigenen Vorschlag, bekam sie gleich einen heftigen Schluckauf.

»Rein rechtlich genügt einer«, sagte John Sheridan, und seine Stimme zitterte. »Aber wenn wir alle unsere

Bereitschaft erklären, daß wir dem Kind eine Familie sind, und dies ohne jegliches wenn und aber, dann, dann ...«

Dem Priester versagten zum erstenmal die Worte, was Clodagh Keating später zu dem Ausspruch verleitete, daß John auf seine alten Tage von seinen Schäfchen, die er meinte in- und auswendig zu kennen, noch gründlich überrascht werden konnte.

»Wir sollten darüber abstimmen«, schlug Michael Lavelle vor.

John Sherdian wischte sich verstohlen mit einem Taschentuch über die Augen. Das war mehr, als er erwartet hatte. Die Entscheidung darüber, Maud von allen zu adoptieren, geschah durch Handzeichen und war ein überwältigendes Bild an Einstimmigkeit. Auch Böll zeigte sich sichtlich bewegt von diesem ungewöhnlichen Entschluß der Menschen. Den Bewohnern von Achill schien ihr entschlossenes Verhalten im Grunde genommen weniger ungewöhnlich. Sie hatten sich in der Not von jeher beigestanden. Sie halfen einander, wenn dies nötig wurde, ohne darüber große Worte zu verlieren. Maud gehörte zu ihnen und durfte nicht im Stich gelassen werden. Das war so und würde immer so sein. Der Spruch: Jeder für sich allein und Gott für uns alle, hatte auf dieser rauhen Insel keine Chance. Und Higgins? Higgins dachte anders, zugegeben, aber nur in diesem Fall, doch würde ihn niemand deswegen verstoßen. Er sah ja selbst, wie weit er damit kam.

»Und wenn ich ganz zerschlagen bin,
dann erinnere ich mich …«

Das Leben riß Maud einfach mit sich fort, ob sie wollte oder nicht. Auf jeden Abend folgte ein neuer Morgen, und zwischen Wachen und Schlafen drehte sich die Erde weiter um die Sonne, und alles, was das Mädchen dachte und fühlte, ob sie traurig war oder in sich gekehrt, fügte sich nahtlos in den Ablauf allen menschlichen Lebens, wie es seit Tausenden von Jahren, seit Anbeginn allen Freuds und Leids, niemals anders gewesen war. Erin und Rick tollten mit Maud alle Tage, ob bei Regen oder Sonnenschein, ums Haus herum und riefen sie dabei liebevoll Schwester, weil sie es großartig fanden, plötzlich über Nacht eine geschenkt bekommen zu haben.

Sheena bat Maud häufig, ihr abends beim Bügeln etwas auf der Flöte vorzuspielen, und diese selbsterdachte Musik lenkte Maud von traurigen Gedanken ab. Jeden Samstag und Sonntag gingen alle Galagher-Kinder, frisch gewaschen und gekämmt, mit ihrer Mutter zum Friedhof, um frische Blumen aufs Grab zu legen. Beim erstenmal sagte Sheena zu Maud:

»Dein Paps hat einen wirklich schönen Platz gefunden. Der gefällt ihm sicherlich. Schau nur mal!«

Und sie zeigte auf das Meer, das bloß einen Steinwurf weit hinter dem dunklen Grabstein wie eine liebe, silbergraue Mutter ruhig dalag. Und darüber der Himmel: Goldfarbene Säume hatten sich um die Wolken gelegt, unter denen sich silbernes Licht in Wellen ausbreitete und die Strukturen der Felsen und Riffe in flirrende Punkte auflöste. Auch vom fernen Donnern der Brandung war an diesem Tag nichts zu hören. Es lag eine Ruhe über der Insel, die die Menschen im Innersten berührte. Und Maud lächelte zum erstenmal nach dem Tod ihres Vaters, weil ihr dieser Anblick von Himmel und Meer so sehr gefiel.

Der vereinsamten »Hazienda« oben am Hügel widerfuhr ein besonderes Schicksal; sie wurde versiegelt. Eigentlich war eine solche Vorgehensweise in Irland von jeher üblich, wenn Menschen für immer fortgingen. Überall auf der Grünen Insel gab es alte Cottages, deren Besitzer vor fünfzig oder hundert Jahren in Amerika ein neues Leben begonnen hatten. Die einstigen Bewohner waren niemals mehr nach Irland zurückgekehrt, doch ihre Häuser mit dem größten Teil ihres Hab und Gut ließen sie verschlossen und die Fenster mit Brettern vernagelt zurück. Sie meinten, dies ihrem ehemaligen Heim schuldig zu sein.

Mit dem Haus des Captains verfuhren sie jetzt ähnlich, mit einem Unterschied: Eines Tages würde Maud sicherlich darin wohnen wollen, also müssen wir es bis dahin schützen – vor neugierigen Touristen, aber vor allem vor Wind und Regen. Im Innern wurde alles so belassen, wie es war. Wichtige Unterlagen, Papiere, Geld und Mauds persönliche Sachen wurden zu Sheena geschafft, der Rest im Haus auf unbestimmte Zeit eingeschlossen. Niemand würde seine Räume so schnell wieder betreten. Sicherlich würde man ab und zu nachschauen, besonders nach den schweren Herbststürmen, ob sich außen an den Wänden etwas zeigte, das dringend repariert werden mußte. Aber ins Haus hineingehen würde man unter keinen Umständen.

In der Schule und an einigen Nachmittagen bereitete Margret Swift ihren Schützling auf das College vor und somit auf eine weitere einschneidende Veränderung in ihrem Leben. Maud war anfangs wenig davon angetan, in ein paar Monaten schon nach Galway umziehen zu müssen, wo sie niemanden kannte, aber Margret beruhigte sie und machte ihr Mut zu diesem Schritt.

In Galway, knapp 100 Kilometer südlich von Keel, gab es ein katholisches College, das ihr eine gute Ausbildung ermöglichen sollte. Mauds Lehrerin hatte schon längst mit den zuständigen Stellen in Dublin Kontakt aufgenommen, um alles für ihre beste Schülerin zu regeln. Maud würde ein kleines monatliches Stipendium erhalten, von dem sie Unterkunft und Verpflegung würde bestreiten können. Auch wenn Irland ein armes Land war, so wuchsen die Lebenshaltungskosten mit jedem neuen Jahr weiter in die Höhe. Und im Pub wurde Michael Lavelle vorgeworfen, daß man fürs gleiche Geld vor Jahren noch ein Guinness mehr hätte trinken können.

Mauds Ausbildung in Galway würde teuer werden, das wußten alle, die sich damit beschäftigten. John Sheridan, der beim Bischof von Tuam einen guten Ruf genoß, nutzte diesen aus, um sich für Maud einzusetzen. Wo konnte das Mädchen in Galway am besten unterkommen? fragte er beim Bistum an. Wo würde man Maud die ganze Zeit über wohnen lassen, wo ihr zum einen ein ungestörtes Lernen möglich war und sie zum anderen in einer beispielhaften christlichen Umgebung leben konnte. Denn Galway war eine größere Stadt, keineswegs vergleichbar mit Dublin, Cork oder Limerick, aber immerhin würde Maud hier nicht ein so behütetes Leben führen können wie auf Achill. In Galway gab es für sie mehr Gefährdungen, weil die Sitten hier lockerer waren und sich mehr und mehr moderne Ansichten über Glaube und Leben durchzusetzen begannen. All dies mußte bedacht werden. Diesen Bedenken pflichtete auch der Bischof von Tuam bei und entschied, daß Maud eine Bleibe bei den Barmherzigen Schwestern finden sollte, vorausgesetzt, daß dort ein Zimmer für sie frei war. Die Nonnen kümmerten sich tagsüber in einem katholischen Altenheim um besonders gebrechliche oder bettlägrige Männer und Frauen. Das würde für Maud all die Jahre keine schlechte Bleibe sein, überlegte der Bischof. Denn die Bräute Christi gaben ein gutes Beispiel für christliche Nächstenliebe, darüber hinaus brauchten sie Nachwuchs, aber diesen Aspekt äußerte er John Sheridan gegenüber nicht.

Von all diesen Vorbereitungen bekam das Mädchen nichts mit. Das Schuljahr neigte sich seinem Ende zu, und Maud freute sich schon sehr auf die Ferien. Der Gedanke an das Ende der Sommerzeit und an das College versetzte ihr jedesmal einen Stich ins Herz. Margret Swift merkte ihr diesen stillen Kummer an und sprach mit dem Mädchen darüber.

»Du gehörst weiterhin zu Sheena und deinen Geschwistern, auch wenn du woanders wohnst. Sie sind deine Familie wie wir alle hier. Du wirst nicht hinausgeworfen. In den Ferien, an Feiertagen oder den Wochenenden kommst du nach Achill zurück, das ist doch klar. Achill geht mit dir, in deinem Herzen ist alles verwahrt. Du mußt deine Talente nutzen. Dies hätte auch dein Paps gewollt. Und falls du wirklich einmal Kummer hast, so kannst du mir schreiben oder mich anrufen. Du kannst dich auch bei Clodagh melden oder bei John oder bei den Mac Manus oder bei allen andern aus deiner ›Familie‹, das weißt du! Wir stehen alle hinter dir wie eine große Wand, an die du dich anlehnen kannst. Zugegeben, es wird in Galway anfangs für dich eine große Umstellung sein, aber, mein Liebes, das haben wir alle einmal mitgemacht. Du trennst dich doch nur räumlich von uns. Und es ist auch nicht für immer, hörst du.«

Maud vertraute ihrer Lehrerin. Sie und Sheena machten ihr den Abschied leicht, taten so, als würde sie nur eine Reise auf die andere Seite des Slievemore unternehmen. Rick und Erin lenkten Maud mit anderen Dingen ab. In diesem letzten Sommer vor dem College hatten die Galagher-Kinder das ehemalige Haus der »Yellow Lady«, das schon in Ruinen lag, für sich als Spielplatz entdeckt. Diese englische Dame hatte in ihrem Landsitz vor mehr als achtzig Jahren gelebt und soll furchtbar hochnäsig gewesen sein. Für jeden Mann war sich die feine Dame zu schön gewesen. Sie stieß die Freier jedesmal von sich, nachdem sie in heftiger Liebe zu ihr entbrannt waren. Mit einem allerdings hatte sie ihr Spiel ein wenig zu arg getrieben. Und eines Nachts hatte er sie unter einem Vorwand aus ihrem Haus ins Freie gelockt und ihr dort die Nase abgebissen. James Lynchehaun hatte der Kerl geheißen, nachdem dann die Polizei landesweit fahndete. Lynchehaun entkam nach Amerika und wurde niemals gefaßt. Die »Yellow Lady« aber trug fortan einen gelben Schleier vorm Gesicht – daher auch ihr Name – und hielt sich bis an ihr Lebensende in ihrem Zimmer auf, von wo aus sie ihre Diener schikanierte.

Rick, Erin und Maud spielten dieses historische Ereignis fast jeden zweiten Tag in den Trümmern des Hauses nach. Rick war Lynchehaun und biß mal Maud, mal Erin die Nase ab. Er benahm sich dabei eher wie ein Vampir und mußte gejagt werden. Sie alle spielten ausgelassen, tollten umher, hatten viel Spaß, und Maud fand wieder zu ihrem glockenhellen Lachen zurück. Ach, wenn doch dieser Sommer nie zu Ende ginge, dachte sie abends glücklich im Bett.

Was die rechtliche Seite von Mauds Adoption anbetraf, so konnte diese in angenehm kurzer Zeit zugunsten der Menschen von Achill entschieden werden. Das lag vor allem an John Sheridan und seinem Bischof in Tuam. Schließlich ging es ja um ein Schäfchen seiner Gemeinde, daß unter die Räder von Behörden und widrigen Lebensumständen zu geraten drohte, wenn nicht frühzeitig alles in richtige Bahnen gelenkt würde. Die Kirche trat vehement für Maud ein, und die irisch-katholische Kirche ist schließlich fester Bestandteil der Staatsverfassung. Welcher Beamte hätte sich da ihrer Fürsprache widersetzen wollen? Sheena und Seamus Galagher wurden zum gesetzlichen Vormund des Mädchens bestimmt. Sie sollte bei ihnen wohnen dürfen, behielt aber den Familiennamen ihres Vaters bei. Daß sich alle Einwohner von Achill dafür ausgesprochen hatten, das Kind zu adoptieren, löste bei den zuständigen Stellen in Castlebar – etwa 80 Kilometer östlich der Insel –, wo solche wichtigen Angelegenheiten entschieden wurden, eher Belustigung aus. Niemals zuvor in der Geschichte der Grafschaft Mayo hatte es solch ein merkwürdiges Ansinnen von Bürgern gegeben, stellte man von amtlicher Seite her fest. Da es rechtlich ohnehin ein Unding war, was da gefordert wurde, die Sache allerdings für alle Beteiligten zufriedenstellend gelöst werden konnte, nahmen es die Beamten als Schrulle und typisch für Leute aus dem tiefen Westen, bei denen die Uhren schon immer anders als sonstwo im Land gegangen waren.

Knapp eineinhalb Wochen bevor die Ferien sich ihrem Ende zuneigten, verabschiedete sich Maud von ihren zahlreichen Vätern und Müttern, Brüdern und Schwestern. Bereits bei ihrem letzten Kirchgang am Sonntag zuvor hatte John Sheridan ihr seinen Segen gegeben. Danach hatte die ganze Gemeinde einen mittelalterlichen Reisespruch gebetet, den man einst irischen Wandermönchen mit auf den Weg gegeben hatte:
»Möge der Weg dir freundlich entgegenkommen, der Wind niemals gegen dich stehen, Sonnenschein dein Gesicht bräunen, Wärme dich erfüllen. Der Regen möge deine Felder tränken, und bis wir uns wiedersehen, halte Gott dich schützend in seiner großen Hand.«
Maud, als sie die guten Wünsche ihrer »Familie« vernahm, brachte vor Rührung keinen Ton heraus. Sie nickte ergriffen allen zu und stammelte ein Dankeschön. Dann lief sie rasch hinaus und flüchtete sich in den Schutz des nahen Kirchgartens.

Von einigen verabschiedete sie sich allerdings einzeln, zum Beispiel von Alice und Michael O'Rourke. Alice schenkte ihr zehn Briefmarken, ein paar himmelblaue Umschläge und jede Menge Briefpapier, falls sie allen schreiben wollte. Ihr Mann drückte das Mädchen nur wortlos an sich und eilte hinaus. Maud sollte nicht merken, daß seine Augen feucht geworden waren.

Bei den Mac Manus bekam sie Nußkuchen mit Sahne und Tee. Maud saß artig auf der Couch und betrachtete kauend das Heiligenbild an der Wand. Nein, was hatte es damals für eine Aufregung gegeben, nachdem es für mehrere Tage – wie vom Erdboden verschluckt – nicht mehr auffindbar gewesen war. Margret gab ihr vor allem gute Ratschläge mit auf den Weg.

»Du wirst jetzt erwachsen, Maud, und ich kann dir nur raten, schau dir alle jungen Männer vorher lang und gründlich an, bevor du dich für einen von ihnen entscheidest. Die meisten Frauen begehen nämlich den Fehler, sich zu schnell für einen zu entscheiden, weil sie ausschießlich ihr Herz sprechen lassen. Das ist aber grundfalsch, glaube mir, mein Kind. Auch wenn du mich jetzt noch nicht so richtig verstehst. Schon bald wirst du erwachsen sein, und dann geht es unweigerlich los mit der Liebe. So will es die Natur, glaub es mir. Ich weiß, wovon ich rede.«

Maud nickte stumm. Für wie alt hält sie mich? überlegte sie. Junge Männer? Aber sie lächelte die Frau freundlich an, so daß diese den Eindruck haben mußte, daß ihr Ratschlag auf fruchtbaren Boden gefallen war. Nachdem Richard Mac Manus wieder zurück ins Zimmer gekommen war, redeten sie über Galway und wie teuer das Leben dort sei.

Clodagh Keating besuchte sie zwei Tage später. Die Frau des Doktors zeigte ihr eine Erstausgabe von Bölls Irischem Tagebuch, in das ihr der Dichter einstmals eine wunderschöne Widmung geschrieben hatte.

»Auf dem College kannst du vielleicht auch Deutsch lernen. Dann kommst du zurück und liest mir hieraus vor, versprochen?«

»Versprochen!«

Maud sah sie fest an, obwohl ihr die Vorstellung, wieder Deutsch zu sprechen und sogar lesen zu können, wenig behagte. Das war die Sprache ihrer Mutter gewesen, jener Frau, die sie im Stich gelassen hatte. Dieser Stachel saß immer noch tief, und es war mehr als fraglich, ob er sich jemals ganz aus ihrem verletzten Herzen herausziehen lassen würde. Aber allein um Clodagh Keating, die sie fast so lieb hatte wie Margret Swift, einen Gefallen zu tun, würde sie Deutsch lesen lernen, wenn in Galway die Möglichkeit dazu bestand. Plötzlich verengten sich Clodaghs Augen, und einen Moment lang hatte Maud das Gefühl, ein inneres Licht blitze in ihnen auf. Dann war dieser Eindruck schlagartig vorüber, und Clodagh Keatings Blick wurde wieder normal. Aber sie sagte warnend:

»Nimm dich vor dieser giftigen Frau in acht. Sie verbirgt ihr Haar und ebenso ihr Herz und haßt dich. Geh ihr am besten aus dem Weg.«

»Wen meinst du?«

Maud blickte die ältere Frau furchtsam an. Hatte sie etwa von ihrer Mutter gesprochen? Clodagh Keating schüttelte sich wie nach einem Tagtraum.

»Ach, Unsinn. Hör nicht auf die Worte einer Alten. Fahr getrost nach Galway und mach dort deine Erfahrungen. So ist das Leben. An einem Tag lachen wir, am anderen heulen wir uns die Seele aus dem Leib. Bitte Gott immer wieder nur um Mut und Kraft. Mehr brauchen wir nicht zum Leben. Das ist des Rätsels Lösung für alles in dieser Welt.«

Welche Frau hast du gemeint, wollte Maud sie ein zweites Mal fragen, aber Clodagh Keating sackte in sich zusammen und teilte ihr mit, sie sei müde und müsse sich jetzt hinlegen. So verließ sie das Haus der alten Frau mit einem Rätsel, das ihr die nächste Zeit nicht mehr aus dem Kopf gehen sollte.

Einen Tag vor ihrer Abreise nach Galway wählte sie von ihrer persönlichen Habe sorgfältig aus, was sie unter keinen Umständen vergessen durfte, mitzunehmen. Und das war neben einem kleinen grauen Stein vom Slievemore, ein Foto ihres Vaters, ein Foto von Sheenas Haus und der ganzen Familie, ihren Teddy und vor allem Großmutters Tagebuch. Auch wenn sie immer noch nicht so richtig gälisch lesen konnte, so kannte sie die Texte doch mittlerweile auswendig. Maud hielt die Aufzeichnungen für das Wichtigste, was sie auf der Welt an Gedrucktem besaß. Die Sätze und Gedanken der Frau aus einer anderen Zeit gaben ihr Halt, weil Vaters Großmutter auch einst Achill verlassen hatte, um in Schottland ein neues Leben zu beginnen. Ganz so dramatisch würde es für Maud ja nicht sein. Großmutter hatte niemals mehr in ihre Heimat zurückkehren können, aber sie hatte ihre Gefühle in ihren Aufzeichnungen verewigt. Und wie sie mit den Veränderungen in ihrem Leben umgegangen war, wie sie sich vom Schmerz des Abschieds nicht hatte unterkriegen lassen, all das machte Maud Mut für ihren neuen Lebensabschnitt.

Margret Swift lud sie zu Tee und Gebäck ein und schenkte ihr zwei Bücher über irische Dichter des neunzehnten und zwanzigsten Jahrhunderts, in denen zum Teil auch Textinterpretationen enthalten waren.

»Ich habe sie während meines Studiums verwendet. Vielleicht können sie dir später behilflich sein.«

Beim Abschied an der Tür wurde sie von der Älteren herzlich umarmt, und Margret Swift ertappte sich einen Moment lang bei dem Gedanken, daß dieses Mädchen doch ihr eigen Fleisch und Blut sein könnte und nun allmählich anfing, flügge zu werden. Sie hätte dann nicht anders empfunden.

Als Maud nach Hause kam, lag ihr Lieblingsessen sozusagen in der Luft. Das Mädchen erschnupperte bereits vor der Haustür, daß Sheena ihr eine besondere Gaumenfreude zubereitet hatte. Irish Stew aß sie nun einmal für ihr Leben gern, und es konnte für dieses Gericht aus Lammfleisch, Kartoffeln, Staudensellerie und Möhren keine bessere Köchin geben als Sheena.

»Damit du immer wieder gerne zu uns zurückkommst«, sagte die junge Frau schmunzelnd. »Ich denke, daß die Teller in einem Nonnenhaus nicht so schmackhaft gefüllt werden, aber vielleicht täusche ich mich ja auch. Komm, setz dich zu uns und iß, Maud.«

Sie alle machten es ihr wirklich nicht leicht, Achill den Rücken zu kehren und fortan unter einem anderen Dach, in einer fremden Stadt zu leben. Aber es war auch ein unbeschreiblich schönes Gefühl, sich von so vielen Menschen geliebt zu wissen. Was hatte Großmutter geschrieben?

Und wenn ich ganz zerschlagen bin, dann erinnere ich mich an
Father Richard, den alten Fischer Seamus, Tante Peig mit ihren
schwarzen Kuhaugen und an meine beste Freundin Erin von
nebenan, die mir mit ihrer Liebe und Zuneigung immer das
sichere Gefühl gegeben hatten, nicht unnütz zu sein, gebraucht
zu werden, und einfach darüber froh waren, mich um sich zu
haben. Das hat mich dann jedesmal wieder aufgerichtet und so
sehr gestärkt, daß ich, ihre Liebe zu mir vor Augen, hätte in eine
Löwengrube geworfen werden können, ohne zu verzweifeln.

Am nächsten Morgen holte sie John Sheridan ab. Sie
liefen bepackt mit einem Koffer und zwei Taschen bis
zur Ortsmitte und nahmen von dort den ersten Bus bis
Westport. Von hier fuhren sie dann über Castlebar und
vorbei an Cong weiter nach Galway. Maud war schon
einmal, vor drei Jahren, mit ihrem Vater in diesem hübschen Küstenstädtchen gewesen. Damals war sie als
Besucherin hergekommen und hatte am Hafen mit fet-
tigen Fingern Fish and Chips gegessen.
Galway wurde auch das Tor zu Connemara genannt,
neben Achill ein anderer einsamer Landstrich im Westen Irlands, wo die feuchten, warmen Winde vom Atlantik, beladen mit sanftem Regen, die karge Moor-
und Heidelandschaft häufig mit Nebel verschleierten.
Vom großen Marktplatz in Galway aus gingen sie zu
Fuß weiter durch belebte Straßen, vorbei an zahlreichen Geschäften und durch enge Gassen, bis hin zum
Haus der Barmherzigen Schwestern. Das aus wuchtigen grauen Quadern errichtete Gebäude machte auf
Maud den Eindruck einer düsteren Burg, aus der nichts
ins Freie hinausgelangen konnte, ohne Schrammen ab-
zubekommen, wenn nicht noch Schlimmeres. Instink-

tiv wollte sie sich abwenden, aber John Sheridan ergriff ihre Hand und zog sie sanft die fünf flachen Stufen zum Eingang hinauf.

Eine hagere, große Frau mit todernstem Gesichtsausdruck nahm sie in Empfang, begrüßte sie fast wortlos, um sie sogleich zur Schwester Oberin zu führen. Die Räume, durch die sie der Frau folgten, wirkten dunkel, kalt und rochen alle ein wenig muffig. Maud hielt sich dicht an der Seite John Sheridans, der dem Mädchen an seiner Hand immer wieder gut zureden mußte, weiterzugehen. Die hagere Frau blieb stehen, und ihr glattes, kaltes Gesicht schien zu mißbilligen, daß das Mädchen nur ungern folgte.

»Die Schwester Oberin hat nicht den ganzen Tag Zeit für dich, meine Kleine. Du solltest dich freuen, daß du bei uns wohnen darfst. Dieses Privileg erhält nicht jede.«

John Sheridan versicherte, Maud müsse sich erst an die neue Situation gewöhnen, aber das käme schon bald. Schließlich standen sie vor einer dunklen Eichentür, und ihre strenge Führerin klopfte an. Eine freundliche Stimme bat sie, hereinzukommen. Es war eine Art Büro, ebenso dunkel und abweisend wie alle Räume samt ihren Einrichtungen, die Maud bisher gesehen hatte. Hinter einem Schreibtisch saß eine etwa sechzigjährige Nonne und erhob sich von ihrem Stuhl, als die drei hereintraten. Sie kam auf John Sheridan zu, begrüßte ihn herzlich, um sich danach sofort Maud zuzuwenden. Das Mädchen registrierte erleichtert, daß die Schwester Oberin liebe Augen hatte und sogar lächeln konnte.

»Du bist also Maud, das Mädchen, dem ganz Achill in

170

die Hand geschworen hat, ihr immer beizustehen. Das ist schon was Ungewöhnliches. Nun ja, hier bei uns darfst du schlafen und essen. Du gehst nach den Ferien ins College, habe ich gehört. Das ist gut. Eine solide Ausbildung zu haben, ist heutzutage nicht das Schlechteste. Zu meiner Zeit gingen Mädchen noch nicht so häufig zur höheren Schule. Na ja, aber vielleicht gefällt dir ja auch, wie wir hier leben und was wir unseren Nächsten, den kranken Menschen, Gutes tun. Ich schätze, du hast das Zeug dazu im Gegensatz zu anderen, die sich berufen fühlen und uns besser nicht angehören sollten. Also, wer weiß? In ein paar Jahren werden wir es genauer wissen. Ich bin jedenfalls immer für dich da, wenn dich etwas bedrückt. Für alles andere, was so anfällt, steht dir unsere Miss Plimpton zur Verfügung. Du hast sie ja bereits kennengelernt.« Damit meinte sie die hagere Frau, die ihre zuckenden, schmalen Lippen aufeinanderpreßte und ein leichtes Nicken des Kopfes andeutete.

»Hm«, machte Maud eingeschüchtert.

»Gut! Dann laß mich noch ein paar Minuten mit Father Sheridan allein, während Miss Plimpton dir dein Zimmer zeigt.«

Die Vorstellung war beendet. Wie auf ein geheimes Kommando hin, drehte sich Miss Plimpton um, wobei sie kurz mit dem Zeigefinger ihrer rechten Hand Maud zuwinkte, ihr unverzüglich zu folgen. Die zwei verließen den Raum. Dabei hatte sich Maud noch einmal hilfesuchend nach dem Priester umgeschaut, aber John befand sich bereits im Gespräch mit der Leiterin des Hauses.

Miss Plimpton ging raschen Schrittes den langen

schwarz-weiß gekachelten Flur zurück und stieg danach die Stufen ins nächste Stockwerk empor. Von dort ging es weiter bis unters Dach. Hier gab es ein kleines Zimmer mit einem Fensterchen hoch oben in der Schräge, durch das ein wenig Licht hereinfiel. Um das Fenster erreichen zu können, würde Maud sich zuerst auf einen Stuhl und danach auf ihre Zehenspitzen stellen müssen. Möbliert war das Zimmer mit einem Bett, einem schmalen zerkratzten Weichholztisch, einem alten Stuhl und einem dunklen Kleiderschrank. Daneben ein winziges Waschbecken. An den blaßrosafarbenen Wänden hingen ein eisernes Kruzifix und ein kitschiges Bild der Jungfrau.

»Die Toilette befindet sich im Erdgeschoß. Du kannst montags und freitags zwischen sechs und sieben Uhr morgens baden. Ich zeige dir das Bad später.«

Maud nickte und wagte ein Lächeln. Miss Plimptons Kopf reckte sich sofort abweisend in die Höhe und ihr ohnehin schon hagerer Körper streckte sich noch mehr. Ihre Stimme klang einen Ton schärfer.

»Besuche aufs Zimmer sind verboten. Ebenso ist es dir nicht erlaubt, irgendwelche Bilder an den Wänden aufzuhängen oder Musik zu hören. Dies ist ein Haus für Nonnen und kein Hotel. Solltest du dir über irgendetwas, was du hier machst oder vorhast, im unklaren sein, so hast du dich unverzüglich an mich zu wenden. Schwester Oberin wird von dir nicht belästigt werden, hast du verstanden?«

Maud nickte stumm und riskierte auch kein weiteres Lächeln mehr. Die Frau drehte sich um. Schon im Begriff das Zimmer zu verlassen, blieb sie noch einmal abrupt in der Tür stehen.

»Und noch etwas! Es ist Sünde, etwas Besonderes sein zu wollen.«

Das bezog sich wohl auf die Bemerkung der Schwester Oberin über die ungewöhnliche Beziehung zwischen ihr und den Menschen von Achill.

»Ich bin nichts Besonderes«, murmelte Maud hastig. Miss Plimptons Stimme überschlug sich fast.

»Und Aufsässigkeit ist eine Todsünde!« Ihre Augen blitzten einen Moment lang bedrohlich auf, und ihre heftig gesprochenen Worte waren wie ein Schlag ins Gesicht. Maud wich erschrocken einen Schritt zurück. Doch dann hatte sich die Frau wieder in der Gewalt und verließ wortlos das Zimmer. Das Mädchen legte langsam ihren Mantel über den weiß-gelblichen Metallrahmen am Fußende des Bettes und setzte sich auf den harten Stuhl.

Hatte nicht Clodagh Keating von einer Frau gesprochen, die ihr Haar verbirgt? Das konnte doch nur auf eine Nonne zutreffen, oder nicht? Martha Plimpton war keine Nonne. Bedeutete das, daß alles weitaus schlimmer kommen würde? Maud war noch keine halbe Stunde hier und hatte schon das traurige Gefühl, unerwünscht und Gefangene zugleich zu sein. Sie überlegte, ob sie John Sheridan bitten sollte, sie wieder mit nach Achill zurückzunehmen, aber dann mußte sie an ihre Familie daheim denken, an all die Menschen, denen sie Galway und das College zu verdanken hatte, und beschloß, dem Priester nichts von ihrem Kummer mitzuteilen.

Eine gewöhnungsbedürftige Freundin

Anfangs hatte Maud einen Traum, der sich in den ersten zwei Jahren noch einige Male wiederholen sollte. Sie träumte, daß sich das Haus der Barmherzigen Schwestern nicht in Galway, sondern auf Achill Island befände. Merkwürdigerweise paßte sich der Wohnklotz hier harmonisch der hügeligen Insellandschaft an, und zwar durch einen allmählichen natürlichen Übergang von seinem Haupteingang zu den Mauerseiten hin. Aus den grauen wuchtigen Steinquadern wurden mit Moos bewachsene Wälle, in denen Vögel und Kaninchen ihre Nester hatten, und je weiter man sich vom Haus entfernte, desto üppiger wucherten Farne und andere Gräser. Maud träumte, sie stecke ihre Hand in die verschiedenen Spalten und Löcher des Walls. Einmal zog sie ein Vogelei heraus, ein andermal ein junges Kaninchen und dann plötzlich den Kopf von Miss Martha Plimpton, der sie spöttisch angrinste. Maud schrie entsetzt auf und ließ das zur Fratze verzerrte Haupt des weiblichen Majordomus fallen. Im Traum rannte sie davon, meinte aber zu spüren, daß ihr der Kopf immer schneller nachgerollt kam.

Beim ersten Mal war sie schweißgebadet aufgewacht. Maud hatte bis dahin in ihrem Leben keine Alpträume gekannt und fürchtete sich davor, wieder einzuschlafen. Aber dieser schreckliche Traum sollte sie fortan zwei-, dreimal im Monat überfallen.

Miss Martha Plimpton schikanierte Maud, wo sie nur konnte. Nichts war ihr gut genug, und sogar vor falschen Anschuldigungen schreckte sie nicht zurück. Einmal wollte sie nachts laute Musik aus Mauds Zimmer vernommen haben, was sie am anderen Morgen zu einer gründlichen Inspektion der Kammer veranlaßte. Natürlich entdeckte sie Mauds Flöte. Diese wurde von ihr sofort konfisziert.

»Ich spiele im Haus doch gar nicht auf ihr«, wehrte sich das Mädchen mit erstickter Stimme.

»Aber sie gibt dir die Möglichkeit dazu. Du kannst sie dir ja bei mir abholen, wenn du das Haus verläßt.«

Ihr Mund zuckte böse, dann machte sie kehrt und nahm die Flöte mit. Was habe ich ihr nur getan? dachte Maud verzweifelt. Aber darauf würde sie wohl keine Antwort erhalten. Im Tagebuch der Großmutter fand sie eines Tages die verwirrende Stelle:

Und dann triffst du auf Menschen, und diese wollen dich am liebsten vergiften. Warum das so ist, weiß nur der Herr allein, aber es ist so. Was kann man tun? Noch kleinere Schritte als gewöhnlich machen, wenn man in ihrer Nähe ist. Das verwirrt sie zutiefst.

Das war alles andere als leicht. Anstatt ihr aus dem Weg zu gehen, schlug Großmutter das genaue Gegenteil vor. Die Plimpton verfolgte sie ja schon bis in den Schlaf hinein. Bislang hatte sie immer vor der gestrengen, unfreundlichen Dame Reißaus genommen, sobald sie ihrer ansichtig wurde. Aber Miss Plimpton stöberte sie überall im Haus auf und bewies bei ihrer Suche unglaubliche Ausdauer. Mal wurde Maud von ihr in die

Küche zum Spülen geschickt, ein andermal zum Kartoffelschälen. Dann mußten die Abfälle beseitigt werden. Dafür gab es eigentlich Handschuhe, aber die hatte Miss Plimpton vorher unter Verschluß genommen, so daß Maud mit nackten Händen im Unrat wühlen mußte. Neue Handtücher erhielt sie grundsätzlich einen Tag später als andere, und Nachtisch war manchmal leider nicht mehr da, wenn sie an die Reihe kam. Es waren viele kleine Nadelstiche, die ihr versetzt wurden und die sich auszudenken, Miss Martha Plimpton ein schier unerschöpfliches sadistisches Talent an den Tag legte. Ihr nicht mehr aus dem Weg zu gehen, würde bedeuten, ihrer Willkür noch härter ausgesetzt zu sein. Konnte Großmutter so etwas ernsthaft von ihr fordern?

In den nächsten Tagen sah Maud sich Galway an. Sie lief ziellos umher und prägte sich dabei das Markanteste im Stadtbild ein. Niemand kannte sie, und sie selbst konnte auch niemanden mit Namen grüßen, was sie sich fremd fühlen ließ. Auf Achill kannte jeder jeden, und es gab immer ein Schwätzchen oder Neuigkeiten zu erfahren, wenn man umherschlenderte und Bewohner der Insel traf.

Das Wetter war unbeständig. Graue Wolken zogen über die Stadt, niedrig und eilig, wie Fetzen oder Lappen. Das krumme Pflaster glänzte feucht, der Nieselregen tünchte alles grau in grau. Maud bewegte sich langsam zwischen den hohen Mauern, ging im Regen, als bemerke sie ihn nicht, sah Häuser mit schiefen Dächern, schmale, graue Schuppen aus Stein, Brücken, unter denen der River Corrib träge dahinzog, in vielen

176

Armen sich windend, und immer hinaus zur Bucht, ins
nahe Meer. Es war eine Regenwoche, und es tropfte
überall, tropfte auf die Bäume am Markt, auf die bunten Zelthüllen eines Karussells in der Nähe der Spanish
Parade, tropfte von den Fenstersimsen des Hauses, in
dem einst Richter Lynch gewohnt hatte, jener Mann,
der seinen Sohn 1493 zum Tod durch den Galgen verurteilte und ihm eigenhändig die Schlinge um den Hals
legte, nachdem er ihn zuvor zum Abschied geküßt
hatte. Dem Lynchen hat dieser »wahre« Richter, wie er
sich bezeichnete, seinen Namen gegeben.
Maud zog melancholisch an all diesen Gebäuden vorbei, die ihr ihre Geschichten im Vorübergehen zuraun-
ten. Sie vernahm fröhliches Singen aus den zahlreichen
Pubs der Stadt, sah in ihnen alte, schon zahnlose
Frauen auf Hockern sitzen und ihren letzten Penny
vertrinken, bemerkte irritiert in irgendwelchen dunklen Winkeln Männer, die Frauenbeine streichelten und
schüttelte eher hilflos den Kopf, als sie jemand mit einer Sammelbüchse bat, für die Heidenmission zu spenden. Einmal gelangte sie bis außerhalb der Stadtgrenze
und setzte sich an den Strand. Sie sah aufs Meer hinaus
und hinüber zu den fernen Schatten der Aran-Inseln.
Schulkinder gingen an ihr vorbei, leise redend, dann
laut kichernd, so als ob sie es darauf anlegten, ihre Aufmerksamkeit zu erregen. Schulkinder, von denen nur
gerade mal eine Handvoll später in Irland Arbeit fand.
Die meisten von ihnen würden wohl als Kranken-
schwestern nach England gehen, andere in New York
Verkäuferinnen werden oder die Jungen in Liverpool
im Hafenviertel versuchen, beruflich unterzukommen.
Wenn sie nach langen Wegen und einem Zickzackkurs

durch die Stadt wieder zum Haus der Barmherzigen
Schwestern zurückfand, dann wurde sie dort schon in
der Eingangshalle von Miss Martha Plimpton erwartet.
Die herrische Frau sagte meist nichts, sondern blickte
jedesmal nur vorwurfsvoll auf ihre Armbanduhr, obwohl Maud bei allen Ausgängen stets eine Viertel-
stunde vor dem Abendbrot zurückkam. Manchmal
sagte sie zu dem Mädchen Sätze wie:
»Du hättest heute gut beim Tischdienst mithelfen können, weil Sara vom Küchenpersonal plötzlich erkrankt
ist, aber du hast es ja wieder einmal vorgezogen, der
Gemeinschaft den Rücken zu kehren.« Oder sie sagte:
»Man sollte doch wenigstens so rechtzeitig zu Tische
sein, daß man sich vorher noch die Hände waschen
kann oder das Gesicht. Wie es aussieht, werden wir
jetzt wieder alle auf dich warten müssen.«
Maud nickte stumm und dachte an St. Patrick, den
Schutzheiligen des Landes. St. Patrick hatte einst eine
Ziege besessen, die er über alles liebte. Eines Tages tö-
tete ein Widersacher des Heiligen die Ziege. Er aß
nicht nur ihr Fleisch – aus ihrer Haut fertigte er auch
noch eine Trommel und schlug sie. Er schlug sie so laut
und fortwährend, daß Patrick es Tag und Nacht hören
mußte. Schließlich war auch die Langmut des Heiligen
erschöpft, und Patrick verfluchte diesen lästigen und
bösen Mann. Bis heute kann man die arme Seele am
Ufer des River Boyne trommeln hören. Miss Plimpton
sozusagen verdammt in alle Ewigkeit? Vor ihrem geistigen Auge sah Maud Großmutter nur mißbilligend
den Kopf darüber schütteln.
Später in der höheren Schule würde sie einen Text des
Schriftstellers Sean O'Faolain lesen, in dem er schreibt:

Wenn ein Vater will, daß seine Tochter die Wahrheit über das Leben lernt, dann sollte er sie für sechs Monate nach Galway schicken.
Ich werde Jahre meines Lebens hier verbringen müssen, hatte Maud daraufhin laut geseufzt.

Den Weg zum College ging sie zweimal, um ihn sich einzuprägen. Die höhere Schule, auf einem Hügel errichtet, kam dem Mädchen, das bisher nur die einstöckige Dorfschule von Achill kannte, riesengroß vor. Bei einem Stadtbummel kam Maud auch am kleinen Bahnhof von Galway vorbei. Dort entdeckte sie in einer Ecke einen Weissagungsapparat mit dem aufdringlichen Bild einer schwarzäugigen Zigeunerin, die einer Dame mit Hut aus der Hand las. Nur 50 Pence sollte die Voraussage des eigenen Schicksals kosten. Maud zögerte zunächst, dann wollte sie entschlossen das Münzstück in den Schlitz stecken und hielt wieder inne. War es denn sinnvoll, die eigene Zukunft zu kennen? Und hätte sie nicht eine Bestätigung dessen, was sie ohnehin vermutete, daß ihr nämlich College, Galway und »Nonnenburg« noch ganz schön zusetzen würden, nicht noch weitaus mutloser gemacht, als sie es ohnehin schon war? Nein! Das ist es nicht wert, entschied sie. So schob sie das Geld zurück in ihre Tasche und entfernte sich rasch von dem Weissagungsapparat. Vielleicht in einem Jahr? Oder kurz vor den entscheidenden Prüfungen? Oder wenn Sheena oder Margret Swift schwer erkranken sollten. Oder auch überhaupt nicht. Jedenfalls wollte sie sich alle mögliche Prophetie, die man ihr über ihr Schicksal anbot, für den absoluten Notfall aufheben.

Dann kam der erste Tag im St. Mary's College. Ohnehin war sie als neue Schülerin schon deshalb eine Ausnahme, weil sie ihrem Alter entsprechend in eine höhere Jahrgangsstufe aufgenommen wurde. Das hatte Margret Swift mit der Schulbehörde so vereinbart und dafür waren auch diverse Prüfungen vorab nötig gewesen, um die nötige Reife für diesen Schritt festzustellen. Maud hatte diese Hürden mit Bravour bestanden. Ihr Stipendium wurde vom Staat auf ein Konto der Barmherzigen Schwestern überwiesen und deckte alle anfallenden Ausgaben bezüglich ihrer Unterkunft und Verpflegung. Mit dem, was die Bewohner von Achill ihr Monat für Monat zur Verfügung stellten, zusammen mit dem Ersparten ihres Vaters, konnte sie sich Schulbücher, hin und wieder eine Fahrkarte nach Hause und Kleidung kaufen. Dieses Geld verwaltete John Sheridan, der ihr zu jedem Monatsbeginn einen festen Betrag bar mit einem Brief schickte. Maud wußte, woher das Geld kam, und hatte anfangs große Schwierigkeiten, es überhaupt ausgeben zu wollen. Aber nachdem sie feststellen mußte, daß es fast jede Woche irgendetwas für die Schule zu bezahlen gab, rang sie sich schweren Herzens dazu durch. Trotzdem wollte sie das Geld nur für ihre Ausbildung verwenden. Alles, was sie für sich persönlich brauchte, wollte sie selbst verdienen. Vielleicht gab es ja kleine Arbeiten, die sie übernehmen konnte. Im College oder in St. Nikolaus, zu deren Pfarrei sie jetzt gehörte. Ob sie bei der Schwester Oberin wohl einmal nachfragen sollte? Maud beging den Fehler, Martha Plimpton von ihrem Vorhaben zu unterrichten, und verband dies mit der Bitte, mit der Leiterin darüber sprechen zu dürfen.

»Die hat andere Sorgen, als dir einen Job zu verschaffen. Wir helfen Menschen, die gebrechlich sind oder in Not. Wir sind hier keine Arbeitsvermittler. Was glaubst du wohl?«

Aufgrund dieser Reaktion beschloß Maud, sich in solchen Dingen künftig niemandem mehr anzuvertrauen und ganz allein zu versuchen, etwas zu erreichen.

Gleich am ersten Schultag lernte sie ein seltsames Mädchen kennen. Als Maud das Klassenzimmer betrat, wurde sie sofort von einer Rothaarigen mit Stupsnase und leicht schrägstehenden Augen angesprochen. Sie hieß Deidre O'Connell und war in ihrem Alter.

»Du bist die Neue, nicht wahr? Komm, setz dich neben mich. Der Platz ist freigeworden, weil Catherine die nächste Runde nicht geschafft hat. Small hat sie hängenlassen. Small ist ein Schwein, aber das wirst du noch selbst herausfinden. Was guckst du denn so entgeistert? Du sollst ja von Achill kommen, habe ich gehört. Ich wußte gar nicht, daß es dort noch Kinder gibt. Ist wohl alles ein ziemlicher Schock für dich hier, was? Aber das gibt sich, obwohl, so, wie du dreinschaust, könnte man daran Zweifel haben. Also, was ist? Kommst du zu mir oder setzt du dich neben Richard nach hinten? Der sieht zwar nett aus, ist aber strohdoof...«

In diesem Stil hätte Deidre sicherlich noch weiter auf Maud eingeplappert, wenn nicht plötzlich die Tür aufgerissen worden wäre, und eine Frau im Gefolge eines Mannes mit schlohweißem Haar das Klassenzimmer betreten hätte.

»Das ist Silberlocke«, murmelte Deidre. Und als Maud sie irritiert anschaute, ergänzte sie: »Unser Direktor.« Maud hockte stumm da und kam sich völlig deplaziert vor. Deidres Art war ihr fremd. Wie konnte man nur so respektlos daherreden? überlegte sie. Ob das Mädchen nicht ganz richtig im Kopf war? Aber dann wäre sie wohl kaum aufs College gekommen. Maud nahm sich vor, erst einmal abzuwarten, was weiter geschah. Ob hier alle so waren wie sie? Der weißhaarige nette Mann schien überhaupt nur wegen Maud mitgekommen zu sein. Er stellte das Mädchen kurz ihren Mitschülern vor und wünschte Maud, die vor Überraschung kaum einen Ton herausbrachte, viel Glück. Danach verließ er wieder den Klassenraum. Die Frau, die die Klasse als Literatur- und Englischlehrerin übernahm, hieß Mrs. O'Connell. Lerne ich also an einem Tag gleich zwei O'Connells kennen, dachte Maud, in Irland ein geläufiger Name.

Mrs. O'Connell erinnerte Maud ein wenig an Margret Swift, jedenfalls was ihre Art zu unterrichten anbetraf. Das gefiel dem Mädchen, weil es ihr vertraut vorkam, und sie hätte auch gerne aufmerksam zugehört, wenn sie nicht ständig von ihrer Nachbarin gestört worden wäre. Deidre erzählte verrückte Dinge von ihrem Vater, angeblich einem Araber:

»Als Kind hat ihm seine Mutter in den Mund gespuckt, um ihm Traumkraft zu geben. Aber mein Vater wurde kein Seher, leider. Vielmehr hat er immer nur klug gedacht und eine Menge Leute kamen und haben ihm Fragen gestellt, Fragen, die man besser nicht beantwortet. Wie nach Tod und Teufel und so. Damals lebte er noch in Kairo und war hochberühmt, weil er so klug denken konnte. Schließlich war er es gewesen, der den gefährlichen Shigg besiegte. Ein schreckliches Wesen, daß in den Gassen herumlungerte … Du guckst so entgeistert, glaubst du mir etwa nicht?«

»Deidre O'Connell. Wirst du wohl damit aufhören, Maud zu stören. Ihr beide könnt euch in den Pausen unterhalten, aber jetzt habt ihr Unterricht. Verstanden?«

Es war Maud, die feuerrot wurde, während Deidre beleidigt ihren Mund verzog und eifrig in ihrer Schultasche nach einem Stift zu suchen begann. Neben was für eine Verrückte hatte sie sich da gesetzt? Maud wollte nicht unangenehm auffallen, sondern lernen, und sie nahm sich vor, vielleicht schon in der großen Pause den Platz zu wechseln.

Aber es kam anders.

»Ach übrigens, falls du Geld brauchst – und wer braucht das nicht –, ich kann dir einen Job besorgen«, meinte Deidre O'Connell fast beiläufig zu Maud, als diese eben im Begriff war, hinaus auf den Schulhof zu gehen.

»Ja?« drehte sie sich überrascht zu ihrer Mitschülerin um. Deidre stand im Türrahmen und lachte. Ihre Augen funkelten listig.

»Nicht verzagen, Deidre fragen! Aber das kriegst du auch noch mit. Wenn ich mir allerdings deinen Gesichtsausdruck so anschaue …«

»Ja, ja, ich weiß. Ich wirke auf dich wohl wie die Unschuld vom Lande.«

»Das hast du gesagt.«

»Und warum hilfst du mir dann?«

Deidre zuckte die Achseln.

»Weil ich ein netter Mensch bin, wer weiß?«

Maud betrachtete den Rotschopf abschätzig. Deidre versprach, ihr bei der Jobsuche zu helfen. Sie war zwar

183

nicht die Traumfreundin, wenn man sich so einen Menschen im Leben überhaupt aussuchen kann, aber sie schien jemand zu sein, der instinktiv spürt, was einem fehlt. Maud kannte bislang niemanden in Galway, der ihr seine Freundschaft angeboten hatte. Sie beschloß, sich auf das Mädchen einzulassen. Es war immer gut, Erfahrungen zu machen, hatte ihr Clodagh Keating mit auf den Weg gegeben und noch angefügt, daß uns nichts zustoßen könnte, was wir nicht selber zutiefst wollten. Maud lächelte Deidre zu und signalisierte damit Einverständnis. Und ihrer wachen Aufmerksamkeit entging es nicht, daß die andere innerlich aufzuatmen schien. So, als ob sie sich ihrer eigenen Forschheit, auf Maud zuzugehen, selbst nicht sicher gewesen wäre. Und noch etwas bemerkte Maud, daß sie der anderen aus unerfindlichen Gründen nicht gleichgültig war. Sie verbirgt sich hinter ihren Sprüchen und Geschichten, dachte Maud. Im Grunde war Deidre so verletzlich wie die meisten Menschen, weil wir alle nichts wirklich wissen und umhertappen wie Blinde, es aber nicht wahrhaben wollen. Großmutter hatte diese fundamentale Einschätzung menschlichen Daseins als die wichtigste Lebensweisheit herausgestellt, die sich jeder Mensch immer wieder vor Augen halten sollte, bevor er über einen anderen den Stab brach.

Es sollte tatsächlich der Beginn einer langen Freundschaft werden, in der zumeist Maud diejenige sein würde, die Deidre Schutz und Beistand geben mußte, während sie selbst in kritischen Situationen von dem zehren konnte, was ihr Achill ins Leben mitgegeben hatte.

Das Geheimnis der Martha Plimpton

Für Deidre oder die anderen in der Klasse wäre es vollkommen unverständlich gewesen, wenn jemand behauptete, Lernen mache Spaß. Spaß machte fast alles außerhalb des College, aber doch nicht die Unterrichtsstunden selbst! Die waren anstrengend und langweilig, je nachdem welcher Lehrer gerade im Klassenzimmer auf- und abstolzierte, für manchen von ihnen auch demütigend.

»Von dir, Brian behaupte ich nicht, du seist Mittelmaß, wie ich es von deiner Mitschülerin Joanne gesagt habe. Das wäre viel zu schmeichelhaft für dich.«

Maud empfand es anders. Außerhalb des College gab es für sie nur die Nonnenburg, von ihr insgeheim auch »Martha Plimpton's Castle« getauft. Tag für Tag nach der Schule dorthin zurückzukehren und sich der Willkür der strengen Miss auszusetzen, kam dem Eintritt ins Vorzimmer zur Hölle gleich. Allerdings lernte Maud ohnehin leichter als andere. Nichts schien ihr schwerzufallen. Hinzu kam, daß sie allen Fächern ein fast gleich großes Interesse entgegenbrachte. Sie war beileibe immer noch keine Streberin geworden, sondern holte sich den Lernstoff, weil sie brennend erfahren wollte, was es hieß, Gedichte zu interpretieren, Französisch zu sprechen und chemische Reaktionen berechnen zu können, oder weil es sie wirklich danach drängte, über die politischen Zustände in Südafrika Bescheid zu wissen. Ja, es war keinesfalls übertrieben zu behaupten, es dürstete Maud geradezu danach, zu lernen und möglichst viel zu wissen, was sie für sich sinnvoll verwerten konnte. Aber so war es schon immer bei ihr gewesen.

Deidre O'Connell konnte über soviel freiwilliges Engagement für die Schule nur mitleidig den Kopf schütteln, war allerdings wiederum auch froh, wenn ihr Maud zwei Tage vor einer Mathematikklausur die entscheidende Nachhilfe gab, die sie an der Note mangelhaft soeben noch vorbeischlittern ließ.

Maud wirkte auf ihre Mitschüler immer ruhig und ausgeglichen. Dadurch erweckte sie rein äußerlich den Eindruck, langweilig oder sogar weltfremd zu sein. Wie schon ihr Vater redete sie im Kreis von Menschen meist nur dann, wenn sie selbst der Meinung war, etwas Wichtiges beisteuern zu müssen. Im Gegensatz zu ihrer Freundin Deidre, die, ohne zu überlegen, hemmungslos drauflosplapperte, blieb sie immer überlegt und abwartend. Ihre Lehrer mochten das aufgeweckte Mädchen, einige von ihnen fürchteten allerdings auch zunehmend ihre andere Charaktereigenschaft, die, je älter das Mädchen wurde, mehr und mehr zutage trat; nämlich schonungslos zu entlarven. Maud kritisierte nicht, um sich dadurch in den Mittelpunkt zu stellen oder einfach um sich mit jemanden auf Teufel komm raus streiten zu wollen. Alles Maskenhafte, mit dem Menschen ihre Fehler und Schwächen zu kaschieren versuchen, war ihr verhaßt. Und weil es kaum jemanden gab, der nicht etwas vor anderen zu verbergen hatte, eckte sie schon bald immer häufiger bei ihren Mitmenschen an. Maud wiederum verstand nicht, warum die anderen ihr dieses Verhalten übelnahmen. War es denn besser, seine Mitmenschen zu täuschen? Auf Achill gab es keinen, der im Umgang mit anderen meinte, schauspielern zu müssen. Wie dieser Lehrer Small, der, seinem Name alle Ehre machend, tatsächlich kleinwüchsig war, dies aber ständig zu überspielen versuchte, indem er andere, die etwas kleiner waren als er oder sogar gleichgroß, wie Menschen zweiter Klasse behandelte. Small war cholerisch, konnte furchtbar aufbrausend sein, fast schon unbeherrscht, so daß er von allen Schülern und Schülerinnen gefürchtet wurde. Er unterrichtete Mathematik und bildete sich auf dieses Fach Gott weiß was ein.

»Nur die Mathematik allein ist solide, ist rundum berechenbar wie die Physik oder die Chemie. Merkt euch das! Andere Fächer, ich will hier jetzt keine nennen, aber ihr wißt schon, an welche ich dabei denke, haben sicherlich auch ihren Stellenwert. Ich will das gar nicht leugnen. Aber die Mathematik ist weitaus seriöser. Weil sie in sich logisch ist und sich nicht auf Ansichten stützt.«

Small blickte sich triumphierend in seiner Klasse um. Alle hockten schweigend da, und so hatte er es auch niemals anders erlebt, wenn er, über sein Lieblingsfach dozierend, wie ein stolzer Gockel, den Kopf hochgereckt, zwischen den Tischen und Stühlen hin- und herging. Völlig unerwartet, meldete sich Maud.

»Ja, bitte?«

»Und trotzdem zählt die Mathematik nicht zu den Naturwissenschaften wie die Physik oder die Chemie. Sie gehört zu den Geisteswissenschaften wie die Theologie oder die Literatur.«

Atemlose Stille. In seiner ganzen Laufbahn als Lehrer hatte noch niemals ein Schüler, und schon gar nicht jemand aus der Mittelstufe, seine Worte angezweifelt und, wenn überhaupt, dann niemals laut. Small lief rot an, machte zwei, drei schwankende Schritte auf Maud zu, die ihm fest in die Augen sah. Für einen Augenblick sah es aus, als würde er seine Hand gegen sie erheben, dann hatte sich der Lehrer wieder unter Kontrolle, drehte sich um und ging, als wäre nichts gewesen, in Richtung Tafel.

»Schlagt die Bücher auf! Seite 82 unten…«

Der Unterricht ging weiter, als wäre Mauds Bemerkung nicht wie ein Peitschenhieb für den Pädagogen durch die Luft geknallt. Von diesem Tag an haßte Small seine beste Schülerin. Mehrmals nahm er sich vergeblich vor, ihr schlechte Noten unter eine Arbeit zu setzen, aber in seinem Fach zählte neben dem richtigen Ergebnis auch der gescheiteste Lösungsweg. Und beides schien für das Mädchen von Achill niemals ein Problem. Eines Tages wird dir doch noch ein entscheidender Fehler unterlaufen, und dann räche ich mich für das, was du mir heute angetan hast, dachte der Lehrer voller Wut. Nichts war für Small schlimmer, als vor anderen in seiner Eitelkeit herabgesetzt zu werden. Und dann noch von einem Mädchen!

Solche Vorkommnisse und andere, die folgten, ließen Maud bei ihren Mitschülern im Ansehen steigen. Deidre staunte und gab zu, daß sie sich niemals trauen würde, Small zu widersprechen. Dagegen wollte Maud bei Streichen, die die Klasse ausheckte, nicht mitmachen. Deidre verstand das nicht.

»Was ist denn dabei, wenn wir das Klassenbuch verstecken, so daß es Mrs. Mac Namara nicht findet und sich aufregt, wenn sie keine Störenfriede eintragen kann. Dazu gehört doch nichts, sie ein wenig zu ärgern.«

»Die alte Frau ist schwer herzkrank«, entgegnete Maud. »Ich kann daran nichts Lustiges finden, ihr einen solchen Streich zu spielen.«

»Wenn ich es nicht besser wüßte, müßte ich annehmen, daß du feige bist. Und was war mit Small damals?«

»Small hat die Unwahrheit gesagt. Alles in mir hat dagegen rebelliert, dies so stehen zu lassen.«

Deidre schüttelte mißbilligend den Kopf. Ihre Freundin Maud war schon recht merkwürdig, aber vermutlich konnte sie selbst nichts dazu, weil sie von Achill kam. Dort wurden die Babys ja mit Fischlaich großgezogen.

Maud und Galway brauchten einige Zeit, sich aneinander zu gewöhnen. Sie war ein Mädchen aus dem Dorf, und die meisten Dinge erschienen und klangen ihr anfangs fremd: die Gebäude, der Verkehr, die Menschenmenge, der Lärm, der Gestank, die Lichter, die Waren, die Ausblicke, Gleichgültigkeit, die verschiedenen Formen von Gewalt und mancherlei anderes Verhalten. Das Neue erschreckte Maud teilweise, aber dann dachte sie, daß es einen Weg geben müßte zu dieser Stadt, ihren Menschen und den Beziehungen zwischen beiden.

»Alle Beziehungen zwischen Menschen sind doch mehr oder weniger die gleichen«, hatte ihr Vater gesagt, als sie wieder einmal mit dem Überlandbus umhergereist waren. Seine Aussage bezog sich vor allem auf die verfeindeten Gruppen in Nordirland, deren jahrzehntelange Mord- und Terroranschläge seiner Meinung nach nur vom ausdrücklichen Willen beseelt gewesen waren, einander um keinen Preis verstehen zu wollen. Maud wollte sich nicht fremd fühlen, weil sie Achill nachtrauerte und Galway damit von vornherein keine Chance gab, ihr ebenfalls ans Herz zu wachsen. Ob dies jemals in vollem Umfang geschehen würde, blieb abzuwarten. Aber Maud wollte jedenfalls keinen Widerstand dagegen in sich aufbauen. Alles, was gut werden soll, braucht eben Zeit, erteilte sie der Ungeduld ihres Herzens eine Abfuhr.

Ein Problem für sie war lange Zeit die, wie sie es nannte, »Ummauerung der Stadt« durch die Straßen, Gebäude, Gassen und Menschenleiber, die ihr den Blick auf das Weite, die Natur, das Nichtumstellte nahmen und sie sich eingeengt fühlen ließ. Auf Achill stand nichts so eng beieinander, daß man hätte den Eindruck bekommen können, hier teilt sich Menschenwerk ganz bewußt von der es umgebenden Landschaft ab. Anfangs waren Mauds Schritte zwischen den Häuserzeilen jedesmal schneller geworden, weil das Gefühl der Beklemmung zunehmend an Stärke gewann, bis sie zuletzt die rettende Strandpromenade erreichte, von wo aus der Blick bis weit hinaus auf den Atlantik gehen konnte wie bei ihr daheim.

Regelmäßig samstagvormittags suchte sie die Kirche St. Nikolaus auf, um für ihren verstorbenen Vater zu beten. So war sie es gewohnt, weil es die Menschen von Achill so machten, und daran würde sich niemals etwas ändern. Ihre Lehrerin Mrs. O'Connell hatte ihr eine kleine Beschäftigung während der zwei großen Pausen in der Schülerbibliothek als Ausleihhilfe besorgt. Von dem verdienten Geld bezahlte sie unter anderem auch die Kerzen, von denen Maud bei jedem Kirchgang eine vor der Statue der heiligen Jungfrau ansteckte, um im Schein der zahlreichen schmalen Lichtfinger für die Seele ihres Vaters zu beten.

An einem Sonntag gingen die Jungen und Mädchen der Pfarrei zur ersten Heiligen Kommunion. Maud erinnerte sich daran, wie bescheiden dieses Fest der Gläubigen auf Achill ausgefallen war. Hier wie dort waren alle Kirchenstühle besetzt gewesen, aber nur eine Handvoll Kinder, darunter sie selbst, hatte die erste Heilige Kommunion empfangen.

In der Mitte der größten Kirche von Galway bildeten bestimmt sechzig Mädchen in Weiß ein Quadrat. Das Weiß ihrer Schleier, das Weiß ihrer langen Kleider und das Weiß ihrer Handschuhe war fleckenlos. Der Priester fragte die Jungen, die blaue Anzüge trugen und wie kleine Büroangestellte aussahen, und die Mädchen nach einem vorgegebenen Kanon ab. Wenn die Kinder antworteten, klang es wie Taubengurren. Zwischen den hoch aufragenden Pfeilern der Kirche wirkten die Kommunionkinder hilflos klein. Maud entdeckte plötzlich Deidre in der Menschenmenge. Ihr Gesicht signalisierte grenzenlose Langeweile, gepaart mit Ungeduld. Seit ein paar Tagen gab es Krach zwischen den beiden Mädchen. Deidre wollte nichts mehr mit Maud zu tun haben, übersah sie selbst in der Klasse und hatte sich sogar demonstrativ neben Richard gesetzt. Maud bedauerte diese Entwicklung zutiefst. War es denn wirklich allein nur ihr Verschulden?

Auslöser für diese Sache war einmal mehr Deidres grenzenlose Aufschneiderei ihren Vater betreffend gewesen. Maud hatte bislang zu den aberwitzigen Geschichten um ihn geschwiegen, was sie zugegebenermaßen große Überwindung gekostet hatte. Warum erzählte Deidre fortwährend so einen Blödsinn über ihren arabischen Vater, wie seine angeblichen Dämonenaustreibungen in der magischen Unterwelt von Kairo? Maud bezweifelte als erstes schon, daß der Vater ihrer Freundin überhaupt aus dem Nahen Osten kam. Außer Deidres leicht schrägstehenden Augen, die ihr ein interessantes Aussehen gaben, sah sie aus wie jedes andere irische Mädchen. Ihr roter Haarschopf und die Stupsnase verstärkten noch diesen Eindruck. Was also sollten diese ständigen Übertreibungen und falschen Geschichten, die sie mit großem Ernst vorzutragen wußte? Als Deidre eines Tages todernst behauptete, ihr Vater würde sie binnen kurzem abholen, um dann mit ihr nach Alexandria in Ägypten zu ziehen, wo er eine luxuriöse Villa besäße und wo es für sie keine Schulpflicht mehr gäbe, platzte Maud der sprichwörtliche Kragen.

»Nun hör doch endlich auf mit diesem Quatsch. Wer soll dir eigentlich die hanebüchenen Stories über deinen Dad abkaufen? Wer, meinst du, ist so blöd? Ich jedenfalls bin es nicht!«

Die Worte waren heraus. Maud erschrak über sich

selbst und schlug sich instinktiv vor den Mund. Noch nie zuvor hatte sie sich so außer sich erlebt. Was war nur in sie gefahren?

Deidre wurde blaß, biß bebend die Lippen aufeinander und ging wortlos weg. Von dieser Stunde an war Maud nur noch Luft für sie. Das Mädchen von Achill aber nahm sich vor, zukünftig lieber zu schweigen, bevor sie anderen, die ihr etwas bedeuteten, die Meinung sagte. Sie sollte sich dies noch häufig in ihrem Leben vornehmen müssen.

Maud war überrascht, Deidre in der Kirche zu sehen, weil sie bislang angenommen hatte, ihre häufig so respektlos daherredende Klassenkamaradin sei nicht katholisch. Wie wenig sie von Deidre wußte, schalt sie sich in Gedanken. Als sie selbst mit den Erwachsenen nach vorne zur Heiligen Kommunion gehen konnte, richtete sie es so ein, daß sie neben Deidre stand, um die Hostie aus der Hand des Priesters zu empfangen. Ihre Freundin registrierte sie nur kurz, um gleich wieder starr geradeaus zum geöffneten Tabernakel zu blicken.

»Es tut weh, wenn du nicht mehr mit mir sprichst«, raunte Maud ihr zu.

»Der Leib Christi«, sagte der Priester unerwartet zu ihr, und vor Schreck darüber, daß sie schon an der Reihe war, fiel ihr die vorgeschriebene Gebetsformel, die einer Antwort gleichkam, nicht mehr ein. Maud stotterte irgendetwas. Zuletzt stieß sie aufgeregt und mit puterrotem Gesicht hervor:

»Amen, ja danke schön!«

Und hörte, wie Deidre neben ihr krampfhaft darum bemüht war, nicht vor Lachen herauszuprusten.

Später beim Hinausgehen verlor sie die Freundin aus

den Augen. An diesem Sonntag kehrte sie erst nach der Mittagszeit, in der sie gewöhnlich bei den Nonnen zu Tisch essen konnte, in die »Burg« zurück. Maud hatte sich mit der Uhrzeit vertan, andererseits aber auch keinen Appetit. Sie glaubte schon zu hören, wie Miss Martha Plimpton mit scharfem Ton ihr Fehlen bei Tisch auslegen würde.

»Na, junge Dame, sind wir jetzt nach einem halben Jahr Collegezeit schon so hochnäsig geworden, daß wir aufs einfache Essen im Haus der Barmherzigen Schwestern verzichten können? Hast wohl etwas Besseres gefunden, oder?«

So oder ähnlich würde die Plimpton reden, wenn sie ihr über den Weg lief. Maud wählte deshalb den Hintereingang, der an der Küche vorbei und über eine zweite Treppe in den ersten Stock führte. Plötzlich bemerkte sie aus den Augenwinkeln Miss Martha Plimpton, die offensichtlich an der Eingangspforte auf das »schwarze Schaf« des Hauses gewartet hatte und nun, frustriert darüber, daß sie Maud nicht hatte stellen können, über die Haupttreppe nach oben geschlurft kam. Maud glaubte, ihr Herz müßte aussetzen, drehte sich auf der Stelle um und eilte kopflos davon. In ihrer Angst registrierte sie überhaupt nicht, wohin sie lief. Jeden Augenblick würde die Plimpton um die Ecke biegen und sie entdecken, hämmerte es in ihrem Kopf. Das Herz schlug ihr schon bis zum Hals. In ihrer Not öffnete sie wahllos irgendeine Tür und trat in den dahinterliegenden halbdunklen Raum hinein. Es war ein fast dreimal größeres Zimmer als ihr eigenes. Wer mochte hier wohnen? Dann vernahm sie plötzlich Schritte von draußen, die rasch näherkamen. Maud

194

huschte hinter die Ecke eines großen Kleiderschrankes und drückte sich in seinem Schatten ganz dicht an die Wand. Die Zimmertür wurde geöffnet, und jemand kam herein.

Maud wagte kaum zu atmen. Die unbekannte Person verschloß sorgfältig ihr Zimmer und öffnete danach eine Tür des Kleiderschrankes. Das Mädchen hörte es zunächst rascheln und danach gab es das typische Geräusch, das entsteht, wenn jemand ein Kleid von einem Bügel herunterstreift. Allem Anschein nach zog die Bewohnerin des Zimmers sich um. Wer mochte das sein? Maud riskierte vorsichtig einen Blick durch den schmalen Spalt, der zwischen dem Schrank und seiner geöffneten, in den Scharnieren hängenden Tür entstanden war. Unwillkürlich zuckte sie zurück und hielt sich vor Schreck den Mund zu. Es war tatsächlich Miss Martha Plimpton, in deren Zimmer sie sich geflüchtet hatte. Wenn sie mich sieht, dann… durchfuhr es Maud. Erst jetzt ging ihr durch den Sinn, was der weibliche Majordomus des Schwesternhauses eigentlich vor dem Flügelspiegel in der ihr diagonal gegenüberliegenden Ecke Unglaubliches veranstaltete. Miss Plimpton posierte dort nämlich in der Tracht einer Nonne und begutachtete sich von allen Seiten. Das Ergebnis schien ihr zu gefallen, denn ihr ansonsten eher angespannter Gesichtsausdruck mit seinen kalten, hartblickenden Augen war nun weich, fast zärtlich geworden. Zuletzt kniete sich die verkleidete Frau andächtig vor einem Kruzifix nieder und betete.

Maud schaute so fasziniert zu, daß sie beinahe alle Vorsicht außer acht gelassen hätte und aus ihrem Versteck hervorgekommen wäre. Bei was für einem Geheimnis

195

war sie da zufällig Augenzeugin geworden? Miss Martha Plimpton war keine Nonne, aber anscheinend wäre sie gerne eine geworden. Maud fragte sich, warum sie sich dann so unbarmherzig gebärdete, vor allem ihr gegenüber? Zu anderen, die im Haus arbeiteten, wie dem Küchenpersonal, war sie freundlicher als zu ihr, wenn auch immer hart an der Grenze zum Befehlston. Was veranlaßte diese Frau in der Stille ihres Kämmerleins die fromme Nonne zu spielen? Schon wieder so eine Maske, nur daß sie im Gegensatz zu Deidre oder Small im geheimen getragen wurde. Maud verstand nicht, warum Menschen sich so verhielten. Sie betrogen doch sich und andere damit. Sie beobachtete noch eine ganze Weile die kniende Frau, die durch ihre Tracht scheinbar eine ganz andere geworden war. Maud konnte im Spiegel ihr Gesicht genau erkennen und darin lesen. Martha Plimptons Augen leuchteten in einem gütigen Glanz, während sie zum Gekreuzigten aufblickten. So hatte auch die heilige Therese von Lisieux auf einem Photo zum Herrn aufgeblickt. Und so wie jetzt hatte wohl noch niemand, nicht einmal die Schwester Oberin, diese Frau sehen dürfen. Sie war ganz in ihr Gebet vertieft und nahm nichts anderes mehr um sich wahr. Fast eine ganze Stunde dauerte diese innere Zwiesprache mit Gott an. Dann erhob sich die falsche Nonne und legte seufzend ihr Gewand wieder ab. Sie faltete es sorgfältig zusammen und schloß es in ihrem Schrank wieder ein.

Maud überlegte, wie es nun weitergehen würde. Wenn die Plimpton in ihrem Zimmer blieb, würde sie entdecken, daß es einen Eindringling gab. Gott sei Dank kam es anders. Nachdem die Frau wieder ihre Straßenkleidung angelegt hatte, löste sie die Verriegelung ihrer Tür und verließ das Zimmer. Maud hielt erneut den Atem an. Würde sie abschließen oder nicht? Sie tat es nicht. Das Mädchen wartete noch ein paar Minuten, bis sie ganz sicher sein konnte, daß ihr auf dem Flur draußen im Augenblick niemand begegnete. Dann huschte sie vorsichtig hinaus und eilte erleichtert in den Schutz ihrer Dachkammer.

An diesem Tag begegnete Maud der janusköpfigen Miss Martha Plimpton nicht mehr, dafür aber Deidre O'Connell und dies völlig überaschend.

Am späten Nachmittag bummelte Maud wieder einmal allein durch Galway, aber diesmal ganz gezielt vorbei an den Touristenläden, die in ihren Auslagen vor allem handgestrickte Aran-Pullover anboten, und den Pottery-Shops mit ihren handgetöpferten Tellern und Bechern in der Williamsgate und Mainguard Street. Sie schritt diesen labyrinthisch verzweigten Bezirk in der Innenstadt ab, einschließlich der vielen Straßen, die sich bis zum River Corrib und den Docks schlängelten. Dabei begegneten ihr teils lachende, teils erwartungsvoll blickende Gesichter von Urlaubern, die aus vielen Teilen der Welt nach Galway angereist waren, um an den diesjährigen traditionellen Windhundrennen teilzunehmen. Achill Island bot nichts dergleichen, besaß nur seine herbe Natur und ein meist aufgewühltes Meer ringsherum. Maud malte sich aus, wie es wohl wäre, Touristikmanagerin auf ihrer Insel zu sein, und mußte über diese Vorstellung laut lachen. Sie schlenderte immer weiter durch die belebte Innenstadt, ließ auch das alte Druid Lane Theater hinter sich, in dem vornehmlich in den Sommermonaten irische Mundartstücke aufgeführt werden, und schlenderte schließlich in Richtung Spanish Parade, die im Mittelalter die bevorzugte Promenade für spanische Händler gewesen war. Hier setzte sie sich auf eine Bank und starrte träumend auf das trübe dahinfließende Wasser des Flusses, der sich an dieser Stelle mit dem türkisfarbenen Wasser des Atlantiks vermischte. Plötzlich setzte sich jemand neben sie auf die Bank. Maud schreckte auf und begegnete dem abwartenden Blick ihrer Freundin Deidre.

»Hallo!« begrüßten sich beide vorsichtig.

Maud lächelte ihre Freundin an. Einerseits war sie ein wenig erschrocken darüber, ihr so unvermittelt zu begegnen, andererseits wertete sie ihr Auftauchen als Zeichen dafür, den dummen Krach jetzt ein- für allemal zu beenden. Deidre fragte sie zunächst belanglose Sachen, und Maud nahm sich vor, mit ihr über das seltsame Verhalten von Miss Martha Plimpton zu reden. Nachdem sie wieder miteinander warm geworden waren, erzählte sie von ihrem unfreiwilligen Abenteuer. Deidre hörte fasziniert zu, als Maud die Rede auf Miss Plimptons Verwandlung in eine Nonne brachte.

»Und dabei verhält sie sich mir gegenüber wie die finsterste Gefangenenaufseherin. Kannst du das begreifen?«

Deidre wollte ihr unbedingt eine kluge Antwort geben, weil sie zu Recht vermutete, daß ihre Freundin das schizophrene Verhalten der Plimpton überhaupt nicht einzuordnen wußte.

»Vielleicht hat sie nur deshalb solch eine Stinkwut auf dich, weil dich die Schwester Oberin mag?«

Maud dachte nach. Die Oberin Clare hatte jedesmal, wenn sie sich sahen, ein gutes Wort für sie übrig. Aber daran konnte es doch nicht liegen? Deidre hatte sich vorgenommen, Maud eine schlüssige Antwort geben zu wollen und ließ nicht locker.

»Vielleicht hat sie ja auch noch etwas anderes zu dir gesagt. Ganz am Anfang, als du in die Nonnenburg eingezogen bist. Überleg doch mal!«

Maud forschte eifrig in ihrer Erinnerung. Was hatte Oberin Clare beim erstenmal in ihrem Büro nur zu ihr gesagt?

»Sie deutete an, daß ich eventuell auch einmal Lust bekommen könnte, Nonne zu werden. Sie war sogar der Ansicht, ich hätte das Zeug dazu im Gegensatz zu…«

Maud verstummte, weil ihr ein ungeheuerlicher Verdacht gekommen war. Diese Aussage der Oberin hatte auch die Plimpton mitbekommen. Deidre tippte ihrer Freundin auf die Stirn. Sie hatte den gleichen Gedanken gehabt.

»Das ist es. Die Plimpton zählt vielleicht zu den abgelehnten Nonnen, falls es so etwas gibt. Und jetzt haßt sie dich, weil du etwas mühelos darfst, wozu sie nicht in der Lage ist. Das ist die Lösung!«

Deidre O'Connell setzte sich aufrecht hin, was sie sonst nie machte und reckte sich stolz. Maud stimmte ihrer These nachdenklich zu. Miss Martha Plimpton fühlte sich zurückgesetzt, beleidigt, vermutlich sogar erniedrigt und gedemütigt. Maud erinnerte sich einmal mehr an Großmutter. Da gab es einen Satz in ihrem Tage- und Aufzeichnungsbuch, den sie bislang nicht verstanden hatte. Er lautete:

Sage den Menschen nicht, wer sie sind. Zeige ihnen vielmehr, wer sie sein könnten.

Maud beschloß, darüber nachzubrüten. Im Gegensatz

zu manch einem anderen wollte sie die aufgedeckte Schwäche von Martha Plimpton nicht für ihren eigenen Vorteil nutzen, wozu sie ja jetzt in der Lage gewesen wäre. Sie wollte im Gegenteil darüber nachdenken, wie sie aufgrund ihres Wissens ihr beiderseitiges Verhältnis verbessern könnte. Ich sag' ihr nicht, wer sie ist, dachte sie im Hinblick auf den Rat der Großmutter. Aber wie zeigt man jemandem, was er sein könnte, ohne anmaßend zu sein? Erwachsen zu werden, ist ganz schön schwierig, durchfuhr es Maud. Man wurde zwar Jahr für Jahr älter, aber was besagte das schon? Deidre riß sie aus ihren Überlegungen heraus.

»Ich muß wieder los. Ach übrigens, meine Mutter hat dich morgen abend zu uns eingeladen.«

»Deine Mutter hat mich eingeladen?«

Maud war sichtlich verblüfft. Bislang hatte sie weder Deidres Elternhaus, geschweige denn ihren Vater oder ihre Mutter jemals zu Gesicht bekommen.

»Wer ist denn deine Mutter?« fragte sie völlig überrascht.

Deidre lachte auf.

»Du kennst sie schon seit geraumer Zeit, und sie kennt dich.«

Mauds Ratlosigkeit wuchs noch mehr. Woher sollte sie Deidres Mutter kennen?

»Sie ist deine Literaturlehrerin!«

»Mrs. O'Connell?«

»Bingo! Bis bald dann!«

O nein, geht das schon wieder los, dachte Maud und sah der zwischen den sonntäglichen Spaziergängern entschwindenden Freundin Deidre nach – Lieblingstochter derer von Münchhausen und anderer Lügenbarone.

Überraschende Rückgabe

Nach und nach gewöhnte sich Maud an das andere Leben in Galway, wenn ihr auch der hektische Rhythmus dieser Stadt mit ihren fast sechzigtausend Einwohnern immer gegen den Strich gehen würde. Alle zwei Monate fuhr sie an einem Wochenende mit dem Überlandbus nach Achill Island, kehrte in ihr Zimmer mit Meerblick zurück, lebte mit Sheena und ihren Brüdern und Schwestern und blieb meist bis zum Sonntagmittag. Es gab auf beiden Seiten jedesmal viel zu erzählen. Das Leben auf Achill, so eintönig und farblos es in der Vorstellung mancher Städter auch erscheinen mochte, zeigte sich mitunter aufregender als das Großstadtleben trotz zahlloser Pubs, Einkaufsläden, Diskotheken oder Veranstaltungen wie Hunderennen.

»Bei uns laufen auch die Hunde«, meinte P. J. Curley, als Maud ihm einmal beim Einkauf davon erzählte. »Aber hinter den Schafen her!« Und beide mußten sich darüber so sehr vor Lachen ausschütten, daß ein Tourist, der einen Faltplan kaufen wollte, schüchtern anfragte, ob er später noch einmal wiederkommen sollte. Was Maud und P. J. zu einem neuerlichen Heiterkeitsausbruch veranlaßte.

Das ist der entscheidende Unterschied zu Galway, dachte das Mädchen. Dort wurde zwar auch gelacht,

aber irgendwie klang es anders. Dort gab es Super-
märkte, in denen P. J. Curleys Laden fünfzigmal hin-
eingepaßt hätte und in denen es allein ums Verkaufen
ging und nicht um Konversation. Niemand nahm sich
die Zeit dafür, traute sich nicht, sie sich zu nehmen,
weil er befürchten mußte, im allgemeinen Wettbe-
werb zu verlieren. Maud verließ das Geschäft und spa-
zierte am Haus von Heinrich Böll vorbei den Weg hinunter in den Ort hinein. Von einer markanten Stelle
aus am Fuße des Slievemore schaute sie ein wenig
wehmütig auf die einsam und verlassen daliegende
»Hazienda«. Wie lange war es her, daß sie dort gewohnt hatte?

Je älter Maud wurde, desto mehr beschlich sie das Gefühl, die Zeit würde mit den Jahren zunehmend
schneller verrinnen als früher. Unheimlich war auch,
wie präsent alles nach so vielen Jahren noch in ihrer Erinnerung war. Sie sah sich auf der Terrasse stehen, al-
leingelassen und zu diesem großen, fremden Mann
aufschauen, der ihr Vater sein sollte, als wäre es erst gestern gewesen.

Sheena freute sich jedesmal, wenn ihre »Tochter« nach
Achill kam. In den Schulferien blieb Maud länger, allerdings niemals die ganze Zeit über. Sie fuhr immer einige Tage, bevor es mit dem College wieder losging,
zurück nach Galway, wo sie ihre Bücher, die sie alle in
der Dachkammer der Nonnenburg zurückgelassen
hatte, hervorholte und sich den letzten Unterrichtsstoff
noch einmal ansah. Manchmal erzählte sie Sheena oder
Clodagh Keating von Dingen, von denen diese bis dahin noch nichts oder zumindest nichts Genaues gehört
hatten; von dem Verhältnis zwischen Schwarzen und

Weißen in Südafrika zum Beispiel oder daß am Südpol keine Eisbären lebten und daß das Universum aus einem großen Knall entstanden sein soll.

»Jesus!« hieß dann jedesmal Sheenas Lieblingswort, wenn sie solche Nachrichten, ungläubig mit dem Kopf schüttelnd, von Maud zu hören bekam.

Margret Swift besuchte sie regelmäßig. Mittlerweile hatte Maud in Mrs. O'Connell eine zweite Lehrerin gefunden, die sie förderte. Maud erzählte Margret Swift von Deidre, die so gerne hochstapelte, wenn es um ihren Vater ging. Allerdings hatte Deidre Maud sprachlos gemacht, als sich herausstellte, daß ihre geliebte Englisch- und Literaturlehrerin tatsächlich ihre Mutter war. Diesmal hatte sie nicht gelogen, und die Einladung zum Dinner an einem Juliabend im Haus von Mutter und Tochter O'Connell löste für Maud das Rätsel um Deidres Vater. In einem Moment, als ihre Tochter kurz das Zimmer verlassen hatte, erzählte Mrs. O'Connell, daß Deidres Vater und sie geschieden seien, sie hätten sich allerdings im Ausland scheiden lassen müssen, weil dies in Irland nicht möglich gewesen war. So erfuhr Maud ganz nebenbei, daß Deidres Vater tatsächlich kein Ire war, sondern ein Engländer, der in Kairo an der Botschaft seines Landes gearbeitet hatte. Dort hatte ihn Deidres Mutter während ihres Studiums kennengelernt. Mrs. O'Connell bat Maud, mit Deidre nicht darüber zu sprechen, weil sie immer noch sehr an ihrem Vater hing und sich von ihm ein Idealbild erschaffen hatte. Maud begriff sofort, was sie damit meinte. Zwischen ihr und Deidre sollte es von diesem Tage an wegen ihrer phantasievollen Geschichten um ihren »arabischen« Vater keinen weiteren Streit mehr geben.

Während Maud ihrer alten Lehrerin davon erzählte, kamen ihr ganz verschiedene Gedanken. Warum prahlte Deidre eigentlich nicht mit ihrer Mutter? Warum hatte sie sie niemals erwähnt? Mrs. O'Connell unterstützte Maud, wo es nur ging. Wenn sie wider Erwarten Probleme mit dem Unterrichtsstoff hatte, lenkte sie ihre Aufmerksamkeit geschickt auf Möglichkeiten, die ihr halfen, besser zu verstehen. Es war auch Mrs. O'Connell gewesen, die Maud eine etwas besser bezahlte Aufgabe bei einem Theologen im Ruhestand verschafft hatte, zu dem sie einmal pro Woche ging, um dessen umfangreiche Privatbibliothek in Ordnung zu halten. Das fing mit dem Abstauben der oberen Buchreihen an und endete beim Anlegen einer Bestandskartei. Maud gefiel diese Aufgabe. Der Theologe war ein freundlicher älterer Herr, ziemlich beschlagen, was philosophische und religiöse Fragen anging, und zahlte ihr dreimal mehr, als sie für ihre Arbeit in der Schüler- und Lehrerbibliothek erhielt. Mrs. O'Connell hatte sich also als Mauds neuer guter Geist herausgestellt, dem nichts entging, was das Mädchen bedrückte oder sie freute, und der immer zur Stelle war, wenn Maud Hilfe brauchte.

Als Maud nun Margret Swift davon erzählte, ging ihr auf einmal durch den Kopf, daß Mrs. O'Connell, was sie ja vorher nicht gewußt hatte, eine Tochter hatte, nämlich Deidre, die ebenfalls ihre Schülerin war. Maud kam es vor, als würde Deidre von ihrer eigenen Mutter weniger Zuwendung erhalten als sie. Warum unterstützte Mrs. O'Connell nicht mit dem gleichen Engagement, das sie ihr gegenüber aufbrachte, ihre Tochter?

Zugegeben, sie lernte wesentlich langsamer als andere. Sie benahm sich nicht immer so, wie es angemessen schien. Ihre Sprache glich eher der des Dubliner oder Londoner Underground, aber Deidre war ihre leibliche Tochter und wert, daß sie sich genauso intensiv, wenn nicht noch mehr, um sie kümmerte. Warum tat sie es nicht? Maud erzählte Margret Swift, was sie zutiefst bewegte.

»Clodagh Keating würde darauf vermutlich antworten, daß sie sich deshalb so verhält, weil sie in dir jemanden gefunden hat, wie sie sich ihre eigene Tochter immer gewünscht hat. Aber das ist vermutlich nur die Spitze des Eisbergs.«

Maud betrachtete gespannt die ältere Frau, die zugleich ihre Lehrerin, Freundin und Mutter war, als ob sie ihr die richtige Antwort von den Lippen ablesen könnte, noch bevor sie ausgesprochen worden war.

»Ich weiß es wirklich nicht, Maud. Das Verhalten der Menschen ist in den seltensten Fällen eindimensional erklärbar. Es spielen fast immer die unterschiedlichsten Aspekte eine Rolle. Aber das ist auch nicht eine Frage, die du unbedingt klären mußt. Vielmehr solltest du dir überlegen, wie du mit deinem Wissen künftig umgehst.«

»Und wie?«

Ihr Gegenüber verzog den Mund zu einem breiten Lächeln.

»Indem du dich noch mehr um Deidre kümmerst als bisher zum Beispiel. Gib doch einfach an sie weiter, was du von Mrs. O'Connell bekommst. Auf diese Weise hat auch sie Gewinn davon. In das offensichtlich schwierige Verhältnis von Mutter und Tochter solltest du dich nicht einzumischen versuchen. Das müssen die zwei schon selbst untereinander ausmachen, früher oder später, wie das meiste im Leben.« Für Maud war es selbstverständlich, Deidre zu helfen, wann immer sie es konnte und wo Deidre es zuließ.

Während der letzten Tage hatte es auf Achill kräftige Regenschauer gegeben. Jeder Grashalm glänzte in frischem Grün, die kleinen Kiesel auf den Wegen blitzten, an den Zweigen der Rhododendren hingen immer noch glitzernde Tropfen. Hell strahlte die Sonne über dem Land aus Bergen, Torfmooren und sanften grünen Flecken. Friedlich lag die Insel vor Maud. Hinter den dicken Bäumen konnte sie die glänzende, sich leicht bewegende Spiegelfläche des Meeres sehen. Von weitem hörte Maud das sture, mißmutige Blöken der Schafe.

Ein Mann kam ihr entgegen, und als sie beide auf gleicher Höhe waren, wendete er brüsk sein Gesicht von ihr ab. Es war Higgins, der rasch weitereilte – offensichtlich zu seinen Schafen. Maud blieb stehen und blickte dem Mann nach. Clodagh Keating hatte ihr seltsame Neuigkeiten von seiner Frau Martha berichtet. Die Ehe zwischen den beiden war von jeher etwas ungewöhnlich gewesen, vor allem deshalb, weil Higgins überall ausnahmslos ohne seine Frau hinging. Selbst in der Kirche saß sie grundsätzlich in der Reihe hinter ihm. Nun soll Martha Higgins seit einiger Zeit die Angewohnheit entwickelt haben, sich ins Bett zu legen, um zu sterben, und zwar hatte sie beschlossen, der Tod solle an einem Wochenende zu ihr kommen.

Folglich blieb Martha von Freitagmorgen bis zum Montag in ihrem Bett liegen. Dies hatte ihre Nachbarin in Erfahrung bringen können und unverzüglich weitergetratscht. Maud blickte Higgins solange nach, bis dieser in einem Feldweg verschwand. Vermutlich fühlte er sich bei seinen Schafen wohler als zu Hause.

John Sheridan hatte für das Gemeindezentrum im ehemaligen Kino auf eigene Kosten einen gebrauchten Videorecorder angeschafft. Ein alter Farbfernseher wurde von Michael Lavelle zur Verfügung gestellt. Jeden Freitagabend zwischen 20 und 22 Uhr gab es dort einen Film zu sehen, den John Sheridan jedesmal telefonisch einige Tage vorher aus Dublin anforderte und der ihm dann mit der Paketpost zugeschickt wurde. Gezeigt wurden Filme über das Heilige Land, über die Stadt Rom und den Vatikan, über antike christliche Glaubensstätten in Kleinasien oder über sakrale Bauwerke in Frankreich und Deutschland. Einmal konnte der Priester voll Stolz einen halb-dokumentarischen Streifen über die frühen irischen Wandermönche und über die berühmten Klöster der Insel wie Clonmacnois und Glendalough präsentieren. Nach all den Filmen über Dinge in fernen Ländern endlich ein augenscheinlicher Beweis dafür – und auch noch von einem englischen Filmteam gedreht –, daß Irland entscheidend zur Verbreitung des Christentums in Europa beigetragen hatte. John mußte den Film am darauffolgenden Wochenende noch einmal zeigen, erstens weil der Andrang so groß war und weil zum anderen für drei Sekunden, von einem Flugzeug aus gefilmt, Achill Island zu sehen gewesen war.

Sheena erzählte Maud Neuigkeiten über Erin, Jordan und Rick.

»Ich bin so froh, daß Erin einen Arbeitsplatz als Verkäuferin in Newport erhalten hat.«

Das lag gut dreißig Kilometer entfernt auf dem Festland, stellte aber wegen der Busverbindung kein nennenswertes Problem dar.

»Rick hat gute Chancen, bei der Busgesellschaft in Westport anzufangen, die jährlich neue Fahrer ausbilden, und Jordan, weißt du, kommt in Castlebar bei einer Autowerkstatt unter.«

Maud freute sich, daß sie nicht das Schicksal vieler junger Menschen auf der Grünen Insel teilen mußten; nämlich keinen Ausbildungsplatz zu erhalten, von einer geregelten Arbeit ganz zu schweigen. Meistens wurden gerade in ländlichen Gebieten Jobs ohne jegliche Sozialabgaben von seiten der Unternehmer verteilt, so daß junge Männer und Frauen in eine düstere Zukunft blickten. Sheena weinte vor Glück, weil sie Maud diese wichtige Mitteilung machen konnte.

Die Zeit verging, aus Monaten wurden Jahre, und während die Felsen der harten See trotzen können, verändern sich die Menschen innerlich wie äußerlich. Aus Maud war eine junge Frau geworden, schlank, hochgewachsen, mit rötlichen Locken, die ihr feingeschnittenes Gesicht umrahmten. Noch immer lachte Maud gern und laut, und ihre Augen strahlten viel Wärme und Zuversicht aus. Sie war ein Mensch, von dem man sagt, daß er handfest sei, zuverlässig und feinfühlig und der nur manchmal, weil ihr Wahrheit über alles ging, kurze, verbale Hiebe austeilte, die ihr Gegenüber blaß werden ließen. Aber Maud hatte auch gelernt, daß sich Menschen Masken überstülpten, um dadurch eigene Schwächen zu tarnen. Sie versuchte deshalb immer abzuwägen, wann und ob sie überhaupt ihren Stachel ausfahren sollte, denn ihre Charakteranalysen waren messerscharf.

Maud hatte aber auch viel von Großmutters Denken und ihren Ansichten übernommen. Diese Frau hätte sich lieber die Zunge abgebissen, als Menschen durch Worte zu verletzen. Nachdem Maud zufällig entdeckt hatte, woran Miss Martha Plimpton seelisch litt, stärkte diese Einsicht sie selbst so sehr, daß sie dadurch in sich die Kraft entwickelte, auf diese Frau zuzugehen. Die Plimpton hatte sich ihr gegenüber niemals anders zu äußern gewußt als durch ironische Bemerkungen oder Schikane. Maud wich ihr nun nicht mehr aus, machte das, was Großmutter als »kleine Schritte« bezeichnet hatte. Wenn sie der Plimpton begegnete, war sie es, die zuerst etwas sagte, einen Gruß etwa oder eine Frage stellte, und zwar in einem freundlichen Ton und überhaupt nicht arrogant.

Miss Martha Plimpton zeigte sich erst überrascht, dann verwirrt. Ein großer Teil ihrer Macht über andere beruhte vor allem darin, daß sie sich vor ihr fürchteten. Maud lief nun nicht mehr vor ihr weg, sondern suchte sie im Gegenteil bewußt auf. Die Frau war über dieses ungewöhnliche Verhalten so erstaunt, daß es für einige Zeit genau umgekehrt zuging, nämlich daß sie es jetzt war, die vor Maud die Flucht ergriff. Aber Maud bewies Geduld. Und einmal sagte sie in einem Gespräch im Kreis von Nonnen, bei dem auch Martha Plimpton zugegen war, wie beiläufig:

»Ich würde niemals eine überzeugende Ordensschwester abgeben, weil ich ehrlicherweise zugeben muß, meinen Egoismus niemals ablegen zu können.«

Dies hatte sie bewußt nur für Martha Plimpton so drastisch formuliert, und mit der Zeit trat auch ganz unmerklich eine Veränderung im Verhalten dieser nur schwer zugänglichen Frau ein.

Eines Nachmittags, als Maud die Nonnenburg verlassen wollte, begegnete ihr unvermutet Miss Plimpton. Sie gab ihr die kleine Zinnflöte zurück, die sie vor langer Zeit an sich genommen hatte.

»Oh, dankeschön«, sagte Maud artig und lächelte die Frau an, die leicht verunsichert vor ihr stand.

»Ich habe mir schon vor vielen Monaten eine neue gekauft. Allerdings in einer anderen Tonart, so daß ich diese hier sehr gut als Ergänzung gebrauchen kann, je nachdem welches Stück ich gerade spielen will.«

Ihr Gegenüber begriff nicht sofort.

»Aber das hätten Sie mir doch sagen müssen. Ich hätte sie Ihnen jederzeit wieder zurückgegeben. Nun haben Sie eigens Geld für eine neue ausgeben müssen.«

Es klang, als ob sie wirklich innerlich litt, als ob sie fühlte, etwas Unrechtes getan zu haben, als sie Maud die Flöte wegnahm.

»Nein, nein«, wehrte Maud ab. »Es ist schon in Ordnung so. Von diesen Flöten gibt es noch viele andere, große, kleine und in ganz verschiedenen Tonarten. Meine erste hier, die sie mir jetzt zurückgegeben haben, war sozusagen eine, auf der ich nur Kinderstücke gespielt habe. Meine jetzige ist größer, und ich kann darauf andere Stücke als früher spielen.«

»Ah ja«, murmelte die Frau beeindruckt, und Maud

nickte ihr im Weggehen freundlich zu. Einen Monat später hatte sie Geburtstag. Als sie morgens aus ihrem Zimmer trat, wäre sie beinahe über ein kleines Paket gestolpert, daß vor ihrer Tür lag. Darin befand sich die große Zinnflöte, die sie sich später einmal hatte kaufen wollen, weil man auf ihr vor allem konzertante Stücke spielen kann. Es lag weder eine Karte dabei, noch war irgendwo der Name des Schenkenden vermerkt, aber Maud ahnte gleich, wer ihr dieses Geschenk, das einer Wiedergutmachung gleichkam, gemacht hatte.

Mit Deidre verband sie während ihrer Schulzeit insbesondere alles, was das andere Geschlecht betraf. Ihre Freundin war darin nicht nur erfahrener, sondern auch um vieles lockerer als sie selbst. Deidre war auch diejenige gewesen, die Maud über das hinaus, was sie bereits von Sheena zum Thema Sexualität gehört hatte, weiter aufklärte. Deidre kannte keine Hemmungen und fühlte sich in ihrem Eifer, der Freundin Nachhilfe in Punkto Jungen und Sex zu geben, wie eine Missionarin. Sie erklärte Maud, was es mit den Veränderungen ihres Körpers auf sich hatte und worum es ihrer Meinung nach Jungen und Männern im Leben ging. Deidre klärte Maud ohne alle Schnörkel und ohne falsches Schamgefühl auf.

Sie hatte sich schon sehr früh für Jungen interessiert und war in einen Dunkelgelockten aus der Jahrgangsstufe über ihnen verliebt. Sie traf sich sogar mit ihm, was Maud halb bewundernd, halb ablehnend registrierte. Drei-, viermal ließ sie sich zusammen von Deidre und Sinnead, die mit ihnen in derselben Klasse war, in eine Diskothek mitschleppen. Meistens tanzte Deidre völlig überdreht mit irgendwelchen Jungen, umarmte und küßte sie im zuckenden Kegel blauer, gelber und roter Lichter auf der Tanzfläche.

Maud und Sinnead wurden ebenfalls häufig genug zum Tanz aufgefordert, aber sie ließen sich nur manchmal darauf ein, was ihnen zeitweilig den Ruf von »arroganten Gänsen« eintrug. Einmal bemerkte Maud bestürzt, daß sich jemand in sie verliebt hatte. Er schrieb ihr sogar einen netten Brief, den sie umgehend so beantwortete, daß sie sich ihre Jugend wie folgt vorstellte: viele gute Freunde, aber keinen festen. Maud glaubte fest an die romantische Vorstellung, daß man auf den richtigen nur lang genug warten müßte. Unbewußt verglich sie alle jungen Männer mit ihrem Vater, wodurch sich vieles in ihren Beziehungen erschwerte.

Ein unfreiwilliger Besuch

»Ich gehe, die Saat zu säen im Namen dessen, der Wachstum schenkt. Ich stelle mich in den Wind und werfe die Körner in die Höhe, dankbar meinem Schöpfer. Was auf Stein fällt, soll verdorren, was auf Erdreich fällt, soll Wurzeln fassen, soll Leben einatmen vom milden Wind und tausendfach Frucht bringen – so Gott will.«

An dieses Bittgebet, das die Menschen aus dem Westen Irlands seit Jahrhunderten sprechen, mußte Maud immer häufiger denken, je mehr sich ihre Schulzeit dem Ende näherte. Auch sie hatte ausgesät und hoffte, nun die Früchte des Erfolgs einfahren zu können. In den letzten Monaten vor der entscheidenden Prüfung ließ sie vor ihrem geistigen Auge immer öfter ihre Schulzeit in Galway Revue passieren. Es waren nicht viele, dafür aber intensive Jahre gewesen. Sie hatte neue Dinge erfahren, vor allem im Umgang mit anderen Menschen, hatte zusätzliches Wissen erworben und war selbst reifer und älter geworden. Jetzt stand noch die allerletzte Prüfung an, das Abitur. Die Jahre waren trotz allem schnell an ihr vorbeigezogen. Eine Handvoll neuer Freunde hatte sie gewonnen, aber nur mit Deidre, deren Mutter und Sinnead Mac Namara verband sie ein festeres Band. Sinnead stammte wie sie aus einer der ärmeren Gegenden der Westküste und erhielt ebenfalls Monat für Monat ein kleines Stipendium aus der Hauptstadt überwiesen, das aber mehr eine Anerkennung darstellte als eine wirkungsvolle Studienhilfe. Sinnead war ähnlich wie sie ein eher stiller und zurückhaltender Typ, und sie waren sich über das gemeinsame Lernen nach dem Unterricht nähergekommen.

Mit den meisten anderen aus ihrer Klasse hatte sie es allerdings niemals geschafft, so richtig warm zu werden. Vielleicht lag es auch daran, daß sie in einer Gemeinschaft aufgewachsen war, die im Prinzip vom Leben nur das Nötigste verlangte. Die Kinder, die in der Stadt großgeworden waren, stellten ganz andere Forderungen an ihr zukünftiges Leben. Vieles davon kam Maud überzogen vor und, wie es mitunter ihre Art war, machte sie aus ihrem Herzen keine Mördergrube und redete Tacheles. Freunde gewann sie dadurch nicht.

Und noch ein anderes kam hinzu. Maud wußte, wie teuer ihre Ausbildung für die Menschen von Achill war. Sie blieb deshalb bescheiden und lebte sparsam, was im übrigen ihrem Naturell entsprach. Gleich nach der Reifeprüfung stand das Studium an. Schon frühzeitig von Margret Swift und später auch von ihrer Lehrerin Mrs. O'Connell beeinflußt, glaubte Maud, daß für sie nur ein Lehrberuf in Frage kommen könnte. Aber nicht einer für die Höhere Schule, wie es sich Deidres Mutter für ihre Lieblingsschülerin vorstellte, sondern Grundschullehrerin. Eine Zeitlang hatte sie geschwankt, ob sie sich an der Universität nicht zur Collegelehrerin ausbilden lassen sollte, aber dann hatte sie dies eines Abends endgültig verworfen. Auslöser dafür war eine hitzige Diskussion im neuen Gemeindezentrum von Achill gewesen.

Dort hatte nämlich P. J. Curley ganz gegen seine sonstige Art vehement darauf hingewiesen, daß es mit der über vierzigjährigen Inselschule ein jähes Ende haben würde.

»Ich habe vertrauliche Informationen aus dem Ministerium, daß unsere Schule schon bald geschlossen werden soll, und zwar für immer.« Fast triumphierend blickte er sich im Kreis um, weil er als einziger davon wußte und die »Bombe« hatte platzen lassen können.

Verständlicherweise löste diese überraschende Mitteilung große Bestürzung aus, und John Sheridan mußte erst einmal kräftig schlucken. Dann entgegnete er: »Es wird nichts so heiß gegessen, wie's gekocht wird«, aber diese Antwort klang äußerst schwach. Auch andere mischten sich rege in die entstandene Diskussion ein. Jedenfalls fragte der Priester gleich am nächsten Tag in Dublin an. Dort wurde ihm mitgeteilt, daß solche Pläne zwar in der Schublade lägen, aber noch lange nicht spruchreif wären.

»Es besteht kein Anlaß zur Sorge. Wie bei allem, was wir hier planen, werden auch in diesem Fall sicherlich noch ein paar Jährchen ins Land gehen.«

John Sheridan war dennoch zutiefst bestürzt und gab das Telefonat an seine Schäfchen ohne irgendwelche Beschönigungen weiter. Vor allem war aus dem Gespräch mit der Behörde deutlich geworden, daß sich keiner von den Lehrern und Lehrerinnen, die frisch von der Uni kamen, freiwillig bereit erklären wollten, sich nach Achill, sozusagen ans Ende der Welt, versetzen zu lassen. John Sheridan folgerte daraus, daß, sobald Margret Swift aus Altersgründen gezwungen sein würde, aufzuhören, dies zugleich das Ende ihrer einzi-

gen Schule einläutete. Als Maud davon erfuhr, stand ihr
Entschluß sogleich fest. Eine Ausbildung zur Grundschullehrerin bedeutete nur wenige Jahre auf der Universität. Danach kam eine Referendariatszeit, die sie,
durch Unterstützung von seiten des Bischofs, sicherlich auf Achill würde absolvieren können, so daß Margret Swift bereits ein wenig entlastet werden konnte.
An ihrem Entschluß wollte Maud fortan nicht mehr
rütteln, doch sie verriet Deidres Mutter vorerst nichts.

In dem Jahr, in dem sie Abitur machte, starb Heinrich
Böll, der früher, als sie noch ein kleines Mädchen gewesen war, sie des öfteren zu Hause besucht hatte, um
sich mit ihrem Vater über Literatur und Religion zu
unterhalten. Maud erfuhr von seinem Tod aus der Zeitung. In Michael Lavelles Pub hing schon seit einer
Ewigkeit an einer Wand hinter einem Glasrahmen der
Zeitungsartikel aus der Sunday Independent vom
22. Oktober 1972 über die Vergabe des Literaturno-
belpreises an den deutschen Schriftsteller.
»Nobel Prize Winner is an Achill Islander«, lautete die
Überschrift, und die Menschen der Insel waren nach
wie vor sehr stolz auf *»ihren Henrik Boll«.*

Ein anderes unverhofftes Ereignis in diesem Jahr betraf
Maud sehr persönlich. Eines Nachmittags kündigte ihr
Miss Martha Plimpton überraschend Besuch an. Maud
schossen spontan mehrere Möglichkeiten durch den
Kopf: Margret Swift, John Sheridan oder Deidre?
»Ich schicke die Frau zu Ihnen hoch«, versprach
Martha Plimpton und machte dabei ein so merkwürdi-
ges Gesicht, daß Maud innerlich ganz unruhig wurde.
Wer kam denn, um mit ihr reden zu wollen?

Die Überraschung machte sie sprachlos. Es war Ricarda. Zuerst begriff Maud gar nicht, wer da eigentlich vor ihr stand. Oder sie wollte es nicht wahrhaben? Sie erkannte die Frau, die sich ihr als ihre Mutter vorstellte, erst auf den dritten Blick wieder. Fast zwölf Jahre waren vergangen, seit Ricarda ihre Tochter auf der Terrasse der »Hazienda« abgesetzt oder vielleicht sogar ausgesetzt hatte, wie es Maud sah. Nun tauchte sie wie ein Schatten der Vergangenheit aus heiterem Himmel plötzlich wieder auf. Sie mußte ein Gespenst sein, nicht lebendig. Maud stand wie angewurzelt in ihrem Zimmer, blieb die ganze Zeit über stumm und starrte die Erscheinung auf der Schwelle ihrer halbgeöffneten Tür an. Ricarda wirkte auf sie ein wenig mitgenommen. Die Jahre in Südamerika hatten deutliche Spuren hinterlassen: Wirres Haar, dicke Tränensäcke unter den Augen und aufgesprungene vor Nervosität zerbissene Lippen ließen sie nicht gerade vorteilhaft aussehen. Ihre Stimme klang blechern.

»Ich komme einfach mal vorbei, habe ich mir gedacht. Auf dem Flug von New York, wo ich mit Harry gewesen bin, nutzte ich den Zwischenstop in Shannon. Bin einfach ausgestiegen, stell dir das mal vor, und nahm mir ein Taxi nach Galway. Zu dir! Dieser John Sheridan teilte mir freundlicherweise mit, daß ich dich hier bei den Nonnen finden würde. Nun bin ich da. Deine Mutter! Ich weiß, daß du böse auf mich bist. Ich kann das verstehen und erwarte deshalb auch nichts von dir. Ich wollte dich bloß wiedersehen, nach all der langen Zeit. Hugh, der Arme, ist ja schon länger tot, hörte ich. Er war ein netter Mann. Du siehst ihm ziemlich ähnlich, weißt du das, Maud? Deinen hübschen Namen habe ich dir vor allem deshalb gegeben, damit dein Vater sich darüber freut. Kannst du dir vorstellen, wie die damals auf dem Amt in Berlin geguckt haben? Sie haben nichts kapiert. Bist sehr hübsch geworden. Hast meine Figur, als ich so alt war wie du. Klug bist du auch, sagte mir Miss Plimpton. Die mag dich wohl. Tja, also. Das Zimmer hier ist zwar klein, aber immerhin eine sichere Bleibe, ja, ich sehe schon, du bist im Begriff wegzugehen. Wie gesagt, ich wollte dich einfach nur wiedersehen, mehr nicht. Ich erwarte nicht, daß du mir verzeihst. Ich habe mich seinerzeit dir gegenüber falsch verhalten, aber ich hoffe, du wirst mich deshalb nicht ein Leben lang hassen. Also, ich gehe wieder. Mach's gut, Maud. Leb wohl!«

Sie drehte sich um und verschwand wie ein Gespenst. Maud war so gelähmt, daß sie sich minutenlang nicht rühren konnte. War das eben ein Tagtraum gewesen? Eine Vision? Dann ging ihr durch den Kopf, was ihre Mutter zu ihr gesagt hatte. Zuletzt wollte Maud ihr nachlaufen, aber dann verstauchte sie sich auf der obersten Treppenstufe den linken Knöchel und humpelte mit schmerzverzerrtem Gesicht zurück ins Zimmer, wo sie sich auf ihr Bett niederwarf und lauthals zu weinen anfing.

In den Wochen und Monaten nach diesem unfreiwilligen Erlebnis dachte Maud häufig über sich und ihre Beziehung zu Ricarda nach. Sie hatte sich längst angewöhnt, diese fremde Frau in Gedanken Ricarda zu nennen, nicht Mutter. Dadurch hoffte sie, einen innerlichen Abstand zu ihr zu gewinnen, um mit dem, was sie ihr angetan hatte, besser umgehen zu können. Sie konnte ihrer Mutter niemals verzeihen, gestand Maud sich ein. Jedesmal, wenn sie über ihre Mutter nachdachte, war sie sofort emotional aufgewühlt. Ricardas jähes Einbrechen in ihre Welt, vier Wochen vor dem Abitur, hatte sie in ihrem seelischen Gleichgewicht ganz empfindlich getroffen. Glaubte diese Frau im Ernst daran, nach zwölfjähriger Abwesenheit von ihr in den Arm genommen und als Mutter akzeptiert zu werden, als wäre nichts gewesen? Hatte sie gedacht, die Zeit würde alle Wunden heilen und erlittenes Unrecht einfach auswischen wie das vor- und zurückfließende Meer Fußspuren am Strand?

Maud schalt sich im nachhinein immer wieder, daß sie noch versucht hatte, ihr nachzulaufen. Gott sei Dank hatte der Himmel ihr eine Verstauchung geschickt – als eine solche Fügung betrachtete sie jedenfalls den kleinen Unfall im Treppenhaus. Was wäre wohl gewesen, hätte sie Ricarda eingeholt? Versöhnung? Herzliche Umarmung? Große Aussprache mit anschließender Adoption: Laß uns einen zweiten Versuch starten, Tochter? Etwa so? Maud schüttelte sich. Nein, sie wollte diese Frau niemals wiedersehen. Sie hatte auf Achill ihr Zuhause gefunden und lebenslange Freunde gewonnen, auf die sie sich immer würde verlassen können. Tief in ihrem Innern steckte noch dieser Schmerz, wie aus heiterem Himmel verlassen zu werden und plötzlich mutterseelenallein zu sein. Diese Wunde war beim Tod ihres geliebten Vaters erneut aufgebrochen, aber dann hatten die Menschen von Achill sie aufgefangen und, ohne darum zu wissen, alles von sich aus Notwendige getan, damit sich diese Wunde wieder schloß. Eine solche Liebe hätte sie vor allem von ihren Eltern erwartet. Ihr Vater hatte dem genügt. Aber ihre Mutter?

Maud konnte sich nicht mehr so ganz genau an ihre ersten Lebensjahre erinnern, aber wenn sie es versuchte, sah sie in ihrem Innern Bilder einer Mutter, die überall, auf jeder Fete, mitmischen, mit jedem Mann zusammenbleiben wollte, den sie attraktiv fand, überall dort im Mittelpunkt stand, wo High Life angesagt war, um nur nicht bei ihrer Tochter sein zu müssen. Sie hatte ihr Kind zu Tante Maria abgeschoben, und Maud schließlich ihrem Vater, dem Captain, überlassen, der in Irland am Ende der Welt wohnte. Maud steigerte sich so sehr in Wut hinein, daß sie laut schrie.

»Bleib mir vom Leib, Mutter. Fahr endlich zur Hölle!«

Deidre spürte, daß Maud etwas belastete. Nie hatte sie gegenüber der Freundin auch nur ein Sterbenswörtchen von ihrer leiblichen Mutter erzählt, umso mehr erstaunte es Deidre, als Maud plötzlich die Sprache darauf brachte.

»Wie, deine deutsche Mutter ist bei dir gewesen?«

Nun erfuhr Deidre alles über Mauds erste sechs Lebensjahre und spürte dabei den angestauten Haß, den sie niemals bei der sanftmütigen Freundin vermutet hätte. Sie selbst hatte ja auch nicht gerade das beste Verhältnis zu ihrer eigenen Mutter, weil sie deren Wünschen und Vorstellungen nicht entsprach und nicht entsprechen wollte. Bei Maud aber lag die Sache anders. Ihre Mutter hatte sie verlassen zu einer Zeit, als Maud ihrer Zuneigung und Fürsorge dringend bedurft hätte. Deidre überlegte, wie sie der Freundin am besten helfen könnte. Von Maud hatte sie gelernt, wie wichtig es für einen selbst ist, daß man sich treu bleibt. Mauds unausgesprochene Lebensphilosophie, daß, je weniger Illusionen man über sich habe, desto glücklicher sei man, hatte Deidre zunehmend beeindruckt, wenn es ihr auch im Alltag schwerfiel, sie voll und ganz zu beherzigen. Deidre, der Meinung, die klugen Worte, die ihre Freundin jetzt vielleicht hören wollte, würden ihr doch nicht einfallen, redete deshalb, wie es ihre Art war, einfach drauflos:

»Nimm als gegeben hin, daß deine Mutter dich auf Achill aus ihrem Leben geworfen hat. Peng! Das ist nicht die feine Art, aber nun mal eine Tatsache. Sie schmerzt, tut richtig weh. Sie ist die eine Seite der Waage und zieht dich kräftig nach unten. Die andere Seite ist jedoch, soweit ich sehe, Achill, mit all dem, was du dort erlebt hast und noch erleben wirst. Diese Seite läßt dich wieder emporsteigen und, wenn du es dir einmal genau anguckst, gleichen sich beide Seiten der ›Waage‹ dadurch aus. Nicht wahr?«

Maud schaute ihre Freundin überrascht an. Dann nickte sie langsam.

»Weißt du was, Deidre, wenn du ein Mann wärst, hättest du jetzt bei mir ernste Chancen, daß ich mich in dich verliebe.«

»O Gott, tu mir das bloß nicht an«, antwortete ihre Freundin in gespieltem Entsetzen. »Ich steh' doch nur auf Männer!«

»Was gefällt dir an mir denn nicht?«

»Och, wenn ich es recht besehe, bist du eigentlich ganz nett. Mit ein paar Veränderungen könnte es vielleicht gehen, du müßtest dir einen Bart ankleben, einen Adamsapfel und vor allem das wichtigste … «

»Deidre! Schluß jetzt!« rief Maud und machte dabei ein furchtbar ernstes Gesicht, um schon im nächsten Moment in Lachen auszubrechen.

Ihre Schulzeit auf dem College in Galway beendete Maud ohne Schwierigkeiten. Einzig Small versuchte, ihr in der mündlichen Prüfung eins auszuwischen, hielt sich nicht an die vereinbarten Prüfungsgebiete, sondern versuchte, die junge Frau ständig zu verunsichern, indem er seine Fragen auf andere Stoffgebiete ausweitete. Maud machte eine Zeitlang sein mieses Spiel mit, dann, von einem bestimmten Punkt an, schlug sie zurück.

»Diese Frage werde ich Ihnen beantworten wie alle vorhergehenden auch. Sie gehörten zwar nicht zu dem Themenkatalog, den Sie mir vorab genannt haben, aber das ist Ihnen vermutlich in der allgemeinen Aufregung hier entgangen.«

Einige aus dem Kollegium lachten verstohlen. Small stotterte verlegen eine Entschuldigung und fuhr in der Prüfung so fort, wie sie beide vorab die Themen eingegrenzt hatten.

Deidre schaffte leidlich ihr Abitur – dank der zahlreichen Übungsstunden mit Maud.

»Hat die Qual endlich ein Ende gefunden«, bemerkte ihre Mutter im Anschluß.

»Das habe ich nur für dich getan, liebste Mom! Ab jetzt denke ich auch mal an mich. In Dublin, hörte ich, wächst eine progressive Filmemacherszene heran. Da will ich unbedingt dabei sein. Weißt du, für Film und Musik oder vielleicht auch Schauspielerei bin ich geboren. Das werde ich jetzt herausfinden, Mom.«

So ging Deidre nach Dublin, wo sie sich in späteren Jahren mit Filmemachern wie Alan Parker zusammentat, der unter anderem den Musikfilm »Die Commitments« drehte, ein Welterfolg.

Maud kehrte Galway den Rücken und fuhr erst einmal nach Achill zurück. Sie hatte beschlossen, an der Universität in Cork zu studieren, und sich dort auch bereits eingeschrieben. Ob sie hundert oder zweihundertfünfzig Kilometer von Achill entfernt lebte, war nicht mehr entscheidend. Sie wußte, wo sie hingehörte und wohin sie immer wieder zurückkehren konnte.

Anläßlich ihres Abiturs veranstalteten Margret Swift und Clodagh Keating eine Feier im neuen Gemeindezentrum. Wie bei allen irischen Festen wurde getrunken, viel gelacht, gesungen und abenteuerliche Geschichten erzählt.

»Ich danke euch allen, liebe Freunde, danke meiner ganzen großen Achill-Familie. Ohne eure Hilfe hätte ich es nicht geschafft. Und ich verrate euch, daß ich zurückkommen werde, um hier als Lehrerin zu arbeiten, sobald Margret dazu keine Lust mehr hat.«

Viele schmunzelten über die letzte Bemerkung. Aber Clodagh Keating antwortete darauf nur:

»Kindchen, das ist wirklich nett, daß du an uns zuerst denkst. Aber ich gehe mal davon aus, daß das Leben mit dir noch mehr vorhat, als bei uns Kinder zu unterrichten. Vergeude nicht deine Talente! Niemand von uns wird es dir verübeln, wenn du einen anderen Weg weitab von Achill einschlägst. Also, schau erst einmal, was dich in Cork erwartet. Alles weitere wird sich finden. Und wir werden dich auch lieben, ob du nun in London oder New York Karriere machst.«

Ein Schwerenöter vom Ende der Welt

Zwei Jahre später hatte Maud ihr Studium in Cork schon mehr als zur Hälfte beendet. Sie wohnte im nördlichen Teil der Stadt in einem aus roten Backsteinziegeln errichteten Studentenwohnheim, daß ein wenig hügelan in der Nähe der Kirche St. Ann Shandon lag. Als Maud seinerzeit in ihr kleines Apartment einzog, wurde sie von ihren Kommilitonen gewarnt:

»Richte dich niemals nach der Turmuhr von St. Ann Shandon. Die heißt nämlich nicht von ungefähr der ›viergesichtige Lügner‹. Ihre Zeiger an den vier Zifferblättern gehen nämlich »aufwärts« nicht regelmäßig. Zwei von ihnen sind stets zu früh dran und die zwei anderen zu spät.«

Nur zur vollen Stunde fanden sich alle vier Zeiger wieder pünktlich ein. Über diesen Fehler der Turmuhr mußte Maud, während sie sozusagen in ihrem Schatten wohnte, häufig genug lächeln. Seit 1847 hatte es offensichtlich niemand geschafft, ihn zu beheben. In Irland gehen die Uhren eben anders und lassen sich von keinem noch so geschickten Techniker des zwanzigsten Jahrhunderts darin beirren.

Cork gefiel ihr erheblich besser als Galway. Die Stadt am River Lee, mehr als doppelt so groß wie das »Tor zu Connemara«, in europäischem Stil besaß mit ihren hübschen Parks, ihrer großen mittelalterlichen Kathedrale, den Markthallen, modernen Einkaufspassagen, zahlreichen Galerien und kulturellen Veranstaltungen ein charmantes Flair, das der jungen Frau, je länger sie in Cork lebte, mehr und mehr zusagte. Hier ließ es sich prächtig leben, stellte sie fest. Hinzu kam, daß Maud neue Freunde und Freundinnen gewonnen hatte und schon bald einem Kreis angehörte, der sich für Konzerte und Ausstellungen, aber auch für die »Singing Pubs« in der Stadt begeisterte. Mit ihnen war Maud häufig an den Wochenenden unterwegs, oftmals bis tief in die Nacht hinein.

Das Leben an der Universität erschien ihr einfacher als auf dem College. Sie belegte an Fächern, was sie für ihre Ausbildung brauchte, und schrieb darin Klausuren. Von Anfang an hatte einer ihrer Professoren sie ganz besonders unter seine Fittiche genommen. Dr. James Milltown lehrte Pädagogik und verstand in einer umwerfend humorvollen Art mit seinen Studenten umzugehen. Maud konnte sich nicht an eine einzige Stunde erinnern, in der es nichts zu lachen gegeben hätte. Er hatte die Figur eines Tänzers, war nur etwas größer als Maud, trug eine alte Nickelbrille und einen kräftigen rotblonden Schnauzbart. Dr. Milltown versuchte, das Leben immer von der heiteren Seite aus zu betrachten. Mitunter kam sein Humor sehr schwarz und englisch daher. Milltown schätzte vor allem die Art und Weise, wie Maud mit Problemstellungen intellektuell umging und lobte ihre schriftlichen Arbeiten jedesmal so sehr, daß Maud vor Scham am liebsten in den Boden versunken wäre. Die junge Frau aus der Provinz gefiel ihm, und so richtete er es ein, daß sie seine pädagogische Hilfskraft wurde – eine Arbeit, bei der Maud nicht nur für sich Entscheidendes hinzulernen, sondern auch etwas Geld verdienen konnte. Erst spät merkte sie, daß Dr. James Milltown sie nicht vollkommen uneigennützig ausgesucht hatte.

Sinnead Mac Namara studierte mit ihr im selben Semester. Sinnead wollte Collegelehrerin werden und vielleicht später einmal im Ausland, in England oder Kanada, arbeiten. Sie bewohnte das Apartment neben Maud, und oft saßen die beiden Frauen abends bei einem Glas Rotwein zusammen und plauderten über alte Zeiten in Galway. Zu einigen aus ihrer Klasse hielten sie nach wie vor Kontakt. Die meisten hatten ihr Studium in Dublin aufgenommen, andere waren nach Frankreich, Deutschland oder England gegangen, um dort zu jobben und sich erst später für ein Studium oder eine andere Ausbildung zu entscheiden. Deidre O'Connell fühlte sich in Dubliner Künstlerkreisen wohl. Ab und zu schrieb sie den beiden in Cork einen langen, ulkigen Brief oder schickte von irgendwoher eine Karte, wenn sie sich mit Musikern auf einer Tournee im Ausland befand. Was ihre Freundin Deidre genau machte, wußten weder Maud noch Sinnead, aber Hauptsache war, ihrer ins pralle Leben verliebten Freundin ging es gut.

Jedesmal wenn Maud nach Achill zurückkehrte, mußte sie Margret Swift von Cork erzählen. Es gab immer wieder Neues, das ihre alte Lehrerin unbedingt hören wollte. Einst hatte Margret ihre Hochzeitsreise mit George dorthin gemacht. Sie schwärmte noch immer von diesen aufregenden und schönen Wochen und wurde nicht müde zu betonen, wie herrlich doch das Hotel in der Wellington Road gewesen wäre.

»Die ganze Häuserzeile in dieser Straße hatte Mansardenfenster im französichen Stil, und alle Hauswände waren in Pastelltönen angestrichen gewesen. Und die engen, labyrinthisch verzweigten Gassen erinnerten mich an die alten Städte in der Provence.«

»So sieht Cork auch heute noch aus«, meinte Maud, traute sich aber nicht, der alten Frau zu beichten, daß ihr ehemaliges Honeymoon-Hotel zu einer billigen Absteige verkommen war.

»Damals erklärten die Menschen stolz, daß Cork das Paris von Irland wäre. Und weißt du, Maud, was mein George darauf geantwortet hat? Er tönte, wie das so seine Art gewesen ist: Stimmt das wirklich? Warum gilt nicht Paris als das Cork von Frankreich? Stell dir das einmal vor! Das hat er allen Ernstes gesagt. Ach, was haben wir für einen Spaß zusammen gehabt…«

Maud fühlte, daß die Frau, je älter sie wurde, zunehmend mehr bedauerte, daß ihr Ehemann sie so früh verlassen und sie selbst nie eigene Kinder gehabt hatte. Von John Sheridan wußte sie, daß es Margret Swift Monat für Monat schwerer fiel, zu unterrichten. Die rauhe Natur der Insel ließ die Menschen hier vorzeitig altern und zehrte ihre Gesundheit früher auf, als dies in anderen Gegenden Irlands der Fall war.

Das lebenshungrige Cork, geprägt von seinen Touristenströmen und den vielen jungen Leuten, die hier lebten und arbeiteten, hat es dennoch nicht geschafft, Maud umzukrempeln. Sie mochte es zwar, mit ihren Kommilitonen auszugehen und mit ihnen in irgendwelchen Pubs oder in bestimmten Tanzlokalen, die gerade in waren, nette Abende zu verbringen. Woran sie sich jedoch niemals so recht gewöhnen konnte, war, das Leben außerhalb seiner Pflichten als reines Vergnügen anzunehmen. Maud fiel es schwer, sich gehen zu lassen. Bereits in der Schule hatte sie sich nicht an dem endlosen Getuschel und Gekicher ihrer gleichaltrigen Mitschülerinnen beteiligen wollen und hatte auch keinerlei Lust verspürt, in die Geheimnisse ihrer Schulfreundinnen eingeweiht zu werden. Von irgendwelchen amourösen Abenteuern zu erfahren, interessierte sie lange Zeit überhaupt nicht, nicht etwa aus Prüderie, sondern weil sie nach wie vor mit der Liebe eine bestimmte Form von Hehrem und Gutem verband. Maud verschloß sich, gerade was solche Dinge anging, ihrem Freundeskreis und brach mitunter, wenn ihrer Meinung nach alles eine Spur zu toll wurde, plötzlich aus der Runde auf, um allein fortzugehen.

Fast immer zog es sie dann zum Hafen und zum nahen Meer. Sie war jetzt zwanzig Jahre jung und sich ihrer starken Lebenskraft bewußt. Sie wußte, daß sie geliebt wurde, und das war es wohl, was ihr bei allem, was sie machte, Kraft und Ausdauer gab.

Am alten Hafen von Cork, wo sich in früheren Zeiten die Emigranten nach Amerika eingeschifft hatten, ließ sie sich, auf einem Haufen dicker Taue sitzend, immer wieder von dem Schauspiel und der ganzen Szenerie dort gefangennehmen. Möwen segelten dicht nebeneinander, aus den Hafenlaternen quoll trübes Licht. Es roch salzig, und die schwankenden Maste der dickbauchigen, bunt angemalten Fischerboote zogen ihren Blick wie magisch an. Fischer kamen breitbeinig, um ihr Gleichgewicht zu halten, über die vertäuten, wackeligen Gangways auf sie zu, die Ausbeute eines Tages in Kisten mit sich schleppend. Maud beobachtete die Männer, die nur über Geld miteinander redeten, sah ihre windgegerbten Gesichter, die Haare, die vom Wind und Regen an Stirn und Nacken klebten, und sog begierig die kleine Welt des Hafens in sich auf, die sie an die noch kleinere ihrer Insel erinnerte. Es ist das Meer, das ich über alles liebe, dachte sie bei sich. Das Meer, das so erbarmungslos sein kann, daß es in einer Nacht, wie häufig geschehen, die ganze Fangflotte einer Insel an der Westküste verschlingt und Witwen und Waisen an Land zurückläßt. Das Meer, das schon am nächsten Morgen wieder so still und ruhig daliegt wie eine graue, liebe Mutter, auf der sich die Bahnen des Sonnenlichts wie Himmelsleitern zeigen. Maud lächelte, denn sie hatte ihren Pädagogik-Professor in einer Unterrichtsstunde auch vom Meer schwärmen hören. Vom Mittelmeer in Griechenland und von einem Badeurlaub, den er nie mehr vergessen würde. Maud zog es überhaupt nicht dorthin, aber in ihrer Phantasie sah sie den jugendlich wirkenden Professor in Badehose am Strand und mußte sich insgeheim eingestehen, daß ihr dieses Bild gefiel.

Deidre kam ihr in den Sinn, die Liebhaber in denselben farbigen Wortkaskaden schilderte wie früher ihren Vater. Deidre schien, was Männer anging, unersättlich. Zwar beteuerte sie immer wieder, sich unsterblich in den Richtigen verliebt zu haben, und dies mit vierwöchiger Regelmäßigkeit. Maud hätte etwas gefehlt, hätte sie Deidre, die so ganz anders war als sie selbst, nicht mehr sprechen oder treffen können. Vor zwei Monaten erst hatten sie sich bei Deidres Mutter in Galway getroffen. Deidre hatte Maud in einem Brief geschrieben, daß sich ihre Mutter bei einem Unfall im Haus das rechte Bein gebrochen habe.

Ich muß ihr ein wenig zur Hand gehen und deshalb nach Galway fahren. Dies kann ich nur, weil ich ja erstens kein Tochterschwein bin und zweitens gerade etwas Urlaub habe. Was hältst du davon, wenn wir uns in Galway treffen? Damit ich mich bei dir ausheulen kann, wenn sie mich nervt ...

Maud freute sich, mal wieder ein, zwei Tage in Galway verbringen zu können, und zusammen mit Deidre würde sicherlich zu keinem Zeitpunkt auch nur die geringste Spur von Langeweile aufkommen. Also rief sie Deidre an und teilte ihr mit, sie würde kommen.

»Au, prima!« rief ihre Freundin begeistert am anderen Ende der Leitung. Ich habe dir jede Menge Neuigkeiten zu berichten. Ich verrate nur soviel, er sieht aus wie S.T.I.N.G.« Sie buchstabierte das letzte Wort. Maud lachte. Das war mal wieder typisch Deidre. Nicht nur, daß sie laufend auf Männersuche war, nein, sie mußten auch noch aussehen wie irgendwelche berühmten Rockstars oder Schauspieler.

Es wurde, wie von Maud vorhergesehen, ein unglaubliches, hektisches, albernes und vor allem ein besonderes Wochenende. Deidre O'Connell sprühte nur so vor Charme, und ihre Lebensfreude wirkte ansteckend. Maud kam aus dem Staunen nicht heraus, denn Deidre erzählte die unmöglichsten Stories. Sogar als Hobbysozialarbeiterin hatte sie sich in den ärmeren Stadtteilen von Dublin herumgetrieben. In Irland ist die Prostitution gesetzlich verboten. Deidre wollte nun in den Unterweltkreisen der Landeshauptstadt eine Frau gesprochen haben, die dieses Geschäft dennoch ausübte.

»Was ich dir sage, klingt einfach irre. Hör zu. Auch für deine feinen Ohren ist die Geschichte, die mir diese Frau beichtete, wirklich interessant. Wie wir ja alle wissen, duldet Vater Staat käufliche Damen im Lande nicht. Also hat sich diese Frau etwas Besonderes ausdenken müssen, um dennoch auf ihre Kosten zu kommen. Als Witwe verkleidet, hat sie vor irgendeinem Grab angefangen zu heulen, sobald sie in ihrer Nähe einen Witwer bemerkte, der gekommen war, um Blumen auf das Grab seiner verstorbenen Frau zu legen. Er sieht die Frau, und wie Männer so sind, meint er, ihr in ihrem Leid beistehen zu müssen. Witwer haben zwar erhebliche Gewissensbisse, mit einer andern Frau ins Bett zu gehen, wenn die eigene gerade mal ein Vierteljahr unter der Erde liegt, aber alle diese Skrupel lösen sich in nichts auf. Wenn die Frau, mit der sie schlafen, selbst Witwe ist, glauben sie sogar noch, ein gutes Werk zu tun. Und jetzt kommt das Tollste, Maud. Um ihr männliches Gewissen zu beruhigen, sind sie hinterher mit dem Geld gar nicht mal knausrig. Die Frau hat mir verraten, daß sie in manchen Monaten auf über 900 Pfund gekommen ist. Ist das nicht einfach unglaublich?«

Es war einmal mehr Deidre, die wirklich unglaublich war. Maud schüttelte immer wieder den Kopf.

Hatte sich Deidre das alles bloß ausgedacht, um ihr zu imponieren, oder hatte sie diese Frau wirklich getroffen? Maud versuchte, das Gespräch auf andere Themen zu bringen, was aber nicht einfach war. Für ihre Freundin, die ein Leben lang um die Liebe ihrer Mutter hatte ringen müssen, bedeuteten Männer alles im Leben. Sie suchte den einen, bei dem sie sich geborgen fühlen konnte, und hatte doch jedesmal Angst, sich eng an jemanden zu binden.

Und was mache ich, fragte sich Maud? Ich probier's erst gar nicht aus. Ich sitze nur da, warte und hoffe, daß meine Geduld eines Tages reichlich belohnt wird.

Mrs. O'Connell rief aus dem Wohnzimmer, und die beiden Frauen setzten sich zu ihr. Maud erzählte von Cork und ihrem Studium. Während sie redete, fiel ihr mit einem Mal auf, daß Deidres Mutter ihr mit leuchtenden Augen zuhörte und ihre Tochter in diesem Augenblick völlig abgeschrieben war. Maud schwieg, sie wollte nicht, daß Deidre sich zurückgesetzt fühlte. Später, als sie wieder unter sich waren, meinte Deidre allerdings:

»Du hättest ihr ruhig mehr erzählen können. Weißt du, das putscht sie so richtig auf. Vermutlich hätten wir uns schon eine Minute nach deiner Abreise wieder kräftig in den Haaren gelegen. Mutter und ich sind wie Feuer und Wasser, das wird sich niemals ändern.«

Maud wollte näher darauf eingehen, weil Deidre trotz ihrer scheinbar gleichgültigen Haltung anklingen ließ, wie sehr sie das gestörte Verhältnis zu ihrer Mutter belastete. Aber sie unterbrach Maud und winkte ab.

»Laß uns von was anderem reden. Sonst ist der Abend gelaufen!«

Später gingen sie in ein Café und aßen Kuchen. Danach guckten sie bei ihrer alten Schule vorbei und meinten, Small gesehen zu haben.

»Vermutlich wird es ihn bis ans Ende seiner Tage wurmen, daß er dich nicht kleinkriegen konnte«, sagte Deidre. Alte Geschichten mit Small wurden ausgekramt, und die beiden hatten viel Spaß und mußten häufig schallend lachen.

»Komm, laß uns zur Spanish Parade gehen. Mal schauen, ob der Polder noch rostiger geworden ist.«
Die Wasser des Flusses und des Meeres, die hier zusammenkamen, schauten so trübe aus wie eh und je. Nichts hatte sich verändert, nur die beiden Menschen, die über alte Zeiten plauderten.

»Sag mal, Maud, läuft denn endlich was in deinem Leben, oder nicht?«

»Was soll denn da laufen?« gab sie zur Antwort, obwohl sie ahnte, worauf ihre Freundin hinauswollte. »Ein Mann natürlich, was sonst?«
Deidre wurde einmal mehr enttäuscht. Aber Mauds Reaktion ließ sie glauben, daß es da etwas gäbe, zwar nicht spruchreif, aber immerhin. So drängte sie die Freundin, ihr doch alles zu erzählen.

»Es ist nichts. Wirklich!« wehrte sich diese.

»Das glaube ich nicht. Ich sehe es deinen Augen an. Komm, sag schon. Du hast dich verliebt.«

»Nein, nicht wirklich. Ich schwärme für jemanden, aber daraus wird nichts. Er weiß nicht, was ich für ihn … ach, quatsch. Laß uns über etwas anderes reden.«
Aber so leicht gab Deidre nicht auf. Sie ließ nicht locker und bohrte so lange weiter, bis ihre Freundin endlich von Dr. James Milltown erzählte, den sie recht attraktiv fand. »Er ist mein Professor.«

»Oh, oh, oh, kleine Eliza Doolittle«, flötete Deidre und verdrehte dabei gekonnt die Augen. »Wenn ich da mal nicht von weitem die Hochzeitsglocken höre. Achill-Provinzlerin steigt in akademische Kreise auf, lese ich schon die Schlagzeilen. Sprechen Sie auch lateinisch? wird Maud bei der Abend-Soiree ihre Gäste fragen.«

»Du bist ja total verrückt«, beschwerte sich Maud. »Ich

hätte dir nichts sagen sollen. Nun machst du daraus eine Farce.«

»Eine was?«

Maud winkte ab, gab der Freundin einen Klaps und bat sie, das Thema vorerst fallen zu lassen.

»Bon! Meine Beste, wir schließen, wie du sagst, dieses Thema vorerst ab. Aber die Betonung liegt eindeutig auf vorerst. Okay?«

Maud nickte. Inzwischen waren die beiden in einer engen Gasse nahe dem Hafenviertel gelandet. Deidre deutete eben mit ausgestrecktem Arm auf ein pinkfarbenes Haus und behauptete felsenfest, Männer könnten sich dort Liebe kaufen.

»Das ist zwar illegal, wird aber stillschweigend geduldet.«

Plötzlich wurde die Haustür des betreffenden Hauses von innen geöffnet. Maud wollte sich schon abwenden, weil es ihr peinlich war, aber dann erstarrte sie in ihrer Bewegung. Der Mann, der dort aus dem Haus kam, war ihr kein Unbekannter. Auch er erschrak, als er Maud erkannte, murmelte irgendetwas Unverständliches und eilte schnell in die andere Richtung davon.

»Kanntest du den etwa?« fragte Deidre.

»Maud nickte nachdenklich.

»Ja! Es war Higgins.«

»Higgins?«

»Er kommt von Achill.«

»Ach, sieh mal einer an! Ein Schwerenöter vom Ende der Welt.«

Ricks Regenhymne

»Anschauen: alles, was den Umriß, die Kontur, die Kategorie, den Namen, den es trägt, überschreitet.«
Diese Ansicht, die eine wunderbare Haltung dem Menschen gegenüber ausdrückt, der immer mehr ist als das, was wir an ihm zu erkennen glauben, hatte Maud einmal bei einem zeitgenössischen Schriftsteller gelesen und sie in ihr persönliches Tage- und Aufzeichnungsheft geschrieben. So war der Mensch, daß er vor sich selbst und vor allen anderen verbarg, was sich in seiner Brust an Dunklem oder Hellem zusammenballte, an Niedrigem und Hohem, Gott und Teufel eng beieinander und dennoch getrennt? Wir meinen, einen Menschen zu kennen und müssen mit einem Schlag erfahren, daß sich der Maßstab, mit dem wir diesen Menschen viele Jahre lang gemessen haben, mit einem Mal verzerrt hat. Wir begreifen, daß die Seele dieses Menschen, sein Charakter weit von uns entfernt ist. Irritiert blicken wir zunächst woanders hin und schweigen.
So erging es Maud, wenn sie an Higgins dachte. Zeitweilig packte sie die kalte Wut, sobald sie sich ins Gedächtnis rief, was dieser nach außen hin sich ach so moralisch gebende Mann ihrem Vater angetan hatte. Jetzt bot sich ihr die Chance, ihm eins auszuwischen, unter

Umständen so wirkungsvoll, daß er sich so schnell nicht mehr davon erholte. Ein Wort von ihr zu John Sheridan genügte, Higgins für immer das Maul zu stopfen. Warum sollte sie das eigentlich nicht tun? Würde etwa Higgins zögern, bekäme er die Gelegenheit? Nein! Im Gegenteil! Er würde jede sich nur bietende Chance nutzen.

Higgins wurde nicht müde, die Adoption und die damit verbundene finanzielle Belastung der Menschen von Achill anzuprangern. Die Zeiten waren alles andere als besser geworden, jeder achtete mehr denn je darauf, seine paar Groschen beisammen zu halten. Dies war ohnehin ein wunder Punkt bei Maud, den ihre Freunde daheim ihr zwar immer wieder auszureden versuchten, aber sie wußte einfach, daß jede Familie am Ort jeden Penny dreimal und mehr umdrehte, bevor er ausgegeben wurde. Higgins schlug genau in diese Kerbe, wenn er die Leute aufhetzte und hatte häufig genug die Frage gestellt, ob es denn jetzt nicht langsam genug wäre mit dieser Studentin in Cork.

»Wie lange wollt ihr denn noch alle für sie zahlen? Ich habe gehört, es gäbe Studenten, die ihr Leben lang studieren.«

Dies wagte er zwar nicht in Gegenwart des Priesters laut auszusprechen, aber bei verschiedenen Anlässen hatte er solche gehässigen Bemerkungen schon des öfteren fallengelassen.

Nun konnte sie es diesem Heuchler heimzahlen. In ihrem Apartment in Cork dachte sie sich die Gelegenheiten dazu aus: in der Kirche, im Gemeindezentrum, bei Michael Lavelle oder sollte sie vielleicht seiner Frau berichten, wo sich ihr Gatte in Galway herumtrieb?

In ihrer Wut steigerte sie sich in alle nur denkbaren Racheaktionen hinein, zuletzt siegte Gott sei Dank ihre Vernunft und ihr Herz. Sie würde nichts unternehmen, sondern schweigen und Higgins ungeschoren davonkommen lassen. Dr. James Milltown, der Pädagoge, erklärte zwar immer, man müsse seine Gefühle hinauslassen und seinem Nächsten auch mal die Zähne zeigen, aber das war alles bloße Theorie. Auch ihr Professor verhielt sich in entscheidenden Momenten nicht so, wie er es von anderen forderte – hatte sie doch einmal beobachtet, wie er sich von einem Sportwagenfahrer einen Parkplatz vor der Nase hatte wegschnappen lassen, ohne sich im nachhinein zur Wehr zu setzen.

Eines Morgens kurz vor Semesterende platzte Sinnead zu ihr ins Zimmer und reichte Maud einen Brief.

»Aus der Heimat. Er riecht nach Seeluft und Torffeuern.«

Sie hatte die Post mit hochgebracht und hielt noch einen zweiten Brief versteckt hinter ihrem Rücken. Den sollte Maud erst etwas später bekommen. Der erste war von Sheena. Sie fragte an, ob Maud einen Tag vor ihrem einundzwanzigsten Geburtstag nach Achill käme, damit sie alle am darauffolgenden gemeinsam *ihr* »Fest« feiern könnten. Rick, Erin und Jordan hätten sich für diesen Tag Urlaub genommen, so daß die ganze Familie mit Ausnahme von Seamus mal wieder fast vollständig zusammen wäre. Maud freute sich sehr. Noch etwas anderes hatte Sheena dem Brief beigefügt – ein Gedicht. Dazu schrieb sie:

Rick hat mich mit einem Gedicht überrascht, das er selbst geschrieben hat. Vermutlich ist es ihm beim Busfahren eingefallen. Es gefällt mir gut, aber ich bin auch erstaunt darüber, was meinen Sohn zu solch lyrischen Texten veranlaßt. Was hältst du davon? Als Studierte kannst du es sicherlich am besten beurteilen …

Als Studierte? Maud mochte diesen Ausdruck nicht. Sie war keinesfalls klüger als Sheena, sondern nur belesener. Neugierig faltete sie den beigefügten Zettel auseinander. Rick fuhr nun seit einem Jahr täglich die Strecke Westport-Mulrany, und unterwegs schrieb er Gedichte wie das folgende. Maud las es Sinnead laut vor.

Regenhymne

Regentropfen, Regenschauer, Regenguß,
Regen bekleidet die Felsen,
wird zum Vlies der Bäume,
segnet das Meer,
zieht seidige Schleier über die Wiesen.
Regen, Regen, Regen
warme handlupengroße Pfötchen
oder auch eiskalte Tigerpranken
verschmelzen mit dem Spiegel des Baches,
sonnenstrahlumspielt,
gewittergrau.
Spinngeweb funkelt im Strauch,
vom rostigen Spaten tropft Erde,
der Abfluß gurgelt lehmig-gelb.
Regen, Regen, Regenfinger
reichen vom schwarzen Himmel tief hinunter,
trommeln auf die Schutzhöhle meines Herzens,
erbitten Einlaß,
lassen mich bangen und hoffen
zugleich.

»Dein Bruder ist wirklich begabt«, lobte Sinnead. »Er sollte sich mal bei den Anglisten hier blicken lassen, aber die würden ihm vermutlich nur nachweisen wollen, daß sein Metrum nicht stimmt und seine Bilder abgedroschen klingen.«

Maud mußte lachen. Da soll noch mal einer sagen, auf dem platten Land, in der kulturellen Diaspora, wüchsen keine Talente heran. Wenn sie Rick das nächste Mal sah, würde sie ihn bitten, ihr weitere Gedichte zu schicken. Sie war neugierig zu erfahren, was ihrem Bruder so alles durch den Kopf ging und wie er fühlte. Die »Regenhymne« schien ihr ein vielversprechender Anfang.

Mit verschmitztem Gesichtsausdruck deutete Sinnead an, sie hätte noch einen zweiten Brief für Maud aus dem Briefkasten gefischt. Weil nämlich seit geraumer Zeit der Briefkastenschlüssel nicht mehr auffindbar war, mußte man jedesmal mit viel Geschick und einem schmalen Stöckchen versuchen, an die Post heranzukommen, und Sinnead hatte es darin zur wahren Meisterschaft gebracht. Maud blickte erstaunt auf, wohl auch, weil Sinnead so geheimnisvoll tat. Schließlich holte ihre Freundin den Brief hinter ihrem Rücken hervor und reichte ihn ihr. Es war ein hellblauer Umschlag, und als sie auf der Rückseite nach dem Absender suchte, fand sie zu ihrer Überraschung den Stempel von Professor Dr. James Milltown. Maud errötete und sah Sinnead fragend an.

»Vielleicht will er dir ja nur miteilen, daß deine Leistung zu wünschen übrig läßt?«

»Haha!«

Eilig riß sie den Umschlag auf und las aufgeregt den kurzen Text. Dr. James Milltown wollte sich mit ihr treffen. Er schlug den kommenden Donnerstagabend vor und lud sie zum Essen in ein Restaurant ein. Maud sollte entweder ihm oder seiner Sekretärin Bescheid geben, ob sie käme oder nicht.

»Was hältst du davon, Sinnead?«

»Vermutlich will er mit dir über die Vorbereitungen des nächsten Semesters reden. Du bist schließlich seine Assistentin und er ist dein Chef. Und wo unterhält sich ein Chef mit seiner Untergebenen lieber als bei einem Candlelight-Dinner?«

Maud ignorierte Sinneads Kommentar, offensichtlich hatte sie sich von Deidre anstecken lassen. Zwiespältig, ob sie sich über die Einladung nun freuen sollte oder nicht, bat sie Sinnead inständig, kein Wort darüber gegenüber Deidre zu verlieren. Sie wäre imstande, Milltown anzurufen und ihn zu fragen, ob sie Brautjungfer spielen dürfe. Nervös lief Maud im Zimmer auf und ab.

»Nimm es als Abwechslung«, versuchte Sinnead sie zu beruhigen. »Er ist sicherlich nett, und es wird ein schöner Abend werden, glaub mir! Laß dich einfach mal etwas verwöhnen. Er findet dich sympathisch und will dir eine Freude machen, mehr nicht. Ist das ein Grund, nervös zu sein?«

Für Maud schon, immerhin war es die erste Einladung ihres Lebens und der Mann mehr als doppelt so alt wie sie. Die Gleichaltrigen, mit denen sie sich bisher getroffen hatte – darunter einige, die sich sogar in sie verliebt hatten oder es mindestens glaubten – waren am Ende mit ihrer entlarvenden Art nicht zurechtgekommen. Und Maud besaß nun mal ganz bestimmte Vorstellungen, was Männer anging; sie mußten vor allem ehrlich sein.

Es wurde ein ausnehmend schöner Abend, dem in den nächsten Wochen und Monaten weitere folgen sollten. Das Restaurant, in das sie ihr Professor beim ersten Rendezvous ausführte, zählte mit zu den teuersten der Stadt. James Milltown, der beim Hereinkommen Mauds kritische Blicke in dieser Hinsicht bemerkte, gab ihr sofort eine Erklärung.

»Ich gebe zu, ein Genußmensch zu sein, und wenn ich schon mal essen gehe, dann kommt es mir in erster Linie darauf an, Qualität aufgetischt zu bekommen. Auch wenn es deshalb etwas teurer wird.«

Maud nickte nur stumm. Von dem Geld, das sie hier in wenigen Stunden für Menues ausgaben, hatte Sheena sie früher einen halben Monat lang versorgt.

Anfangs sprachen sie über die Universität.

»Gefällt es Ihnen in der ›Lernfabrik‹? Ich frage dies deshalb, weil ich ja weiß, wo Sie großgeworden sind.«

»Halb so schlimm hier«, winkte Maud ab. »Wenn mich ab und zu das Heimweh packt, dann setze ich mich irgendwo am Hafen nieder, atme die salzige Luft ein, schaue den Fischern bei ihrer Arbeit zu und lasse mich von den Wellen des Meeres verzaubern.«

»Verzaubern klingt gut. Ich denke, wir alle haben in diesen Zeiten Verzauberung bitter nötig. Ich selbst bin auch verrückt nach dem Meer. Leider läßt das Wetter in Irland ja meistens zu wünschen übrig, deshalb entfliehe ich gerne in sonnigere Gefilde. Kreta und Mykonos haben es mir angetan, das Licht dort über den Inseln ist einfach unbeschreiblich schön.«

»Ich laufe auch gern im Regen am Strand von Achill spazieren, im Sommer manchmal sogar barfuß, um die Erde und den Sand zu spüren. Nach jedem Regenschauer erwacht die Natur neu. Das Gras schaut noch grüner aus, die Schafe tauchen wieder auf. Ich liebe die Insel, ganz gleich ob die Sonne scheint, ob es stürmt oder regnet, und ich messe meine Freude über die Natur nicht nach der Skala ›gutes Wetter, schlechtes Wetter‹.«

»Ach ja?«

Lächelnd hob er sein Glas und trank einen Schluck. Eine Weile schwiegen sie, doch immer wieder schaute er verstohlen zu ihr hin, und Maud ahnte allmählich, daß ihre Freundin Sinnead wohl nicht recht hatte. Es war keine simple Einladung, um ihr eine Freude zu machen, vielleicht als Dank für die geleistete Arbeit im vergangenen Semester. Nein, Milltown hatte ein sehr persönliches Interesse an ihr. Und auch ihr war der Mann nicht gleichgültig. Aber konnte sie sich wirklich auf eine solche Beziehung einlassen?

Zwischen Hauptgang und Dessert lenkte er noch einmal das Gespräch geschickt auf das Thema: »Studium und was kommt danach?« Maud antwortete nicht sofort, weil sie der Meinung war, daß ihn das nichts anginge. James Milltown jedoch legte ihr Schweigen als Ratlosigkeit aus und versuchte, Maud aufgrund ihrer ausgezeichneten Noten eine Hochschulkarriere schmackhaft zu machen.

»Was ist mit dem Doktortitel? Einer Promotion steht nichts im Wege. Sie können bei mir promovieren – es ist immer von Vorteil, wenn man sich mit seinem Doktorvater gut versteht –, und ich habe auch keinerlei Bedenken, daß Sie meinen Ansprüchen nicht gewachsen sein könnten.«

Er machte ein Kunstpause, hüstelte und fuhr fort:

»Ich bin dafür bekannt, daß ich viel verlange, aber Sie sind eine von wenigen, die sich von Anfang an mit viel Fleiß und der nötigen Intelligenz ins Studium gestürzt haben. Während der Vorbereitung für Ihre Doktorarbeit könnte ich Sie zu meiner Assistentin ernennen, was Sie zugleich in die Lage versetzte, erheblich mehr zu verdienen als jetzt.«

Maud hörte ihm gebannt zu. Sie hatte selbst schon mal mit dem Gedanken gespielt, an der Universität zu bleiben. Aber das waren nichts als Träumereien gewesen. Nun versuchte Dr. Milltown, sie zu überzeugen. »Beispielsweise könnten Sie ja Ihre wissenschaftliche Arbeit auf die Menschen von Achill ausrichten, Feldforschung betreiben, was nichts anderes bedeutet, als vor Ort Daten zu sammeln. Sie können so, auf Achill lebend, an Ihrer Hochschulkarriere stricken.«

Und als Thema schlug er ihr spontan vor: »Das Leben der Menschen auf den westlichen Inseln Irlands am Ende des zwanzigsten Jahrhunderts aus sozialer, geschichtlicher und politischer Sicht.«

Sein Eifer war ansteckend. Es klang wirklich verlockend, was er ihr vorschlug. Jede andere ihrer Kommilitoninnen hätte jetzt vor Freude einen Luftsprung gemacht. Sie bat sich Bedenkzeit aus.

»Erst einmal will ich das Examen schaffen, das am Ende des kommenden Semesters ansteht. Und danach sehe ich weiter.«

»Sehen wir«, sagte er und ergriff kurz ihre Hand. Gegen Mitternacht fuhr er sie ins Studentenwohnheim zurück. Beim Abschied strich er ihr vorsichtig über die Wange und wünschte ihr eine gute Nacht.

»Einen Teil meiner Semesterferien verbringe ich auf

Achill. Ich habe nämlich Geburtstag, und meine Familie will diesen Tag mit mir zusammen feiern.«

»Schön! Ich werde zwei Wochen, bevor das Semester wieder losgeht, zurück in Cork sein. Wenn Sie Lust haben, dann melden Sie sich doch bei mir.«

So verblieben sie, und in der Nacht träumte Maud von James Milltown. Hatte sie sich wirklich in diesen Mann verliebt? Das Schlimmste war, daß sie einfach nicht wußte, woran sie ein »ja« hätte festmachen können.

Maud hatte James Milltown schon immer sympathisch gefunden und im persönlichen Gespräch zu ihrer Freude festgestellt, daß er ohne jegliche Allüren war, einfühlsam und humorvoll. Sie hatten sogar Gemeinsamkeiten entdeckt. Als Maud ihm von »Großmutters Tagebuch« erzählte, war er sofort darauf eingegangen und hatte eine Parallele zu seiner Großmutter, einer Deutschen aus dem Münsterland, gezogen. Sein Großvater, der als junger Bursche auf Wanderschaft durch Westeuropa ging, hatte sie eines Tages in einem kleinen Dorf kennengelernt und sich in sie verliebt.

»Es existieren noch Fotos aus dieser Zeit, die ich mir schon als kleiner Junge immer gerne angeschaut habe, und noch drei gute Dutzend Briefe, die sich die beiden Verliebten jahrelang schrieben, bevor sie heiraten konnten. Aus ihnen wird die ganze kleinkarierte, bürgerliche Zeit des Mittelstandes um den ersten Weltkrieg herum spürbar.«

Maud verstand, daß James Milltown aus wissenschaftlichem Interesse dem Leben seiner Großeltern nachspürte; er wollte mehr über die sozialen, religiösen und politischen Umstände jener Jahre erfahren. Maud hingegen betrachtete Großmutters Gedanken als eine lebendige Brücke zur Vergangenheit. Dr. James Milltown versteckte Gefühle hinter der Brille des Wissenschaftlers. Dies wurde besonders spürbar, wenn er Mauds Erzählungen über Achill und seine Menschen mit den Worten kommentierte:

»Ja, ja, so etwas gefällt mir auch gut. Es ist sehr folkloristisch.«

Maud schmunzelte innerlich. Eine gute Ausbildung konnte die Menschen auch verderben, dachte sie, unter Umständen verloren sie nämlich den Blick fürs Natürliche und vergruben sich unter Theorien.

Einen Tag vor ihrer Abreise nach Achill rief Deidre bei ihr an. Ihre Freundin heulte und schien betrunken zu sein. Maud glaubte schon, etwas Furchtbares sei passiert, aber dann entnahm sie dem undeutlichen Gestammel, daß Deidres Freund sie betrog. Maud überlegte kurz, nach Dublin zu fahren und von dort aus Deidre mit nach Achill zu nehmen. Wenn sie erst einmal Abstand zu ihrem Freund hatte, würde es ihr vielleicht besser gehen, glaubte sie.

»Du bist ein Schatz«, stammelte Deidre, »aber ich komm' schon irgendwie nach Achill. Nach Hause will ich auf keinen Fall, denn dort lauert meine Mutter, um mich noch mehr fertigzumachen, als ich es ohnehin schon bin…«

So verabredeten sich die beiden Frauen für die nächsten Tage auf Achill.

Alles kam anders als gedacht. Sheena war nicht gut gelaunt. Seamus, der ihr versprochen hatte, diesen Sommer nach Hause zu kommen, hatte abtelefoniert. Vor einem Jahr hatten sie sich zuletzt gesehen, und Sheena glaubte Seamus schon wieder auf Abwegen. Er war kein schlechter Mensch. Es ging ihm vor allem um seine Familie, er wollte sie bestens versorgt wissen. Leider waren Iren in New York City nicht die beliebtesten, galten als Streithähne und Raufbolde, wie Seamus oft schmerzlich hatte erfahren müssen. So waren ihm wiederholt von Leuten, die sich selbst anständig nannten, Steine in den Weg gelegt worden. Nun glaubte er sich im Recht, sich auf anderen Wegen Erfolg zu verschaffen. Sheena vermutete, daß er angefangen hatte, für die Mafia Botengänge zu erledigen. Und diese schwarzgekleideten Herren ließen ihn nicht nach Europa fliegen, malte sie sich aus.

Erin lag in Castlebar im Krankenhaus. Ihr wurde der Blinddarm entfernt. Deidre stellte zwei Tage lang das Haus auf den Kopf. Sheena, mit ihren Nerven am Ende, bat Maud, die Freundin nach Dublin zurückzuschicken. Maud wußte nicht, was tun. Einerseits traute sie sich nicht, Deidre auf die Straße zu setzen, sie wollte aber Sheenas angeschlagene Nerven schonen.

An ihrem Geburtstag gab es eigentlich nichts zu feiern. Sheena jammerte nach Seamus, Deidre nach ihrem »Lover« in Dublin, und Maud hing zwischen allen Stühlen.

Am späten Nachmittag hupte jemand zweimal vor der Haustür, und als sie nachschauen ging, glaubte sie ihren Augen nicht zu trauen. Es war James Milltown, der sie mit seinem Besuch überraschen wollte.

Er hätte nicht ungelegener kommen können. Deidre benahm sich unglaublich und flirtete halbbeduselt mit ihm. Sheena gab sich wortkarg und kündigte an, sich frühzeitig ins Bett zu legen. Maud hatte zu wenig gekocht, so daß keiner richtig satt wurde. Milltown schien ziemlich nervös zu sein. Maud hoffte nur, daß er nicht mit seinen Plänen für sie herausrückte, das wäre dann noch die Krönung dieses Abends geworden. Und wo sollte er überhaupt schlafen? Aber das war nicht ihr Problem, entschied Maud.

»Was halten sie von einem kleinen Spaziergang?« schlug sie ihm vor.

»Ja gerne«, sagte er, und es klang wie eine Erlösung. Beide vermieden sie, über Sheena und Deidre zu reden. Der Abend war angenehm mild, die Sonne würde erst weit nach zehn Uhr abends im Meer versinken. Zuerst bummelten die beiden durch den Ort, danach am Friedhof vorbei, wo sie kurz das Grab ihres Vaters besuchte. Verwundert registrierte der Mann an ihrer Seite, wie beliebt Maud bei allen zu sein schien. Wohin sie auch kamen, jedesmal wurde sie herzlich begrüßt und nach ihren Plänen für die nächsten Tage befragt. Maud zeigte ihm das Haus ihres Vaters, das dunkel und verschlossen auf dem Hügel lag. Sie erzählte ihm, wie sie ihren Vater als Kind erlebt hatte, auch die Adoption verschwieg sie nicht. Sie kamen am Laden von P. J. Curley vorbei, in dem immer noch Licht brannte, und an den Ruinen des Hauses, in dem einst die Yellow Lady gewohnt hatte. Maud hatte zu allem eine Geschichte parat, teils aus eigenem Erleben, teils als Bestandteil der Historie dieser Insel. Dr. James Milltown hörte ihr unentwegt zu. Manchmal gab er zu einer Sache seinen Kommentar, der mitunter seltsam steif ausfiel. Dieser Mann blieb in jeder Situation Wissenschaftler, stellte Maud immer wieder fest. Auch seinen Lieblingssatz »Das ist so hübsch folkloristisch«, brachte er einige Male an.

»So ist es«, erwiderte Maud darauf spöttisch. »Wir alle hier fühlen uns wie in einem großen Laboratorium, draußen hocken die Soziologen und Pädagogen und gucken gespannt in den Achill-Kasten hinein. Weil hier alles noch so sozial intakt scheint, was es ja auch weitestgehend ist.«

»Aber das meine ich ja. Ich mag diese Insel doch auch. Du könntest wissenschaftlich gesehen eine ganze Menge für deine Leute hier tun.«

Maud überhörte seine letzte Bemerkung. Sie zeigte aufs Meer hinaus, das ständig in Bewegung war und dessen Brecher seit Millionen Jahren auf die Insel zuliefen, als wollten sie diese wegschieben.

Später kehrten sie noch bei Michael Lavelle ein. James Milltown bestellte für Maud ein Pint of Guinness. Als sie beide auf ihren Geburtstag anstießen, beendete er alle Förmlichkeiten.

»Ich heiße James, Maud. Slantje!« Was auf gälisch soviel wie »Prost« bedeutet. Er küßte sie auf die Wange.

Die Leute im Pub hatten die Szene mitbekommen. Einige von ihnen beäugten von Ferne den Mann, der mit ihrer Maud so vertraut umging.

»Wenn sie den Kerl heiratet, sehen wir Maud nie wieder«, meinte Jimmy Coogan. »Denn so wie der aussieht und sich benimmt, wird er niemals auf Achill wohnen wollen.«

Die Umstehenden nickten. Ob Maud das wußte? Sie hofften es.

Am anderen Morgen fuhr James Milltown, der die

Nacht auf der harten Couch im Wohnzimmer mehr schlecht als recht verbracht hatte, weiter nach Dublin. Deidre nutzte diese Mitfahrgelegenheit und verabschiedete sich rasch von Maud und Sheena.

»Wie geht es dir heute?« fragte Maud.

»Ich komm' schon klar. Eine wie ich hat die Kurve noch immer gekriegt. In Dublin schnapp' ich mir meinen Typen und stauch' ihn erst einmal zusammen. Danach sehen wir weiter. Mach's gut.«

James Milltown umarmte und küßte Maud. Sie verabredeten sich in Cork für die letzten zwei freien Wochen vor dem neuen Studiensemester. Nachdem sie weg waren, kümmerte sich Maud um Sheena. Sie redeten zwei Abende lang von nichts anderem als von Männern. Sheena beklagte, daß Seamus immer so leichtsinnig und gutgläubig wäre.

»Jeder kann kommen und ihm das Blaue vom Himmel verkaufen. Sobald Seamus bei irgendeiner Sache Geld wittert, setzt sein Verstand aus.«

»Aber nur, weil dein Mann bei allem an die Familie denkt«, wendete Maud ein.

Die zwei Frauen nutzten das gute Wetter aus und gingen viel spazieren. Einmal sogar vier Stunden bis zum Keem Strand und wieder zurück.

Sheena bemerkte, daß auch Maud ein wenig bedrückt schien. Sie vermutete, daß ihre Stimmung mit James zu tun hatte. Daß er etwas für Maud empfand, konnte jeder sehen, der ihn in ihrer Nähe beobachtete. Maud hatte ziemlich spät in ihrem Leben angefangen, sich für das andere Geschlecht zu interessieren. Sie würde ihre Erfahrungen machen müssen, die, wie nun mal bei jedem im Leben, auch bitter sein konnten.

Als Maud am Ende dieses Sommers Achill wieder verließ, wußte sie, daß sie sich in James Milltown verliebt hatte. Sie trafen sich noch am selben Tag, an dem sie in Cork eintraf. Jeder bestätigte dem anderen, ihn vermißt zu haben. Sie küßten sich und gingen händchenhaltend spazieren. James wußte, wo es neue Ausstellungen zu besichtigen gab, nahm sie zu einer Autorenlesung ins De Lacy House mit und speiste mit ihr in guten Restaurants. Maud fühlte sich wohl in seiner Nähe und ließ es zu, daß er sie streichelte, wenn sie allein waren. Zu Recht vermutete James Milltown, daß er der erste Mann im Leben dieser Frau war und verwöhnte sie geradezu mit Zärtlichkeiten. Seine Liebkosungen, mit denen er nach und nach ihren Körper verzückte, überraschten und beglückten sie zugleich, obwohl sie anfangs ein wenig über die Reaktionen ihres eigenen Körpers verwirrt war. Sie ließ sich mit diesem Mann ein, obwohl John Sheridan niemals müde geworden war zu predigen, vorehelicher Geschlechtsverkehr wäre eine Sünde. Zum erstenmal begriff Maud, daß auch John nicht alles richtig sah. Dies konnte schon deshalb keine Sünde sein, weil es sie jubeln ließ und sie sich gut dabei fühlte.

Ihre Freundschaft ging fast ein halbes Jahr lang gut. Dann zogen erste dunkle Gewitterwolken auf, und als sie sich unter ihrer Last entluden, war leider nichts mehr so wie vorher. Im nachhinein, als es nicht mehr so wehtat, darüber nachzudenken, unterschied Maud mindestens drei verschiedene Gründe, warum es letztlich nicht zwischen ihnen geklappt hatte. Der erste war, daß James – voller Energie – es sich in den Kopf gesetzt hatte, Maud zu promovieren und im Anschluß daran als seine Assistentin an der Universität zu halten. Für ihn war sie sozusagen sein Geschöpf, daß er aus dem hintersten Winkel des Landes hervorgezerrt hatte, um es der staunenden Öffentlichkeit als äußerst gescheite Frau präsentieren zu können. Nachdem Maud begriffen hatte, daß es James Milltown hauptsächlich darauf ankam, heulte sie sich fast eine Woche lang die Seele aus dem Leib und war überhaupt nicht mehr ansprechbar. Ein zweiter Grund für ihre Trennung lag in seiner rasenden Eifersucht. Nicht daß Maud mit anderen Männern geflirtet hätte, nein, er war eifersüchtig auf ihre Freundinnen, vor allem auf Deidre, die sich in jenen Monaten mehr als sonst gemeldet hatte, weil sie dringend Hilfe brauchte. Auch wenn Maud dafür ein geplantes Wochenende mit James platzen lassen mußte, immer war sie für Deidre da. Der dritte Grund lag in Maud selbst. Je länger sie mit James zusammen war, desto mehr spürte sie, daß sich ihr Leben schneller, als ihr lieb sein konnte, in eine Richtung zu entwickeln drohte, die sie von dem, wie sie bisher gelebt hatte, weit entfernte. Keiner bleibt, wie er einmal gewesen ist, das wußte Maud längst, aber es konnte auch nicht richtig sein, daß sie sich am Ende selbst nicht mehr wiedererkannte. James war um vieles älter als sie und meinte, ihr seinen persönlichen Stempel aufdrücken zu können, der ihre eigenen Erfahrungen ersetzen sollte. Sie war vor solchen schleichenden Einflüsterungen nur deshalb gewappnet, weil ihr Vater sie von jeher davor gewarnt hatte. Seine Erziehung war immer dahin gegangen, Maud unabhängig zu machen von der Meinung anderer und sie für jegliche Manipulationen von außerhalb zu sensibilisieren.

Liebe und Glück?

Es dauerte Monate, bis Maud sich innerlich so weit von James Milltown gelöst hatte, daß sie ihm wieder auf dem Campus oder in den Fluren der Universität begegnen konnte, ohne daß ihr gleich das Herz bis zum Hals schlug oder sie ein flaues Gefühl in der Magengegend verspürte. Äußerlich zeigte Dr. James Milltown keinerlei Regungen, wenn sie sich zufällig über den Weg liefen. Er fühlte sich noch lange Zeit in seinem Stolz gekränkt und gab sich Maud gegenüber wortkarg und arrogant. Wenn er ihr mehr als drei Sätze zukommen ließ, dann klang es meist ironisch. Offensichtlich hatte ihn noch nie eine Frau sitzenlassen, er war es, der Frauen verließ, nicht umgekehrt. Insgeheim mußte er sich jedoch eingestehen, daß er Mauds Mut bewunderte. Nach wie vor machte sie bei ihm ihre Abschlußprüfung und befand sich somit in seiner Hand.

In dieser Zeit erfuhr Maud auch, wie wichtig es für sie war, Freundinnen wie Deidre, Sheena oder Sinnead zu haben. In Gesprächen mit ihnen erkannte sie, was bei ihr und James falsch gelaufen war und daß er trotz aller Verliebtheit auf beiden Seiten niemals der richtige für sie hätte sein können. Ihr alter Freundeskreis an der Uni meldete sich wieder häufiger bei ihr. Sie planten gemeinsame Wochenenden, und Maud lenkte der

Spaß, den sie dabei hatten, zunehmend von ihren eigenen Sorgen ab. Als sie mit James zusammen gewesen war, hatte er sie davon abgehalten, sich mit ihren Kommilitonen zu treffen, und hatte dies anfangs noch damit entschuldigt, daß ein Professor ja schlecht mit seinen Studenten nächtelang umherziehen könne. Erst später erkannte sie, daß James einfach nur äußerst besitzergreifend gewesen war.

Trotzdem steckte ihr die ganze Sache ziemlich lange in den Knochen. Und ausgerechnet in diesem Semester mußte sie sich auf ihr Examen vorbereiten. Was gewesen war, lenkte sie immer wieder vom Lernen ab.

»Verreise! Fahr irgendwo hin und mach ein paar Wochen Urlaub«, schlug Deidre ihr deshalb vor.

»In Spanien, in der Provence oder an den italienischen Küsten. Sobald dein Kopf wieder frei ist für andere Dinge, wirst du dich auch mit Erfolg auf deine Prüfungen vorbereiten können.«

Maud nickte nur stumm, als Deidre ihr diese Idee nahelegte. Darin steckte bestimmt etwas Wahres, aber Maud hatte bislang noch nie im Ausland Urlaub gemacht, vor allem, weil sie kein Geld dafür besessen hatte.

»Kein Problem«, erklärte ihr Deidre. »Du mußt dich in den Reisebüros nur lange genug umschauen. Es gibt zahlreiche Sonderangebote, preiswerte Flüge und Ferienhotels. Und was die in der Nebensaison für vierzehn Tage kosten, kannst auch du bezahlen.«

Maud beschloß, sich die Sache durch den Kopf gehen zu lassen, und eines Tages kam Sinnead mit der Idee, zu zweit Winterurlaub in Tirol zu machen. Sie hätte da in einem Katalog eine schöne Pauschalreise entdeckt, die unglaublich günstig wäre.

»Winterurlaub? Ich?« meinte Maud erstaunt. »Ich besitze doch noch nicht einmal Skier.«

Daß sie keinerlei Ausrüstung für einen solchen Urlaub besaß, ließ Sinnead nicht gelten.

»Wir können uns alles leihen. Deidre besorgt die Skier und ich die Thermoanzüge und die Schuhe. Wirst sehen, das klappt.«

Zwei Wochen später hatte Sinnead alle für einen Skiurlaub nötigen Sachen zusammen. Maud hatte sich durch ihre Sparsamkeit über Monate hinweg etwas Geld zurücklegen können, dennoch überlegte sie bestimmt fünfmal, ob sie es für einen Urlaub in Österreich ausgeben sollte. Wie immer, wenn sie in ihrem Leben vor Entscheidungen stand, horchte Maud tief in sich hinein. Und zu ihrer eigenen Verwunderung verspürte sie den Wunsch, wenigstens einmal für kurze Zeit weg von Cork, von James, von Irland zu kommen. Während sie darüber nachdachte, fiel ihr plötzlich Ricarda ein, die sie vor Jahren im College überraschend wiedergetroffen hatte. Ihre Mutter bedeutete ihr wirklich nichts, denn sie hatte bislang nicht ein einziges Mal mehr an den unverhofften Besuch in Galway gedacht. Bin ich das Biest oder sie? fragte sie sich. James Milltown hatte wohl recht, wenn er behauptete, daß wir alles, was uns nicht wirklich berührt, nicht verdrängen, sondern in eine Ecke unserer Seele stellen. So erging es Maud mit Ricarda. Ihr Haß hatte sich in Gleichgültigkeit verwandelt. Ricarda war eine Station in ihrem Leben gewesen, keine sehr gute, und weil danach noch viele bessere gekommen waren, konnte sie diese miese erste großzügig übersehen. So lief das wohl, dachte Maud und holte ihren Koffer vom Schrank herunter.

Fast alles in diesem Winterurlaub geschah für Maud zum ersten Mal in ihrem Leben: sie kam zum ersten Mal ins Ausland, es war ihr erster Flug, ihre erste Begegnung mit Skiern, ihr erstes Hotel, ihr erster Longdrink an der Bar ... Die Reihe ließe sich noch um einiges mehr ergänzen. Sinnead und sie nahmen an einem Anfängerkurs teil. Maud machte Skifahren Spaß, während Sinnead meistens nur darüber jammerte, was alles man sich dabei brechen könne. Aber beide übertrieben es nicht zu sehr mit der für sie ungewohnten Sportart. Sie wollten sich vor allem entspannen und ausgefallene Leute beobachten, wovon es hier mehr als genug gab. Maud schüttelte immer wieder ungläubig den Kopf, wenn sie erlebte, wie es manchen nur darauf ankam, sich zur Schau zu stellen. Denen ging es vordergründig überhaupt nicht ums Skifahren, sondern in erster Linie um ihre modischen Klamotten, die nur jeder beneiden oder bestaunen sollte. Beim Après-Ski konnten die beiden Irinnen Frauen jeden Alters studieren, die sich wie Models aufführten, wenn sie in der großen Hotelhalle in den verrücktesten Kleidern an ihnen vorbeiflanierten. Es war noch besser als Kino.

Nach ein paar Tagen machten Maud und Sinnead dieses »Leute-Gucken« fast noch lieber, als auf ihren frisch gewachsten Brettern auf der Piste zu stehen. Dort gab es ohnehin richtige Pistenfeger, die schon mit zwei Brettern unter den Füßen zur Welt gekommen sein mußten – so gut fuhren sie. Einer von ihnen war ein junger Deutscher. Maud hatte im Vorbeigehen mitbekommen, daß er Thomas hieß und aus Berlin kam. Sie schätzte ihn so alt wie sich selbst ein. Meistens war Thomas mit seiner Clique am Nachmittag im selben

Café wie sie und Sinnead. Maud beobachtete den jungen Mann, dessen Art ihr gefiel. Er war ein ausgezeichneter Abfahrtsläufer, gab sich aber eher bescheiden. Er prahlte nicht. Wenn er mit seinen Freunden redete, klang seine Stimme angenehm, und sein Lachen war sympathisch. Thomas lachte aus vollem Herzen. Er gefiel Maud, vor allem weil er ein eher zurückhaltender und nachdenklicher Typ war, der anderen zuhörte. Sinnead hatte sich jemand anderen ausersehen. Er hatte ein nettes, eher mädchenhaftes Gesicht, und sein langes Haar wurde im Nacken von einem Zopfband zusammengehalten. Maud hatte ihn Mozart getauft.

Eigentlich hatten die beiden Studentinnen nicht vor, sich mit ihnen anzufreunden, sie wollten die beiden nur aus der Ferne beobachten. Maud hatte noch immer von ihrem unerfreulichen Erlebnis mit James die Nase voll. Deidre nannte es, wie es ihre Art war, das »Milltown-Syndrom«.

Manchmal rempeln wir jemanden unabsichtlich an und machen ihn durch unsere Ungeschicklichkeit erst auf uns aufmerksam.

Diese Erfahrung machte Maud, die, um einem Kellner auszuweichen, der ein großes Tablett in seiner Rechten balancierte, zwei Schritte rückwärts ging und jemandem dadurch auf die Füße trat. »Aua«! hörte sie einen Mann hinter sich schreien, und als sie sich hastig nach ihm umdrehte, stand Thomas mit schmerzverzogenem Gesicht vor ihr. Daß es ausgerechnet er hatte sein müssen, durchfuhr es sie. Sie entschuldigte sich auf englisch bei ihm, und er fragte sie, ob sie aus Irland käme.

»Wie kommen Sie darauf?«

»Es ist dieser unverwechselbare Akzent.«

»Aha! Und den hört auch ein Deutscher heraus?«

Thomas nickte eifrig und wollte von Maud wissen, wo genau sie denn herkäme.

»Cork.«

»Dort bin ich mal einen Tag lang gewesen. Mit der Segelyacht meines Onkels. Ein hübsches Städtchen, nicht ganz typisch für Irland, hörte ich.«

Maud gefielen seine dunklen Augen und die Art, wie er sie ansah. Sie hatte nicht das Gefühl, daß er sie »anmachen« wollte. Um sich für ihr ungeschicktes Verhalten zu revanchieren, lud sie ihn zu einem Drink an ihren Tisch ein. Thomas lehnte nicht ab und fragte, ob sich seine Freunde mit dazusetzen könnten. So rückten sie alle eng zusammen, und Sinnead richtete es geschickt so ein, daß sie dabei neben ihrem »Mozart« zu sitzen kam.

Was für eine unglaubliche Begegnung! Thomas stellte sich ihr als Thomas Wortmann aus Berlin vor, und er war der Sohn jenes Mannes, mit dem Ricarda vor fast zwei Jahrzehnten eine Beziehung gehabt hatte.

»Mein Vater kennt Achill. Er hat dort mal für Wochen bei seinem Bruder Joey gewohnt, der später leider an Krebs gestorben ist.«

»Wie klein die Welt doch ist«, staunte Maud. Daß Thomas' Vater mit Ricarda befreundet gewesen war, erfuhr sie deshalb nicht, weil es auch Thomas nicht wußte.

Beide stellten sie in Tirol zu ihrer Überraschung fest, sich ineinander verliebt zu haben.

»Ich bin gerade erst aus einer Enttäuschung heraus«, erklärte Maud ihm. »Es geht mir alles viel zu schnell, aber ich will mich auch nicht dagegen wehren.«

»Und ich«, sagte Thomas, »gehöre überhaupt nicht zu denen, die im Urlaub zu Mädchen solche Dinge sagen, wie ich es dir jetzt sage: Ich liebe dich, Maud.«

Dabei war ihre Situation alles andere als einfach. Sie selbst würde nach Cork zurückkehren und Thomas nach Berlin ins Geschäft seines Vaters. Ob es ihnen beiden wirklich ernst war mit ihren Gefühlen, würde die kommende Zeit beweisen müssen.

Bei Sinnead war alles eindeutiger. Sie und ihr »Mozart« hatten einige schöne Tage miteinander verlebt, und beiden war dabei klar geworden, daß daraus nicht mehr würde. Thomas versprach Maud, ihr zu schreiben, sie anzurufen.

Als Maud und Sinnead aus Österreich abreisten, hatte Maud das schöne Gefühl, mit einem Mann zusammengewesen zu sein, ohne daß daraus eine unmittelbare Verpflichtung entstanden war. In einem Telefonat mit Deidre beantwortete sie nach und nach deren Fragen:

»Ja, ich habe mich ein wenig in Thomas verliebt. Daraus könnte auch mehr werden, muß es aber nicht. Ja, ich werde ihm sicher auf seine Briefe antworten, ob wir uns allerdings wiedersehen werden, bleibt ungewiß.«

»Whow!« rief Deidre. »Aus der Landpomeranze wird ja doch noch eine richtige Frau. Aber streng katholisch ist deine Einstellung nicht, meine Liebe. Dazu genießt du mir die Liebe ein wenig zuviel.«

Das war nicht böse gemeint. Maud stellte nur an sich fest, daß sie sich tatsächlich in ihrer Einstellung Männern gegenüber ein wenig geändert hatte. Sie wartete nicht mehr auf die große Liebe. Sie wußte, daß sie auch allein glücklich sein konnte. Und manchmal ergab sich eben dies und das.

So einfach, wie Maud es sich vorstellte, wurde es für sie nicht. Thomas schrieb am laufenden Band Briefe aus Berlin, und auch die Zahl seiner Anrufe stieg eher mit der Anzahl der Monate seit ihrer Trennung. Maud erkannte, daß sich Liebe nicht einfach »an-« und »abstellen« ließ und daß ihr Thomas wohl mehr bedeutete, als sie es zunächst vermutet hatte. Schon Tage nach ihrer Rückkehr fühlte sie, wie sehr sie ihn vermißte. Dann kam der erste Brief von ihm, dem sie deutlich entnehmen konnte, daß es ihm nicht viel anders erging.

Meine irische Liebe. Klingt das nicht schön? Uns trennen zwar Länder und ein Meer, aber wir haben die Post, das Telefon und unsere Herzen, die füreinander schlagen. Ergeht es dir auch so, liebste Maud? Hättest du Lust, mit mir im Sommer ans Meer zu verreisen?

Wie man es für Leute aus seinen Kreisen erwarten konnte, besaß sein Vater selbstverständlich ein Haus in der Toskana. Maud versprach zu kommen.

Vorrang vor allem anderen hatte jedoch zunächst ihr Examen. Und es war nicht so sehr eine Frage des Lernens als vielmehr die bange Frage, wie würde sich James ihr gegenüber in der Prüfung verhalten? Wenn sie sich trafen, dann sah er sie an wie eine Fremde. Aber wie eine Fremde, die er bewunderte. Maud beschlich das dumpfe Gefühl, daß er sie immer noch liebte, vielleicht mehr noch oder einfach auch nur anders als früher. James in seiner Eitelkeit mochte denken, sie sei etwas Besonderes, etwas, das ihn noch mehr reizte, sie zu besitzen. Aber Maud entzog sich ihm immer wieder. Daß er darüber ungehalten war, spürte sie wohl und fühlte auch, daß er sie gerne in die Knie gezwungen hätte. Was lag da näher, als sich an ihr bei der Prüfung zu rächen? Dennoch hatte sie nicht vor, ihm plötzlich entgegenzukommen, nur damit sie ungefährdeter ihr Examen bestand. James Milltown schien darüber ein wenig verwirrt, hatte wohl gedacht, sie würde gerade deswegen seinen ausgestreckten Arm ergreifen. War sie närrisch oder nur abgebrüht? Daß sie ihm nur deshalb nichts vormachte, weil einfach ihr Charakter so war – auf diesen Gedanken kam er nicht.

Alle drei Tage meldete sich Thomas und kündigte Maud an, am liebsten würde er sie besuchen kommen. Nur mit Mühe schaffte es Maud, ihn davon abzubringen.

»Laß mich meinen Abschluß in der Tasche haben. Ich muß dafür noch einiges tun. Wir werden uns auf jeden Fall im Sommer sehen. Okay?«

»Du fährst also mit mir nach Italien?«

»Das habe ich dir doch geschrieben.«

»Ich wollte es vor allem aus deinem Munde hören.«

»Warum?«

»Es klingt so schön und läßt mich träumen.«

»Du bist schon ein verrückter Kerl«, schmunzelte Maud.

Dann war endlich Examenszeit, und Maud hatte nur noch Augen und Ohren für pädagogische Texte, Statistiken, Theorien, die mit ihrem Fachgebiet zusammenhingen. Bei Professor Milltown mußte sie neben einer schriftlichen Arbeit auch ins Mündliche. Alles in allem hat er sich mir gegenüber fair verhalten, stellte Maud im nachhinein fest. Allerdings verurteilte sie seine herablassende Art, sie zu befragen. Wie unsicher mußte dieser Mann sein, daß er meinte, sich vor ihr wie der Herrgott aufführen zu müssen? James Milltown wollte ein für allemal deutlich machen, daß es einen großen intellektuellen und auch standesgemäßen Abstand zwischen ihm und seiner Studentin gab. Und dabei habe ich an ihm seinen Humor mal so geschätzt. Davon war in ihrer Prüfung nichts zu spüren gewesen. Ihre Kommilitoninnen behaupteten allerdings später, James wäre so wie immer gewesen, ausgelassen, freundlich und vor allem verbindlich. Bei mir war er am Schluß sogar noch unverschämt, wäre Maud am liebsten herausgeplatzt.

»Ja, ich denke, Miss O'Donnell, das war ganz gut so. Jedenfalls genügt es für das, was sie vorhaben: Grundschullehrerin.«

Am liebsten hätte sie ihn dafür geohrfeigt. Statt dessen erwiderte sie:

»Jedem das, wohin er gehört. Hauptsache er weiß es.«

Seine Augen blickten sie nur kalt an, und Maud dachte, wie komisch, sich am Ende einer Leidenschaft noch weiter voneinander entfernt zu haben, als zu der Zeit, in der man noch nichts voneinander wußte.

Erleichtert, nun alles hinter sich zu haben, fuhr Maud für zwei Wochen zu Sheena und trieb sich auf Achill herum. Alle beglückwünschten sie zu ihrem Erfolg, und Maud gab am Samstagabend im Pub von Michael Lavelle einen aus.

Auf Achill unternahm sie zahlreiche Strandspaziergänge, redete mit Sheena bis tief in die Nacht hinein, las Ricks neueste Gedichte und erfuhr, daß Erin sich in einen jungen Mann vom Festland verliebt hatte.

Eines Morgens fuhr sie mit dem Bus nach Dublin und stieg dort in das Flugzeug nach Berlin. Thomas holte sie am Flugplatz mit dem Auto ab. Als erstes brachte er sie zu sich nach Hause, wo er Maud seinem Vater vorstellte. Georg Wortmann ließ sich nichts anmerken, obwohl Maud ihrem Vater wie aus dem Gesicht geschnitten war. Er behandelte Maud freundlich und erkundigte sich nach Achill Island.

»Viel hat sich bei uns nicht verändert. Bestimmt würden Sie das meiste auf der Insel noch so vorfinden, wie Sie es in Erinnerung haben.«

Sie ist wirklich hübsch, dachte er. Und was, wenn Thomas sie heiraten will? Dann würde die Frucht der Saison-Liebe zwischen Ricarda und diesem Captain seine Schwiegertochter werden. Es war schon ungeheuerlich, wie das Leben mitunter so spielte.

Am anderen Morgen reiste Maud gemeinsam mit Thomas in die Toskana.

Es wurden Wochen, in denen sich vor allem bei Maud mehr und mehr der Eindruck verstärkte, daß aus ihrer Liebelei mehr werden könnte. Bei Thomas fand sie zum Glück alles das nicht wieder, was sie und James getrennt hatte. Allerdings war bei Thomas unterschwellig zu spüren, daß er ihr unbedingt etwas bieten wollte. Der Ansicht seines Vaters, Maud wäre in einer für ihn vollkommen fremden Welt aufgewachsen, die letztlich mit seiner unvereinbar sei, glaubte er durch möglichst viel Luxus begegnen zu können. Auf diese Weise hoffte er, Maud voll und ganz für sich einzunehmen. Hatte sie sich einmal an ein sorgenfreies Leben gewöhnt, so dachte er, würde sie nicht mehr davon lassen wollen. Und für eine ganze Weile hatte es auch den Anschein, als ob die junge Frau dies in vollen Zügen genoß. Thomas verwöhnte sie wie seinerzeit James Milltown.

»Laß uns in dem Restaurant dort essen gehen.«

»Findest du die Preise nicht ein wenig überzogen?«

»Was macht das schon? Wir haben's doch.«

Ein andermal besuchten sie Städte wie Siena und Florenz und stöberten stundenlang in teuren Boutiquen. Thomas zeigte sich immer großzügig, ohne sich als Sohn eines reichen Vaters allzu stark in den Vordergrund zu spielen.

»Ich möchte dir dieses Kleid wirklich gern schenken, Liebste. Nicht weil es teuer ist, sondern weil du darin umwerfend schön aussiehst.«

Und weil Maud sich von ihm ohne alle Gegenwehr beschenken ließ, vermutete er, damit auf dem richtigen Weg zu sein.

Etwas, das Maud an ihrem Freund unangenehm auffiel, je länger sie zusammen waren, betraf seine Sicht der Welt und des Lebens. Thomas kannte nichts anderes, als ständig Geld zur Verfügung zu haben. Er hatte seine Wünsche fast immer unmittelbar erfüllt bekommen. Daran war ja zunächst nichts Verwerfliches, doch seltsamerweise schien er nicht glücklich zu sein, oder lag es an ihr, daß sie ihn falsch verstand? Thomas gab sich mitunter sehr eigenartig. Nicht, daß er aggressiv geworden wäre, aber er legte manchmal eine verächtliche Haltung Menschen oder dem Leben gegenüber an den Tag. Er bezeichnete sich selbst als Atheisten und wurde nicht müde, über Gott und die Welt zu schimpfen.

»Warum reibst du dich eigentlich so auf, wenn du glaubst, daß es ihn doch nicht gibt?« fragte Maud. Aber solche Spitzfindigkeiten wollte Thomas nicht von ihr hören. Maud erkannte, daß der zeitweilige Atheismus und Nihilismus ihres Freundes nur vorgeschoben war. Offensichtlich quälte ihn etwas anderes; von den meisten seiner Freunde war er regelmäßig enttäuscht worden.

»Alle wollen sie nur ständig was von mir. Ich sage dir, Maud, auf keinen von ihnen ist wirklich Verlaß. Daher können sie mir letztlich alle gestohlen bleiben.«

Maud begriff nicht so recht, was in Thomas an solchen Tagen vor sich ging. Seine Wutanfälle über vermeintliche Schmarotzer, die ihm immer wieder begegneten, kamen jedesmal überraschend für sie. In den schönsten Momenten ihres Zusammenseins konnte ihm plötzlich eine Laus über die Leber laufen, dann brüllte er, er sähe viele Menschen lieber tot als lebendig. Zwei Minuten später entschuldigte er sich bei Maud für das, was er gesagt hatte. Dann, nach einer Nacht, in der sie sich liebten, war er am nächsten Morgen wieder wie ausgewechselt und zeigte sich als Menschenfreund. So wurde die Zeit mit Thomas für Maud ein ständiges Wechselbad der Gefühle.

Ein wenig bedrückt kehrte sie nach Achill Island zurück. Thomas schrieb ihr eifrig, und sie telefonierten viel miteinander. Bei einem dieser Telefonate erzählte Maud ihm von einem Wunsch, den sie schon lange hegte:

»Was ich mal gerne machen würde, wäre, für ein paar Wochen allein in London zu leben. Du weißt ja, daß

ich in einem Dorf großgeworden und in einer mittleren Stadt zum College gegangen bin. In einer Großstadt habe ich studiert. Jetzt würde ich gerne noch die letzte Steigerung erfahren: Wie lebt es sich in einer Metropole? Du wirst mich sicher für verrückt halten, aber das ist einer meiner größten Herzenswünsche.«
»Aber das läßt sich doch bewerkstelligen.«
Wie immer, wenn Thomas von jemandem gebeten wurde, etwas für ihn zu tun, setzte er alles dran, ihm diesen Wunsch erfüllen zu können. Das war seine Form von Selbstquälerei, weil sie ihm im nachhinein immer das schmerzliche Gefühl gab, trotz allem, was er für andere machte, von diesen nicht wirklich geliebt zu werden, obwohl dies meistens falsch war.
»Rein zufällig, meine Liebste, hat mein Vater einen Geschäftsfreund, der in London ein Apartment besitzt. Er benutzt es aber nicht häufig. Ich werde also meinen Dad bitten, sich bei ihm für dich zu verwenden.«
»Und du meinst, das klappt?«
Mauds Stimme drückte Vorfreude aus. Thomas wollte ihr den Wunsch unbedingt erfüllen. Und es gelang ihm, mit Hilfe seines Vaters für Maud kostenlos eine Luxusbleibe in London zu besorgen, so daß Maud, die für sich selbst wenig im Monat brauchte, dort würde gut wohnen und leben können. Sie besaß noch Geld, vor allem, weil Thomas die Kosten des Urlaubs in Italien übernommen hatte.
Maud wollte während ihres zweimonatigen Aufenthalts in London vor allem mit sich ins reine kommen: über ihre berufliche Zukunft und über ihre weitere Beziehung zu Thomas. Beides war miteinander verkettet. Sie war jetzt dreiundzwanzig und sollte eine Entschei-

dung über ihr zukünftiges Leben treffen: entweder auf Achill als Lehrerin zu bleiben – und dies vermutlich für den Rest ihres Lebens – oder ohne Beruf mit Thomas in Berlin zu leben. Er hatte sie darum gebeten, und sie hatte ihm zu verstehen gegeben, daß sie dies, wenn überhaupt, nur als eine Ehefrau tun würde.

Ein vertrauter Geruch

London war faszinierend und erschreckend zugleich. Die Stadt war größer als alles, was Maud in ihrem Leben bisher an Orten, wo Menschen so dicht geballt wohnten, gesehen hatte. London schien ihr so unermeßlich weit und hoch gebaut, erschien ihr irgendwie maßlos. Es gab Straßenzüge, wo sich der Schmutz und Abfall allmählich über alles legte, und wenige Straßen weiter hätte man vom Asphalt essen können, so sauber glänzte er. Rost und Staub, Glanz und Niedergang waren Kennzeichen dieser Stadt. Altes stand neben Neuem, was Maud gefiel, aber dennoch schien ihr der Charakter dieser Stadt zwiespältig. Wie einst in Galway war Maud in den zwei Monaten ihres Aufenthaltes vom Zentrum aus in immer größeren Kreisen um dieses herum auf Erkundung gegangen. Was sie auf ihren Wegen in den Gesichtern der Menschen las, war vielfach Gleichgültigkeit. Die Stadt war ihr Zuhause, und die Menschen trotzten ihrer Abnutzung, wollten sie nicht wahrhaben, hielten sich, wenn überhaupt, am Majestätischen des Zentrums fest, häuften Beton und Stahl auf das, was längst ausgelaugt oder verrottet am Boden lag. In dieser Stadt zählte allein nur das, was Menschen aufrichteten oder in früheren Zeiten aufgerichtet hatten. Regen, Wind, Sonne und Meer kümmerten diese Menschen nicht. Sie redeten zwar allenthalben vom Regen, aber immer so, als wäre dieser ein ungezogenes Kind. Kinderaugen blickten Maud in den Schmuddelvierteln mehr als einmal hilfesuchend an. Hunde genossen Vorrang im Verkehr, ließen Autofahrer auf die Bremse treten, und auf jedem dritten Fenstersims hockte eine verwöhnte Katze. Die königliche Familie mit all ihren Widersprüchen tauchte fast täglich in den Titelseiten der Boulevardblätter auf.

Maud war an diesem Tage von einem ihrer stundenlangen Ausflüge zurückgekommen. Ihre Füße schmerzten, und sie war ziemlich erschöpft von all dem Lärm und Gestank. Sie hatte im Fahrstuhl mit Dan O'Malley über Irland geplaudert, dessen natürliche Einfachheit sie beide in London vermißten. Mr. O'Malley jedoch lebte ausgezeichnet von den Londonern und dem, was ihm diese Stadt für das Gelingen seiner Geschäfte bot. Er wollte diese Annehmlichkeiten nicht gegen Wiesen, Hügel und das Rauschen des Meeres eintauschen, auch wenn er nachts davon träumen mochte.
Maud legte den Brief von Thomas beiseite und lehnte sich in ihrem Stuhl zurück. Das Apartment des Geschäftsfreundes seines Vaters wirkte auf sie wie ein modernes Puppenhaus. Sie hatte darin einige Wochen lang gewohnt wie in einem Hotelzimmer, dem man auch nicht seinen persönlichen Stempel aufdrücken kann. Die Einrichtung wirkte leblos auf sie, aber sie fragte sich, ob sie sich das vielleicht nur einbildete. Vermutlich war sie es ja, die hinterm Mond lebte und die dringend eines Prinzen bedurfte, sie zu retten. Bin ich vielleicht in einer Idylle großgeworden, überlegte

268

Maud? Auf einer abgelegenen Insel? Fern vom wirklichen Leben und vom Weltgeschehen? Sie erinnerte sich an eine Stelle in Großmutters Tagebuch, als diese zum erstenmal nach Glasgow kam und meinte, dort die Hölle vorzufinden. Es muß für sie damals ein regelrechter Kulturschock gewesen sein, vor allem, weil sich die Menschen in dieser Stadt nicht an Normen und moralische Regeln gebunden fühlten, wie sie es bisher gekannt hatte. Großmutter hatte Jahre ihres Lebens gebraucht, bis sie es endlich schaffte, diese andere Welt zu tolerieren.

Deidre fand London »geil«, ihr sagte dieses Modewort nur, daß alles grenzenlos geworden war und damit unübersichtlich. Irgendwo zwischen Deidres Ansicht und dem, was Achill ihr mitgegeben hatte, würde sie versuchen sich einzurichten. Die Frage war nur, an welchem Ort? Wo war ihr eigentlicher Platz?

Plötzlich fiel ihr Blick erneut auf den Zeitungsartikel, den Thomas seinem Brief beigelegt hatte. Sie betrachtete noch einmal das Luftbild von Achill. Einem Seeadler gleich schwebte sie über ihrer Heimat, nahm sie von oben als nierenförmigen Lehmklumpen wahr, den Menschen im Laufe von Jahrtausenden nur mäßig hatten gestalten können. Tatsächlich nichts als ein Fliegenschiß im Atlantik, irgendwo an der Westküste von Irland, das man selbst mit zu den britischen Inseln zählte. Während sie einen bestimmten Punkt auf diesem Foto solange ansah, bis er vor ihr zu verschwimmen drohte, wußte Maud plötzlich, was sie jetzt unbedingt zu tun hatte. Sie sprang auf. In diesem Augenblick läutete es an der Tür.

Die Überraschung war ihm wirklich gelungen. Maud schloß Thomas in ihre Arme und drückte ihn fest an sich.

»Hast du meinen Brief bekommen?«

»Ja!«

»Und? Was sagst du dazu?«

Das hatte er von seinem Vater. Die meisten Geschäftsleute hielten es nicht aus, wenn man sie zu lange warten ließ. Dinge wurden ausgesprochen und mußten entschieden werden. Je schneller, desto eher bestand die Aussicht, daß sie einem nicht in letzter Sekunde vor der Nase weggeschnappt wurden. Aber so rasch ließ es sich in diesem Fall nicht regeln. Wenn sie Thomas heiraten würde, hinge daran, wie er so schön zu sagen pflegte, ein ganzer Rattenschwanz von anderen Dingen, die ebenfalls wichtig waren, jedenfalls für Maud. Aber sie selbst wollte eine Entscheidung herbeiführen. Und sie hatte ein Gefühl, eine vage Idee, sie wollte etwas herausbekommen, für sich in Erfahrung bringen.

»Ich will nach Achill.«

»Okay! Ich komme mit. Geht's um Sheena?«

»Nein, es geht um mich. Ich will ins Haus meines Vaters.«

»Was ist damit?«

»Es ist seit mehr als zehn Jahren, seit er starb, verriegelt und für niemanden mehr zugänglich. Jetzt will ich hinein.«

»Wenn du dazu solch große Lust hast! Verschlossen, sagst du? Das klingt aufregend und gespenstisch. Laß uns beide nachgucken gehen, was es damit auf sich hat. Als Junge habe ich in der Toskana auch immer nach etruskischen Gräbern gestöbert. Ich finde es bis heute unglaublich spannend, in verschlossene, dunkle Welten einzudringen.«

Maud nickte und mußte innerlich schmunzeln. Das war typisch Thomas. Ihn reizte vor allem das Geheimnisvolle, dem er unbedingt begegnen wollte. Er fragte sie nicht nach ihren Beweggründen, wollte nicht wissen, was sie sich erhoffte oder auch nicht. Thomas griff zum Telefon, rief die Fluggesellschaft an und reservierte für den folgenden Morgen zwei Flugtickets nach Dublin, von wo sie dann mit einem Mietwagen weiter nach Achill fahren wollten. Maud packte am Abend alle ihre Sachen ein. Sie würde nicht wieder nach London zurückkehren, das wußte sie ganz sicher, jedenfalls nicht, um dort noch einmal zu wohnen.

Am Mittag des nächsten Tages erreichten sie Achill. Auf der Fahrt durch die Mitte der Insel über Athlone bis Galway war das Wetter ganz erträglich gewesen. Je weiter sie aber von Galway aus Richtung Norden fuhren, desto mehr schoben sich dunkle Wolkenberge über den Himmel. Und als sie dann endlich über die Brücke bei Achill Sound kamen, wurde der Kleinwagen von einer Windböe gepackt und durchgerüttelt. Als ob die Natur sie damit begrüßen wollte. Thomas bestaunte nur immer wieder die pittoreske Landschaft, wie er sich ausdrückte.

»Aber eins mußt du mir dennoch verraten, Maud: wie hält man es hier auf Dauer aus? Macht das nicht depressiv?«

Maud schwieg dazu und ließ ihn an einer Stelle anhalten, wo ein ganzer Küstenabschnitt durch die schier endlosen Kräfte des Meeres abzubrechen drohte. Thomas schauderte ein wenig, als er in der Tiefe sich die Wellen an den Felsen brechen sah. Maud stand neben ihm, wie er schon leicht durchnäßt vom Nieselregen, aber ihre Augen glänzten feucht, und sie atmete tief die salzige Luft ein.

»Hier Urlaub zu machen, stelle ich mir sehr schön vor«, sagte Thomas, »aber höchstens für vierzehn Tage. Ist doch sonst alles tote Hose hier, oder?«

Wollte er, daß sie ihm beipflichtete? Sie lächelte ihn an und küßte ihn auf den Mund.

»Hier, an dieser Stelle, habe ich als Kind oft mit meinem Vater gestanden. Er hat mir von Meerjungfrauen erzählt und anderen merkwürdigen Bewohnern, die in der Tiefe wohnen sollen. Ab und zu würden sie ein Menschenkind rauben und es in ihr unterseeisches Reich entführen.«

»Wollte dein Vater dir damit angst machen?« fragte er.

Maud wehrte ab.

»Wo denkst du hin? Ich hatte keine Angst. Komischerweise habe ich damals immer gedacht, daß diese Wassermänner aus dem Fabelreich nicht viel anders leben als wir hier an Land, nur eben unter Wasser. Und daß sie das konnten und noch an die Oberfläche auftauchen, um zu rauben, das hielt ich für einen großen Vorteil uns gegenüber. Ich war sozusagen neidisch auf sie.«

»Und heute?«

»Heute bin ich kein Kind mehr, aber immer noch neidisch auf diese amphibischen Wasserwesen.«

Maud lachte glockenhell, als sie sein verdutztes Gesicht sah. Dann zog sie ihn am Ärmel.

»Komm, laß uns weiter zum Haus meines Vaters fahren. Ich will es jetzt sehen.«

Im Pfarrhaus händigte ihr John Sheridans Haushälterin den Schlüssel aus.

»Hallo Maud. Zurück aus London? Nein, John Sheridan ist nicht da, mußte zu einer Krankensalbung.«

»Wem geht's denn so schlecht?«

»Der alten Peig. Sie hat's schon lange mit dem Herzen, weißt du.«

Maud nickte und versprach, am Abend bei dem Dorfpfarrer vorbeizukommen. Danach fuhren sie und Thomas mit dem kleinen Mietwagen den Weg hinauf zur »Hazienda«. Thomas parkte den Wagen auf der Straße. Als Maud ausstieg, bemerkte sie, daß der ehemals holprige Weg, der auch zum Cottage von Heinrich Böll führte, tatsächlich geteert worden war. Es tat sich also was auf Achill! Dann gingen sie den breiten Pfad zum Haus hoch, das einsam am Hang des Slievesmore auf sie zu warten schien.

»Wildromantisch ist es hier«, lautete Thomas' Kommentar, als er erfuhr, daß Maud hinter diesen schweigenden Mauern einst gelebt hatte.

Maud war ein wenig aufgeregt. Als weinendes Mädchen, das um ihren verstorbenen Vater trauerte, war sie das letzte Mal hier gewesen und von Sheena getröstet worden. Sie hatte alles noch lebhaft vor Augen, ebenso das, was vor diesem einschneidenden Ereignis lag. Wie sie eines Tages hier ausgesetzt worden war und zu dem fremden Mann aufgeblickt hatte, der ihr Vater sein sollte ...

Die Terrasse wirkte wie tot. In einer Ecke ein zerbrochener Terracottatopf mit vertrockneten Pflanzenre-

273

sten darin. Staub und Dreck, wohin sie sah. Schafskot und Wasserlachen. Die Fenster mit Brettern verschlossen. Maud hatte sich im Pfarrhaus ein Beil geben lassen. Nun bat sie Thomas, damit die Bretter zu entfernen. Sie wartete, bis er mit seiner Arbeit auf der Terrasse fertig war. Dann kramte sie den Schlüssel aus ihrer Hosentasche und trat vor die Tür. Einen Moment lang zögerte sie noch, doch schließlich schob sie entschlossen den Schlüssel ins Schloß hinein und drehte ihn zweimal um. Die Tür öffnete sich kinderleicht.

Maud starrte in den halbdunklen Raum. Das erste, was ihr ins Auge sprang, war ihr Teddy, der auf dem Boden lag, genau der Teddy, den ihr Vater einst ihrem Gepäck entnommen und ihr entgegengehalten hatte, als sie zu ihm gebracht worden war. Dann stieg ihr ein Geruch in die Nase, und sie erinnerte sich augenblicklich daran, daß dies der typische Geruch dieses Hauses gewesen war. Seit jenen Tagen, als sie von hier weg mußte, hatte sie ihn nirgendwo anders mehr gerochen. Selbst nach so langer Zeit hatte er sich noch nicht verflüchtigt, und er versetzte Maud einen kleinen Schock, weil sie sich plötzlich bewußt wurde, wie sehr dieser Geruch ihr Fühlen und Denken beeinflußte. Als würde er ihr zuflüstern, wir zwei gehören auf immer zusammen. Sie erinnerte sich sofort wieder an die Geschichte, die Großmutter auf Achill einst gehört und aufgeschrieben hatte, an die Geschichte von dem jungen Mann, der unsterblich werden wollte und den der Geruch des Schwellensteins seines Elternhauses wieder auf den Boden der Tatsachen zurückgeholt hatte.

»Soll ich alle Fenster freimachen?«

»Ja!« antwortete sie ihm. Dann betrat sie endgültig das

Haus und besichtigte alle Zimmer. Nichts schien sich in all den Jahren geändert zu haben. Eine Staubschicht überzog Böden und Möbel, aber unverkennbar war dies das Haus, in dem sie mit ihrem Vater gelebt hatte. Die Erinnerungen holten sie ein, machten sie wehmütig. In einem kleinen Raum entdeckte sie an den Wänden Farbspuren. Offensichtlich hatte der Captain die ehemalige Abstellkammer zu einem bewohnbaren Zimmerchen für sie herrichten wollen und es nicht zu Ende bringen können. Vielleicht hatte er ja vorgehabt, sie damit an ihrem Geburtstag zu überraschen.

Das Schlafzimmer sah so aus, wie sie es zuletzt verlassen hatten. Das Bettzeug war nicht gewechselt oder abgezogen worden. Alles wirkte so, als wären ihr Vater und sie vor wenigen Minuten aus dem Bett gesprungen. Thomas nahm sie unerwartet in den Arm.

»Nun, was denkst du?«

Sie blickte ihn aufmerksam an.

»Ich denke, daß es mir hier gefallen wird.«

»Wie meinst du das?«

Vor Schreck ließ er sie wieder los. Maud entfernte sich ein paar Schritte von ihm.

»Kannst du dir vorstellen, hier zusammen mit mir zu leben? Ich gehe zur Schule, um zu unterrichten, und du bleibst derweil hier im Haus.«

»Nein!«

»Kannst du es dir anders herum besser vorstellen? Wir vertauschen nur die Orte. Achill gegen Berlin. Meine Arbeit gegen deine.«

Er schwieg und sah sie an.

»Du bist der Meinung, das könne man nicht miteinander vergleichen. Richtig?«

275

Maud schritt im Zimmer auf und ab und wiegte dabei nachdenklich ihren Kopf.

»Ja und nein, Thomas.«

Sie redete nicht weiter, so daß Thomas glaubte, er müsse ihrem Zweifel unmittelbar und entschieden entgegentreten.

»Maud, ich weiß, du fühlst dich verantworlich für die Menschen hier. Du denkst, daß du ihnen etwas schuldest. Sie haben dir all die Jahre Geld gegeben, damit du lernen und studieren konntest. Jetzt weißt du, daß sie ihnen hier die Schule dicht machen werden, wenn du nicht einspringst und dich zur Verfügung stellst. So ist es doch, oder? Aber niemand, denke ich, hat das Recht, einem anderen vorzuschreiben, wie dessen Zukunft auszusehen hat. Auch wenn man ihn jahrelang materiell unterstützte.«

»Nicht nur materiell«, warf Maud ein. Sie winkte ab.

»Aber das ist es nicht, was mich treibt. Ich habe kein Schuldgefühl, eher ist es so etwas wie Dankbarkeit. Aber auch die veranlaßt mich nicht, mich gegen eigene Überzeugungen zu stellen, falls ich die hätte. Wenn ich hier bleibe, dann aus freien Stücken. Ich bin sicher, daß mir die meisten dort draußen nicht verübeln würden, wenn ich mit dir nach Berlin ginge. Ich bin keine Gefangene dieser Insel. Glaub das nicht! Aber ich weiß es jetzt ganz genau: Ich will hier leben und unterrichten. Wie lange das sein wird, kann ich heute noch nicht sagen. Ein Jahr, drei Jahre, zehn Jahre oder auch mein ganzes Leben lang. Wer weiß? Ich will dich nicht wegschicken, Thomas. Ich würde dich vielleicht sogar heiraten, aber ich denke, wir beide wissen, daß Ort und Zeitpunkt dafür miteinander unvereinbar bleiben werden. Du kannst hier nicht leben, was mir vollkommen einleuchtet. Und ich, ich bitte dich, zu verstehen, daß ich nicht in Berlin glücklich werden kann. Mein Zuhause ist hier. Und damit meine ich mehr, als nur ein Dach über dem Kopf zu haben.«

Thomas sah sie an und wandte sich danach traurig von ihr ab. Er ging langsam hinaus auf die Terrasse. Die Sonne hatte zögerlich drei Lichtbahnen durch die Wolkendecke geschickt. Maud dachte erst, er würde sie wortlos verlassen, aber dann fand sie ihn in Gedanken versunken auf der Terrasse stehen. Sie stellte ihm einen Stuhl hinaus. Danach machte sie Feuer im Kamin, wischte den Staub von Stühlen und Tischen, ging anschließend nach draußen, um ein paar Wiesenblumen zu pflücken, stellte sie in eine Vase auf den Küchentisch. Wir werden einkaufen gehen müssen, dachte sie bei sich. P. J. Curley würde bis spät abends geöffnet haben. Was wohl Margret und Clodagh machten? Dann mußten noch ihre Sachen im Haus von Sheena abgeholt werden. Sie eilte ins Schlafzimmer und bezog die Betten neu. Mit dem Fensterputzen würde sie noch einen Tag lang warten können.

Vom Dorf aus konnte man das Haus sehen. Einige stellten fest, daß es aus dem Schornstein qualmte.

»Maud ist wieder zurück!« hieß es lapidar.

Ich werde mit ihr über den oberen Weidezaun reden müssen, überlegte Higgins. Dort grenzt ihr Grundstück an meines. Wenn sie mir die hundert Quadratmeter längs am Bach verkauft und ich einen Weg anlege, kann ich meine Schafe schneller erreichen. Wir werden uns sicherlich einigen. Schließlich lebten auf Achill ja alle wie in einer großen Wohnung zusammen.

Maud hatte Teewasser aufgesetzt. Ihre Gedanken wanderten zu Deidre und Sinnead, die sie bestimmt in absehbarer Zeit besuchen kommen würden. Nun ging sie hinaus zu Thomas und trat dicht hinter ihn. Sie schlang ihre Arme um seine Brust und drückte sich an ihn. Der Himmel über Achill wirkte unschlüssig darüber, ob er weiter aufklaren oder sich wieder verdunkeln sollte. Wie hatte Rick in seiner Regenhymne geschrieben?

Regenfinger reichen vom schwarzen Himmel tief hinunter,
trommeln auf die Schutzhöhle meines Herzens,
erbitten Einlaß, lassen mich bangen und hoffen zugleich.

Wie treffend für sie beide!

Inhalt

Beeindruckende Frauenschicksale

Ranka Ewers

Glück und Glas

Eine irische Ehe
324 Seiten, gebunden

Eine Kleinstadt im Südosten
Irlands ist der Schauplatz der
brisanten Ehegeschichte.
Die attraktive Barbara,
verheiratet, vier Kinder,
gesellschaftlich und materiell
abgesichert, glaubt, sich mit
einer neuen Liebe ein Stück
ganz persönliches Glück zu
sichern.
Doch damit setzt sie in ihrer
Heimat, in der sich die Mehrheit
gegen eine Scheidung ausgesprochen hat, nicht nur ihre Ehe,
sondern auch ihre Mutterrolle
und den gemeinsam erworbenen
Besitz aufs Spiel.

Wilfried Westphal

Dein Bild in meinem Herzen

Roman
280 Seiten, gebunden

Susanne, bildhübsch, bis vor
kurzem noch ein unbekümmer-
tes, behütetes Mädchen, und
Percy, Pilot der englischen Luft-
waffe, begegnen sich im Frühjahr
1945 im zerstörten Dresden.
Vor dem Hintergrund der erschüt-
ternden Ereignisse erlebt der Leser
die aufwühlende Liebesgeschichte
der beiden jungen Menschen.
Ein tief bewegender Roman,
spannend und dramatisch.
»Eine ungewöhliche, zart-romanti-
sche Liebesgeschichte. Ein Roman
der Versöhnung.«
Neue Presse, Coburg

EUGEN SALZER-VERLAG, 74020 HEILBRONN